# 现代养老服务政策与实践

亓娜 ◎ 著

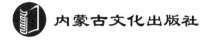

内蒙古文化出版社

## 图书在版编目（CIP）数据

现代养老服务政策与实践 / 亓娜著. -- 呼伦贝尔：
内蒙古文化出版社，2024.2

ISBN 978-7-5521-2414-9

Ⅰ．①现… Ⅱ．①亓… Ⅲ．①养老－社会服务－研究
－中国 Ⅳ.①D669.6

中国国家版本馆 CIP 数据核字（2024）第053389号

## 现代养老服务政策与实践

亓 娜 著

**责任编辑** 黑 虎

**装帧设计** 北京万瑞铭图文化传媒有限公司

**出版发行** 内蒙古文化出版社

**地　　址** 呼伦贝尔市海拉尔区河东新春街 4 付 3 号

**直销热线** 0470-8241422　　**邮编** 021008

**印刷装订** 天津旭丰源印刷有限公司

**开　　本** 787mm×1092mm　1/16

**印　　张** 13.25

**字　　数** 200千

**版　　次** 2024 年 10 月第 1 版

**印　　次** 2024 年 10 月第 1 次印刷

**标准书号** 978-7-5521-2414-9

**定　　价** 78.00 元

# 前言

    基本养老服务是国家为保障全体老年公民基本生活所提供的并为其财力可以持续承担的、主要通过社会保险和社会救助付费的各项服务。基本养老服务应与国家的社会经济发展水平相适应，从老年人的需求出发提供低偿或无偿的服务，并优先和重点服务困难老年群体及其家庭。推进基本养老服务建设就应该积极稳妥地推进"长期护理保险制度"，实现我国"长期护理保险"制度全覆盖和参保人员全覆盖。大力倡导积极老龄观，促进基于生命全周期服务理念的养老服务体系建设，政府、社会和个人都要为老龄化做好充分准备，建设全龄型宜居环境，发掘活力老人的潜力，建立提高活力老人社会参与度的支持系统，满足生理和心理衰退老年人生活照料、医疗保健、康复护理、心理慰藉等需求，建立家庭、社区、机构持续照料、整合服务的养老服务体系。养老服务体系建设涉及整个养老服务供应链，包括政策制定、制度安排、资金保障、人才队伍、服务输送、质量监管等全方位、全过程，需要诸多部门协同合作，制定相关政策、配套文件，进行流程设计，完善评估标准、评估办法、服务清单、服务标准等一系列制度建设，只有这样，才能实质有效地推进养老服务体系建设。充分认识科学和及时建立养老服务体系的重要性，找准当前养老服务体系建设中存在的问题，借鉴先进国家的经验，提出能落地的政策建议，对完善我国的养老服务体系具有重要的理论和实践意义。

    本书就现代养老服务政策与实践展开论述，书中首先介绍了现代养老服务的概述、产业及管理，接下来分别重点对智能养老、社区居家养老、"互联网＋"居家养老进行了讨论，最后阐述了树立"大健康"养老理念，加快康养产业发展方面的内容。本书论述严谨，结构合理，条理清晰，内容丰富新颖，是一本值得学习研究的著作。

    在本书的写作过程中，参阅、借鉴和引用了国内外许多同行的观点和成果。各位同人的研究奠定了本书的学术基础，为养老服务政策与实践的展开提供了理论基础，在此一并感谢。另外，受水平和时间所限，书中难免有疏漏和不当之处，敬请读者批评指正。

# 目录

# 第一章 现代养老服务概述

## 第一节 现代养老服务的概念

### 一、现代养老服务的含义

（一）养老服务

一般而言，养老服务指的是为老人提供生活服务，满足其物质生活和精神生活的基本需求，它以向老人提供生活照料、家政维修、医疗保健、精神慰藉、安全防护、文化体育等为主要内容。

（二）现代养老服务

所谓现代养老服务，是在尊重老人的尊严、维持和提高老人的生活功能的理念下，通过训练有素的养老护理员，采用专业性、可靠性高的服务技术和标准化的服务流程，借助技术性、方便性、安全性好的养老护理设备和用具，为需要照料护理或是老年康复的老人提供必要的服务。

现代养老服务的"现代"主要体现在"人件"、软件和硬件上，这也是它与传统的养老服务的最大的区别。

1. 现代养老服务的"人件"

因为现代养老服务是人对人的服务，所以，特别强调"人件"。一般而言，"人件"指的是高度重视老年顾客体验和与老年顾客接触互动的人性化的要素，它包括经过专业训练的养老护理员、工作团队以及职业经营管理人，强调的是员工的素质、专业技能和教育培训，以及专业化的经营管理。

2. 现代养老服务的软件

现代养老服务的软件包括服务技术（特别是照料护理技术）、照料护理服务流程的标准化、照料护理服务的质量、服务经验与传承，强调的是专业性、可靠性和服务的品质。

### 3. 现代养老服务的硬件

现代养老服务所需的硬件包括养老服务设施、照料护理服务设备和用具，特别强调具备技术性、方便性、安全性的无障碍设计与应用。

## 二、养老服务与现代养老服务的区别

### （一）提供服务的基本理念

现代养老服务具有明确的服务理念。这个理念是保护老人的尊严，尊重老人及其家属的选择与决定，为维持和提高老人的生活功能、支援老人自立而提供综合性的服务。

传统的养老服务没有明确的服务理念，特别是传统的养老服务中还不存在"保护老人尊严""尊重老人及其家属的选择与决定""维持和提高老人的生活功能""支援老人自立"等概念。而这些基本的概念恰恰是现代养老服务的精髓。

现代养老服务并不一味地追求照料和护理，而是强调应用现代的科学知识和技术手段，"维持和提高老人的生活功能、支援老人自立"。先期进入老龄化社会的一些国家，如欧洲的丹麦和瑞典在建设社会养老服务系统时确立了"老人三原则"：①尊重老人的自我决定；②尊重老人生活的持续性；③最大限度地利用老人自有的能力。"老人三原则"也是德国和日本建立养老服务保险法所依据的重要理念。

### （二）由职业经营管理者进行经营管理

在传统的养老服务中几乎没有经营管理的意识，也不存在养老服务的职业经营管理者。养老院的院长、社区养老服务中心的主任以及大型养老社区的管理者，有的是政府、事业单位的干部，有的当过医生、护士长，有的是民企的老板，他们都没经过现代养老服务经营管理的教育研修或是培训，称不上是掌握现代养老服务的经营管理技能和照料护理技能的专业人才。

现代养老服务引进了专业化的经营管理，重视经过现代养老服务经营管理的教育研修或是培训，而且掌握现代养老服务的经营管理技能和照料护理技能的专业人才，强调职业经营管理者的作用。

### （三）训练有素的养老护理员

传统的养老服务十分缺乏训练有素的养老护理员，还没有能建立起养老护理员的职业教育和在职培训的体系。大多数的养老护理员文化程度低，没有经过系统的职业教育和照料护理技能的培训，他们也没有系统地掌握与老人沟通互动的技巧。

现代养老服务强调"人件"，也就是高度重视老年顾客体验和与老年顾客接触互动的人性化的要素，它包括经过专业训练的养老护理员、工作团队，同时重视员工的专业素质和教育培训，要求员工和老人之间有和谐互动。

（四）专业化的服务与服务质量管理

传统的养老服务基本上没有专业性、高可靠性的服务技术和标准化的服务流程，而且几乎没有养老服务质量的评价和服务质量的管理。在许多场合，养老服务只是被当作"伺候老人的力气活"。

现代养老服务最大的一个特点就是突出服务的技术性、服务流程的标准化、服务的质量、服务经验与传承，强调的是专业性、可靠性和品质。

（五）具备技术性、方便性、安全性的硬件

在传统的养老服务中，有的设施和设备十分简陋，有的虽然硬件装修十分"高端"，但是华而不实。

现代养老服务在服务设施、设备和用具等硬件上，强调具有技术性、方便性、安全性的无障碍设计与应用。

（六）为老人提供必要的服务

传统的养老服务，服务的对象含糊不清，提供服务的种类匮乏。

现代养老服务把服务对象分为两大类：第一类是生活基本能自理而日常生活需要支援帮助的老人，这部分老人占大多数，在老年人口中所占的比例为 70% ~ 80%，他们需要的主要是家政服务和健康娱乐服务；第二类是生活无法自理而需要照料护理的失能半失能的老人，这一部分老人在老年人口中所占的比例是 20% ~ 30%，他们所需要的主要是照料护理服务。现代养老服务强调根据老人的服务需求而提供必要的服务，而且服务的种类十分丰富。

**三、现代养老服务的特殊性**

（一）现代养老服务的无形性

现代养老服务是人对人的服务，具体而言是经过专业训练的养老护理员，为老人特别是失能半失能的老人提供照料护理服务，这种服务是人的活动，不具有物质性实体。因此，一般而言，难以通过人的五感，例如通过用眼睛看、用手触摸、用鼻子闻来确认服务的质量。在许多情况下，服务的质量在使用前是不知道的。例如，为老人理发的服务质量在理发前和理发的过程中是不知道的。所以说，无形性是现代养老服务的最主要的特殊性。

（二）生产和消费的不可分性

有形的商品，如汽车的生产（厂商制造汽车）和消费（顾客驾驶汽车）是相互分开的两个过程，而现代养老服务，生产（提供服务）和消费（接受服务）的过程是同时进行的，养老护理员提供养老护理服务（生产）与老人接受养老护理服务（消费）是同步的。这就是现代养老服务的生产与消费的不可分性。因此，现代养老服务具有和顾客进行协调联动的特性。购买汽车的顾客不会受到汽车制造环节的任何约束，但是接受养老护理（例如饮食护理或是身体清洁护理）的老人要听从安排并且配合养老护理员的工作，与养老护理员互动，而养老护理员也必须很好地与老人沟通，获得老人的配合，这样才能顺利地进行养老护理服务。

（三）现代养老服务的消失性

由于现代养老服务具有生产与消费的不可分性，因此就产生了现代养老服务的"消失性"的特性。现代养老服务不是有形的商品，不可能大量生产然后保存在仓库中。生产（提供养老护理服务）和消费（接受养老护理服务）同步进行，这个同步进行的过程结束了，服务也就消失了。

（四）现代养老服务的过程的质量性

对于有形产品，如汽车来说，顾客只关心制造过程的结果，即完成的产品（汽车），但对于现代养老服务来说，老人和家属关心的是养老护理服务过程的质量。例如，身体清洁护理或是洗浴护理服务不仅要产生身体变得清洁的结果，还要让老人感到洗浴过程中的舒适性。服务的质量更容易受到提供服务的人（例如护理员）的影响。即使提供同样的服务，由于顾客的期望、爱好不一样，满意度也会大为不同。

**四、经营是现代养老服务与传统养老服务的主要区别**

传统的养老服务主要由公办的社会福利机构提供，它主要收养弱势群体老人，作为社会公益事业起到帮助维护社会稳定的作用。因为是公办的社会福利机构，所以只存在着最低限度的管理活动，而不存在需要盈利的经营活动。

然而，许多新建的民办养老服务机构却出现了"门可罗雀"的现象，有的民办养老服务机构建成好几年了，入住率一直在低位徘徊，原因在哪里呢？原因之一，就是这些民办养老服务机构的负责人不懂得现代化的经营，不知道怎样开展养老服务的市场营销活动。

现代养老服务的提供者主要是由社会资本投资建设的、可以接受社会所有阶层的老人的养老机构，在为社会做出贡献的同时，它还必须盈利以便可持续发展，所以，它必须进行现代化的经营管理，开展市场营销活动。

**五、现代养老服务的经营管理将摒弃"养老淘金"的行为**

现代养老服务虽然引进了社会资本和民间资本，要开展现代化的经营管理，开展市场营销活动，但是，它仍然具有社会性的一面，是整个国家社会养老服务体系建设的一部分。所以，现代养老服务的经营管理必须严格遵守"合规守法"的大原则，必须遵守国家的有关法律和政策以及相关道德伦理。

现代养老服务产业是一个典型的劳动密集型的产业。在有形商品，如手机或是汽车制造领域，新产品开发成功后可以上线大批量生产，生产得越多成本就越低，如果市场营销活动成功的话就可以获得成倍的利润。但是，现代养老服务是人对人提供的无形的商品，不可能大量生产，要提供大量的服务就必须有大量的训练有素的员工。因此，从事现代养老服务行业是无法在较短的时期内获得丰厚的利润的。抱着"淘金"的想法进入养老领域而急切地要获得丰厚的收益是完全不可能的。从国外一些国家的经验可以发现，那些抱着"淘金"的念头进入养老服务领域的社会资本和民间资本终将被摒弃和淘汰。

# 第二节 现代养老服务的基础

## 一、现代养老服务中照料护理的目的

（一）照料护理的主要目的：帮助老人自立

照料护理老人的目的主要有三个：一是维持老人的生命，让老人健康长寿；二是帮助老人自立；三是提高老人养老生活的品质。

严格而言，维持老人的生命与提高养老生活的品质只是照料护理的最基本的目的，现代养老服务中照料护理的一个更重要的目的应该是支持和帮助老人在养老生活中保持自立，或是帮助失能和半失能的老人恢复自立。只有这样，才能真正地提高老人养老生活的品质，让老人健康长寿。

（二）现代养老服务领域中"自立"的概念

说到"自立"，许多读者会联想到人的成长过程中的"自立"，如"生活上的自立"以及"经济上的自立"等，那么，养老服务领域中所说的"自立"是指什么呢？

一般而言，养老服务领域中的"自立"包含三个要素：一是身体性自立，二是心理性自立，三是社会性自立。

所谓身体性自立是指老人在日常生活中，自己能够独立生活不必依赖他人，换而言之，就是能够生活自理。如果一个人能够做到身体性自立，但是在心理上却处处依赖于他人，缺乏自我判断和决策的能力，总是自己一个人拿不定主意，那么，他还是不够自立。所以，对居家养老的老人来说，心理性自立十分重要。

20 世纪 70 年代，美国发起"独立生活运动"（Independent Living Movement，简称 IL 运动），这场运动普及了全球残疾人社会，它主张因重度残疾而需要照料护理的人，在生活的各个方面都要尽可能地自己做决定、积极地生活，不仅要实现心理上的自立，而且要走出福利设施，回归社会，要作为社区的一员参加社会活动，并且能够像其他居民那样生活，从而实现社会性的自立。

之后，随着国外一些国家先后进入老龄化社会，"独立生活运动"的精神发扬到养老服务的领域，强调照料护理应该以支持和帮助老人自立为主要目的。对老人而言，随着年龄的增加，身心功能在逐渐衰退，但是，老人能够自己料理的事还是应该自己去做，即便是身体性自立变得很困难了，也要尽可能地保持心理性自立，否则就会完全丧失身体性自立、心理性自立和社会性自立，以致养老生活的品质变得相当差。因此，在居家养老的服务中，家属和护理员要尽可能地鼓励和帮助老人自己去做他们力所能及的事，通过照料护理支持并帮助老人自立。

许多人在照料护理家中的老人时，没有树立起支持和帮助老人自立的概念，只是觉得把父母伺候好就是尽孝了，却起到了相反的作用，老人逐渐失去了身体性自立的能力，产生了依赖感，其心理性的自立能力也随之下降，因此，养老生活的品质变得越来越差。

在教育孩子时，如果让孩子养成"饭来张口、衣来伸手"的习惯会害了孩子。实际上，在养老服务中也是一样的。养老服务中的照料护理并非简单的"力气活"，而是一门科学。在照料护理的过程中，一味地偏重伺候老人，什么事都由家属和护理员来做，老人自己去做事的意愿就会慢慢下降，自己想要做的事也会减少，他们的日常生活动作能力下降后，就会变成没有气力的人。

### 二、照料护理的两种类型

（一）伺候型照料护理

所谓"伺候型照料护理"是指单纯地照料护理老人，有时甚至"样样做到家"，并没有支持或是帮助老人自立的意识，只是在维持失能和半失能老人现状的情况下进行照料护理。例如，为卧床不起的老人换纸质尿布，让老人依靠纸质尿布毫无知觉地排便，这就是伺候型的照料护理。

（二）支持自立型照料护理

"支持自立型照料护理"首先坚持自立的原则，即便是对待失能和半失能老人也设法在照料护理的过程中调动他们的自立性。例如，同样是对待卧床不起的老人，这种照料护理不是单纯地重复换纸质尿布的行为，而是设法帮助卧床不起的老人"脱掉纸质尿布"，尽可能地帮助卧床不起的老人自立地排便。

对卧床不起的时间比较短的老人采用"支持自立型照料护理"的方式，见效比较快，如果做得好的话，可以使得老人从卧床不起的初期阶段恢复到自立或是接近于自立的状态。当然，我们不但要有"支持自立型照料护理"的理念，还要有"支持自立型照料护理"的手法和技巧。

### 三、现代养老服务中的照料护理的三种形式

养老服务领域中的照料护理主要有三种形式：一是"扶助"，二是"口头扶助"，三是"看护"。扶助是用手，口头扶助是用口，看护是用眼。换句话说，养老服务中的照料护理是手、口、眼并用的行为。现对这三种形式分析如下。

（一）扶助

在我们的日常生活中有许多行为，如吃饭、上厕所、洗脸、打扮、换衣服等，每天都要做的这些行为叫作"日常生活行为"。可以说，这些日常性的生活动作或行为是生活中最基本的。当老人处于失能和半失能的状态，自己无法完成吃饭和排便等基本的生活行为时，就要对这样的老人提供支持和帮助，例如，用勺子给无法自己动手进食的老人喂食物，用尿布或是便携式便桶帮助老人排便，或是帮助老人穿衣等，这些行为就属于扶助。

（二）口头扶助

许多上了年纪的老人在日常生活行为中会分不清楚动作的顺序，或者做出错误的动作，在这种情况下，需要家属和护理员通过口头给予提示，告诉老人应该怎样做出正确的动作；有些阿尔茨海默病患者会出现徘徊、粗暴行为等"问题行为"，有时还会烦躁不安，在这些场合，需要对老人进行规劝或是哄劝等，这些行为就是口头扶助。换句话说，口头扶助也就是"通过口头进行的照料护理"。

（三）看护

当老人在做日常生活行为时，在老人的身旁确认动作、行为是否正确、安全，这些行为就是看护。例如，腿脚不便的老人行走时，要防止老人跌倒；有时还要防止阿尔茨海默病患者徘徊；等等。可以说，看护实际上就是"用眼睛进行照料护理"的行为。

在养老服务的过程中，老人的家属和护理员应该视不同的场合分别进行扶助、口头扶助和看护，有时还要三种行为并用，保证照料护理好居家养老的老人，提高老人养老生活的品质。

**四、照料护理卧床不起老人的原则**

照料护理卧床不起的老人是"一场持久战"。首先，应该注意一个原则，就是要努力从"伺候型照料护理"上升到"支持自立型照料护理"这一更高的层次。负责照料护理的养老护理员要遵守这个原则，把"伺候"降低到最低限度，尽可能支持和帮助老人自己去做力所能及的事，也就是说要让老人"变被动为主动"，只有在老人自己无法做到的时候才伺候他。在老年医学上，我们把这种照料护理称为"残存功能的有效利用"，目的是使卧床不起的老人尚存的一部分功能不至于全部丧失掉。如果家属和护理员样样伺候，只会使卧床不起的状态进一步加重。

在照料护理卧床不起的老人时，如何把握"伺候"和"支持自立"两者的尺度，首先需要一定的专业知识，其次需要在实际的照料护理中观察和判断。至于专业性的知识，可以请教老年医学的专家和养老服务的专家，向他们咨询。另外，受过照料护理专业训练的护理人员和拥有专业资格的老年康复技师也可以提供帮助。

在这里，重点介绍一下在家里照料护理卧床不起的老人的几个要点。

（一）白天尽可能让老人离开床

所谓"卧床不起"是指老人一天 24 小时或大部分的时间都躺在床上。在床上度过每一天的生活方式必然会使得老人的身心功能、生活能力变得越来越弱。所以，我们应该在每一天的早上尽可能地让老人离开床，增加老人坐在椅子或者轮椅上度过的时间。在"支持自立型照料护理"中把这种情况称为"离床（离开床铺）护理"。

"离床护理"的好处很多。老年医学的实证研究发现，一方面，在白天，老人坐的时间多的话，他的意识清晰度要远远高于躺在床上时间多的时候。意识清晰的话，老人的行动欲望也会提高，如果整天躺在床上，就会变得消沉，什么事都不想做，而且会影响食欲。

另一方面，白天坐着的时间多了，对预防褥疮非常有效。长期卧床发生褥疮的话，老人会很痛苦，褥疮的治疗还会进一步增加老人的痛苦。

再者，长期卧床不起容易发生关节挛缩，从而给照料护理带来更多的困难和麻烦。如果白天让老人多坐一些时间的话，下肢关节挛缩发生的概率就会大大降低。换句话说，让老人离开床铺、多坐着的话，对关节也是一种自然的锻炼。

（二）每一天都要做康复

卧床老人，特别是初期状态的卧床不起的老人，在老年康复的专业技师的指导下坚持进行康复的话，恢复自立的概率是很高的。实际上，在每一天，都尽可能地扶助老人自立地去完成一些日常生活行为的话，就是一种简单易行的康复。例如，把老人扶起来，让他下床坐在轮椅上通过明亮的窗户眺望窗外的风景，吃饭时尽可能让老人坐着轮椅到饭桌边上和家人一起吃，吃的时候，尽可能不去喂饭而是扶助老人自己吃等，这都可以算是康复活动。

### （三）创造老年康复的环境

通过对房屋的无障碍改造，或是购置照料护理的辅助用具，不但可以改善老人活动的环境，而且有助于老人自己完成一部分日常生活行为。对能走动的老人，需要在屋里墙壁、走廊、厕所和浴室都安装扶手。要让卧床不起的老人离开床，首先要考虑选用便于老人站立、便于照料护理老人的手摇式护理床或电动床。这种床装有便于老人起立时用的扶手，而且这种床的高度应该是老人坐在床边时双脚能够着地的高度。

### （四）多和老人沟通

照料护理卧床不起的老人时，无论是家属还是护理员，都应该积极地和老人沟通，主动向老人打招呼，这些十分重要。为了支持老人自己完成一部分日常生活的行为，家属和护理员要热情地大声鼓励老人，激起老人自立的意愿。千万不可抱怨或是训斥老人，如果家属有话不便直接对自家老人说，可以让医生、护士或是亲戚来说，这样效果可能会好一些。

**五、照料护理阿尔茨海默病患者的原则**

照料护理阿尔茨海默病患者同样有必须遵守的原则，那就是对患病老人因痴呆症状所表现出来的异常行为，要遵守"不责备、不制止、不强制"的原则，要理解患病老人的异常行为。在遵守这一原则的基础上，仔细观察出现异常行为前后的状况，从而找到照料护理的方法。例如，患病老人表现出粗暴行为时，一定会有某种原因，如果仔细观察找到这个原因就可以避免这种现象。居家养老中，所有的照料护理的秘诀都是通过对老人情感和行为的仔细观察而来的。这里要强调的是，照料护理阿尔茨海默病患者需要一些专业性的知识和技巧，需要专业医生和拥有专业资格的护理人员的指导。

照料护理患有阿尔茨海默病的老人应该注意的要点有许多，在这里只强调两点：一是要注意和患病老人的沟通，二是要设法缓解患病老人家属的压力。

患病老人最基本的症状是记忆障碍，主要表现为遗忘。新的事物，已经告诉他好几次了，还是记不住，要反复地问你。有时，已经吃过饭了，他却说："还没吃饭呢！"甚至会说："怎么还不给我吃饭？你们要饿死我啊！"出现这种情况时，家属不能去责备老人，要艺术性地和老人沟通。在和老人沟通时，要注意以下几点：①多和老人打招呼，在说明问题时要征得老人的同意；②要给老人反应的时间；③在问老人有何希望时，要耐心等待老人的回答；④要经常夸奖老人；⑤要给老人安心感；⑥要理解和肯定老人的人生。例如，可以通过交谈了解老人的少年时代、青年时代、壮年时代的各种经历，老人感到自豪的事，等等，为今后的沟通找到可以令老人愉快的话题。另外，和老人一起听他年轻时喜欢的歌曲和音乐，一起看他们的老照片，等等，也是照料护理患有阿尔茨海默病老人的重要方法，这样，在照料护理的同时还可以帮助老人康复。

### 六、照料护理的工作内容与分类

（一）现代养老服务中的两个新概念："ADL"和"IADL"

在老龄化社会，无论是在养老机构，还是在家里，照料护理老人都是一项重要的工作。

在日常生活中，人们的活动或行为大致可以分为两类：第一类是"Activities of Daily Living"，简称"ADL"，中文翻译为"日常生活活动"，或是"日常生活能力"。日常生活活动是人们在每一天的生活中必不可少的活动，如衣、食、住、行、排泄、身体的卫生与清洁等活动或行为。第二类是"Instrumental Activities of Daily Living"，简称"IADL"，中文翻译为"手段性日常生活活动"，或是"工具性日常生活活动"。手段性日常生活活动是比日常生活活动更加复杂的活动，如做家务（打扫房间、洗衣做饭等）、娱乐、乘坐公共交通工具、自己开车外出、购物、去银行存款或是取款，以及理财等。手段性日常生活活动是在日常生活活动的基础之上实现的。

我们把人们退休后开始领取养老金并进入居家养老之后的生活大致分为四个阶段，即"健康阶段""生病、身心功能出现障碍的阶段""卧床阶段"以及"临终阶段"。当居家养老中的老人处于健康阶段时，无论是日常生活活动，还是手段性日常生活活动都完全可以自理，并不需要别人的照料护理。但是，随着年龄的增加，一旦进入生病、身心功能出现障碍的阶段，或是卧床阶段以及临终阶段，许多老人不可避免地会变得无法自理手段性日常生活活动，随后，进行日常生活活动也变得相当困难，进而完全丧失日常生活活动的能力。如果出现上述这些情况，就需要别人的照料护理了。

因此，照料护理的工作可以根据"ADL"和"IADL"这两个概念，大致分为两大项：一项是帮助或代理老人完成日常生活活动的工作，如在衣、食、住、行、排泄、入浴等方面照料护理那些因失能半失能而无法自理的老人，因为这些工作往往要接触老人的身体，所以又称为"身体性照料护理"；另一项是帮助老人做家务（洗衣做饭、打扫居室等），带老人外出购物、到医院看病、参加社区活动等，这些工作被称为"家务性照料护理"。

身体性照料护理旨在帮助老人完成起居、饮食、排泄、换衣、入浴等维持身体健康状态的基本行为，而家务性照料护理是为了保证老人能够完成日常生活活动，维持居住环境卫生的日常生活事务。所以，身体性照料护理与家务性照料护理密切相关，有时难以相互区分。

（二）身体性照料护理

身体性照料护理是直接接触老人的身体，帮助失能半失能的老人进行衣、食、住、行、排泄和沐浴等日常生活活动的工作。家属或护工在帮助失能半失能的老人穿衣、吃饭、排泄（大小便）时，不能简单了事，而是要在进行照料护理的同时设法提高老人的身体功能，尽可能地让老人自己，或是配合家属和护工来完成穿衣、吃饭和排泄（大小便）等日常生活的行为。所以，身体性照料护理的主要目的应该是提高老人的日常生活活动能力和积极性，帮助老人恢复自立。

在进行身体性照料护理时，护理者必须根据患者的身心状况，选择合适的照料护理方法。居家养老中，身体性照料护理服务每天从早上起床到晚上就寝的基本流程如下：①起居的照料护理；②身体清洁的照料护理；③换衣的照料护理；④饮食的照料护理；⑤服药的照料护理；⑥排泄（大小便）的照料护理；⑦入浴的照料护理；⑧变化体位的照料护理；⑨室内移动与外出的照料护理；等等。简单介绍如下。

1. 起居的照料护理

起居的照料护理包括帮助老人起床和就寝、午饭后引导老人上床休息等。例如，在进行起床的照料护理时，要确认老人的意识是否清醒，然后大声呼唤老人并说出行动内容，扶起老人让他稳坐在床头，接着让坐在床头的老人起身，搀扶老人的双手帮助其离开床。对于不能下床的老人，则要折叠被褥，把被褥垫在老人的背部。

在进行就寝的照料护理时，首先要抚平床单褶皱，掸去食物残渣和灰尘，整理被褥和床上的物件，然后大声说出行动内容，搀扶老人的双手朝床边移动，让老人稳坐在床头，接着要确保老人在床上保持仰卧或侧卧姿势。

2. 身体清洁的照料护理

身体清洁的照料护理包括洗脸、刷牙、刮胡须、洗手和洗脚、擦拭全身，以及理发等仪容整洁的照料护理。

例如，早上起床后，帮助老人洗脸、刷牙时，首先要确认卧室至盥洗室的安全状况，然后大声说出行动内容，搀扶老人向盥洗室移动，让老人保持坐立姿势，准备好牙刷、牙膏、纱布、洁面用具，接着开始用毛巾帮老人洗脸，照看老人刷牙和漱口，漱洗完毕后搀扶老人向卧室移动。接下来要清理使用过的物品，并且做好自身的清洁。

在帮助老人进行仪容打扮时，可以搀扶老人到梳妆台前坐好，然后准备物品开始进行剪指甲、掏耳朵、刮胡须、理发、简单化妆等清洁与打扮的工作。

在帮助老人洗手和洗脚时，首先要准备好热水、毛巾等物品，然后大声说出行动内容，让老人保持合适的体位，并且观察老人皮肤的状况，接着开始洗手、洗脚，洗好后，要帮助老人擦干。

在帮助老人擦拭全身时，要事先准备好热水、毛巾、换用的衣服等物品。第一步是擦拭上身，先擦拭老人的脸部和颈部，接着脱掉老人的上衣，并且观察上半身皮肤的状况，擦拭臂膀、手腕和腹部，再擦拭背部，然后帮助老人穿好上衣。第二步是擦拭下身，先脱去老人的裤子，并且观察老人腿部皮肤的状况，然后擦拭老人的腿部，清洁老人的阴部和臀部后，帮助老人穿上裤子。在检查并且确认老人的身体状况后，要及时为老人补充水分。最后要清理使用过的物品和脏衣服，同时也要做好护理者自身的清洁。

3. 换衣的照料护理

换衣的照料护理包括内衣、睡衣、袜子、日常服装、外出服装的更换等工作。

4. 饮食的照料护理

饮食的照料护理包括为老人准备营养均衡的饭菜、为吞咽困难的老人准备流质食物的整个饮食过程。在帮助老人就餐时，首先要做好护理者自身的清洁，改善饮食场所环境，然后大声说出行动内容，确认安全状况（如观察是否有误食征兆），准备好围裙、毛巾和餐具等物品，帮助老人保持饮食姿势，准备好饭菜和汤。要细心地向老人介绍饭菜名，帮助老人摄取食物，如切碎小菜、用吸嘴为老人补充水分等。就餐时，要让老人保持舒适的姿势。就餐结束后要做好清洁工作，如清理洒落的饭菜、清洁围裙和毛巾、处理好剩饭和残渣、清洗餐具等。

5. 服药的照料护理

许多老人患有各种各样的老年性疾病，每天都须根据医嘱在饭前、饭后或是晚上就寝前服药。所以，服药的照料护理成为不可忽视的重要工作。

6. 排泄（大小便）的照料护理

排泄（大小便）的照料护理包括帮助老人去厕所排便、帮助老人在居室里使用便携式坐便器排便、使用小便器和便壶帮助老人在床上排泄，以及使用尿布帮助失禁的老人排便等。排便之后还必须清洁便器、清洁并擦干老人的阴部及臀部。帮助老人排便后要做好清洁工作，而且一定要帮助老人补充水分。

7. 入浴的照料护理

帮助老人入浴（淋浴或是盆浴）时，首先要检查浴室安全状况，清洗好浴缸或是淋浴设备，调试好水温，准备好毛巾、洗浴用品和换用的衣服；然后大声说出行动内容，确认老人排泄状况、脱衣室温度；搀扶老人到浴室，帮助老人脱衣，观察老人的皮肤等状况后才开始入浴；入浴时先清洗身体、头发，再淋浴；接着帮助老人擦干身体、头发，穿好衣服，并梳理好头发，把老人从浴室搀扶到卧室，检查并且确认老人的身体状况后，为老人补充水分。最后要清洗脏衣服、清理浴缸，并且做好护理者自身的清洁。

8. 变化体位的照料护理

照料护理卧床不起的老人要经常变换老人的体位，如从仰卧到侧卧、从侧卧到仰卧，同时要正确摆放四肢，如舒展腰部和肩部等。一方面要保持老人舒适的姿势，另一方面要防止老人生褥疮。

9. 室内移动与外出的照料护理

室内移动与外出相当于"衣食住行"中的"行"。居家养老中的老人在室内的移动，包括起床从卧室到客厅、厕所等场所的移动。有的需要搀扶行走，或是利用拐杖和助行器来行走；有的则需要利用轮椅来移动。利用轮椅时，事先要确认好轮椅的制动器和轮胎的状况，大声说出行动内容，让老人稳坐在床头，搀扶老人站立起来移坐到轮椅上，这时，要确保老人坐稳，降低搁脚板，分别抬起老人的两脚，让双脚踩住搁脚板。为了确保室内移动的安全，事先要确认走廊、卧室等通道的安全状况。带老人外出，如去医院、社区活动中心、购物中心时，要大声说出外出的目的地，做好外出的准备。同时要准备好外出的交通工具等。

（三）家务性照料护理

如上所述，照料护理的工作可以根据"ADL"和"IADL"这两个概念，大致分为两大项：一项是帮助或是代理老人完成日常生活活动的工作，也即"身体性照料护理"；另一项是帮助老人做家务（洗衣做饭、打扫居室等），带老人外出购物、到医院看病，或是参加社区活动，帮助老人取药等，这些工作被称为"家务性照料护理"。随着城市化的发展，我国的"空巢家庭"正在不断增加，有的"空巢家庭"是老夫老妻都在，有的"空巢家庭"是已经失去一方的老伴，只有一位老人，在这种情况下，家务性照料护理的目的是尽可能地帮助老人在自己居住习惯了的家和社区里舒心如意地度过晚年。为此，家务性照料护理必须遵守以下四个原则。

1. 与老人建立好信赖关系

家务性照料护理深入老人的日常生活，所以，与老人建立起相互信赖的关系至关重要。

2. 尊重老人的生活习惯和生活态度

每个人都有自己的价值观和习惯，特别是上了年纪的人会更加重视自己的价值观和生活习惯。因此，家属和护理员要理解这一点，在做家务时，要尊重老人的想法。

3. 分清必须护理的事项

过度帮助老人会剥夺老人活动的权利，降低老人的活动能力。家属和护理员应该具备一定的判断能力，分清哪些是必须照料护理的，哪些是可以调动老人的积极性让老人自己去做的，帮助老人实现自立。

4. 注意保密

家务性照料护理往往涉及老人的隐私，所以要履行保密义务。

**七、照料护理时养老护理员应有的姿态**

在照料护理失能半失能的老人时，养老护理员应该注意以下九个方面，从而端正自己的姿态。

①尊重老人的价值观和生活习惯，要尊重老人的自我选择、自我决定。理解老人的想法，尊重他的思想和权利，最大限度地帮助老人实现自己的生活方式，并且以这样的方式照料护理老人。

②理解老人的想法。老人因为无法自己排泄或入浴，而不得不接受家属和护理员的照料护理时，有的会感到心安理得，有的则会感到自卑。特别是让家属（子女或子女的配偶）和护理员看到自己的裸体，无论多大年龄的人都会感到羞耻。在这个时候需要学会理解老人，要能够理解身心功能衰退的老人也有自尊，要能够理解患者的不安、焦急、愤怒等心情。

③确保老人的安全。在进行身体性照料护理时，要随时留心发生事故的危险性。如果只凭"蛮劲"而忽略照料护理的技术，不但会伤害老人，而且会使自己受伤的危险性增加。

④掌握好照料护理的知识和技术。

⑤学会观察老人，尽可能地帮助老人自立。如果对老人力所能及的事情也提供帮助，那么老人独立完成的活动将越来越少。特别是一部分老人，身心依赖性较强，长此以往，便会经常听到他们说"请帮我"。为了让老人更加自立，有时我们不得不狠下心。老人有要求时，我们不能直接回答"不行"，而应该委婉地劝说老人"试试看吧"，这才是值得推崇的说辞。如上，调整老人的心态很重要，创建便于老人活动的物理环境也同样重要。例如，卧床不起的老人也分各种类型：有的是身体状况确实差，真的起不来；有的是"没有人要求起床"，因而卧床不起；有的是躺着舒服，"不想起床"。通过观察来分清老人卧床不起的原因，在咨询医生后，可以耐心地鼓励和帮助老人离开床。帮助老人恢复自立要在养老服务专家的指导下，学会综合运用扶助（手的照料护理）、口头扶助（口头的照料护理）和看护（眼睛的照料护理）。

⑥掌握好与老人进行沟通交流的方法，同时又要与家属互动。

⑦学会为自己减轻照料护理的负担的方法。家属和护理员自身的身心健康会直接影响到照料护理工作的质量和稳定性，因此，要学会为自己"减负"，减负包括减轻精神负担和身体上的负担的具体方法。

⑧注意保护老人的隐私。护理员进入老人的家庭进行照料护理工作时，

不但会知道老人的身体状况和就医的相关信息，而且会知道老人家庭的人际关系、金钱和财产等许多信息。要记住绝对不可以泄露给无关的人。

⑨善于和医生、护士等专业人员配合，做好照料护理的工作。除了家庭成员外，还应该与其他专业人员合作，掌握患者的健康状态和生活状态。

### 八、互助养老服务实践运行

（一）建立互助养老服务基地

1. 统一认识，争取支持

（1）养老服务中心支持

专门与养老服务中心所有员工及其管理者进行座谈，就居家养老服务现状、发展及目前的困境、互助养老服务尝试的必要性等进行深入的交流，与投资方就长远合作进行磋商，统一认识并确立远期目标。

（2）学校支持

组织本科护理学生利用假期到社区为老年人服务，以学生的志愿服务带动互助养老服务。制定学生参与社区实践的计划、要求和社区活动的长效机制，与学院主管学生工作的书记沟通，获得支持。

（3）街道和社区支持

走访社区、街道的负责人，交流居家养老服务现状和在养老服务领域的探索工作，获得试点社区及所在街道负责人对互助养老服务模式的实践探索的认同和支持。

2. 三方座谈，探讨互助养老服务实践探索模式

召开互助养老服务实践研讨会，学校领导、街道和社区领导、养老服务中心员工和投资方领导共同参与，主要讨论议题是：①互助养老服务开展的必要性和可能性。②学校、社区和养老服务机构三方如何合作来探索互助养老服务。③社区老年人现状。

3. 达成合作意向

互助养老实践探索需要结合政府、高校与企业三方力量。社区老人详细情况及培训场地由街道提供，互助养老服务志愿者的统一管理及平台运营则由养老服务中心负责，护理师资力量及培训教室由某大学统一策划及建设。根据社区老人现状及需求，最终选择某社区作为试点，建设互助服务培训基地，一同探索互助养老服务实践模式。由街道提供场地、宣传等方面的

支持，高校输出学术、理论专业知识及模式，由养老服务中心负责运营管理。

（二）确定社区互助养老服务实践内容

1.确定互助养老服务实践探索的内容

根据前述的服务需求分析，结合本社区现状和项目前期基础，确定以下十项具有风险可控、社区有条件、老人需求较高、容易开展的项目作为本次互助养老服务实践尝试的项目：爬楼机助行、轮椅助行、探访、协助老人参与社区活动、床上洗头、陪就医、手指操培训、听力保健操培训、噎食预防与急救培训和心理疏导。

2.制定互助养老服务规范

（1）爬楼机助行服务

爬楼机助行服务主要是指为年老体弱、行动不便的老年人提供上下楼梯的专项服务，目的是为无电梯设施的老年人提供上下楼服务，增加老年人活动空间，维护社会功能，增进身心健康。主要适用于：年老体弱、高龄或因病、因伤无法上下楼者。

服务要求：①尽量协助老人进行康复锻炼，维持肢体功能，促进自行上下楼。在小区建设规划中应考虑电梯和无障碍通道的设置。②设专人负责管理，制定相应的爬楼机使用规章制度，定期检查、维护。爬楼机使用者接受专门的培训，持证上岗。③不同类型的爬楼机有相应的应用条件，社区在配备爬楼机时应考虑社区硬件设施的条件。④检查爬楼机各部件，接通电源，检查功能。⑤与老人充分沟通，协助老人坐上爬楼机，将老人身体置于爬楼机椅座中坐稳，系好安全带，双手扶扶手，双脚妥善放置。⑥检查运行通道是否有障碍物，检查老人身体和衣着部分，是否可能在运行中碰伤和绊到障碍物。⑦开动爬楼机时，嘱咐老人坐稳勿动，操作者在旁协助，随时观察和处理异常情况，预防意外。⑧爬楼机运行结束，待完全停止后，解开安全带，扶老人下爬楼机，安置老人于安全位置，撤回爬楼机。⑨爬楼机用后检查并及时归位，做好记录。⑩有条件地区，爬楼机使用意外事件应纳入照护职业保险范畴。

服务步骤：①查看服务协议，明确服务内容和要求，了解老人情况，按约定时间提供服务。②与老年人及家属沟通，准备并检查爬楼机。③检查爬楼机各部件及功能，特别检查安全带、紧急装置等功能是否完好。④向老人解释，确认爬楼机使用的程序和要求，扶老人坐稳于爬楼机上，系好安全带。⑤检查通道无障碍物，检查老人衣着、肢体勿挂于或伸出于爬楼机外。⑥嘱咐老人坐稳勿动，开动爬楼机，操作者在旁协助，随时观察和处理异常情况。⑦爬楼机停稳，扶老人下爬楼机，安置老人于安全位置。⑧撤回爬楼机，做好清洁以及记录。

（2）轮椅助行服务

轮椅助行服务主要是指为下肢无力、行动不便但能坐立的老人提供的体位移动服务。目的是安全转移老人，增加老人活动范围，满足老人社交和户外活动需要。主要适用于：长期卧床老人需要离床活动；下肢瘫痪、残疾老人外出。

服务要求：①设专人管理，定点放置。制定相应的轮椅定期检查及租赁、使用登记制度。保证轮椅的扶手、脚踏板、安全带、轮胎、刹车等各部件功能良好，使用前再次检查，确保安全。②根据老人体重、肢体功能情况选择合适的轮椅。头颈部控制不佳者选择高背轮椅或附加颈部支架；上肢功能良好者选择手动式轮椅，需要依赖他人的选择他人推动型；上肢功能较好，方便学习和工作者选择短扶手轮椅，需要上肢有较好依托者选择长扶手轮椅；80千克以上者选择特制轮椅。③上下轮椅先拉紧刹车固定轮椅，收起脚踏板。协助老人坐上轮椅并靠后坐稳，系好安全带，脚踏在脚踏板上，松刹车后稳步推行。④长时间坐轮椅者，需要垫气垫或水垫，每隔1小时用双手支撑身体，使臀部离开片刻，防压疮。⑤推轮椅上台阶时先上前轮，再上后轮；下台阶时倒退下行，先下后轮，再下前轮。在运送途中遇到较大的坡度（一般坡度大于15°），应采用倒车下坡的技术，缓慢倒退行进，保证安全。⑥上下台阶及上下坡推行注意安全，如老人较重，道路坡度较大，应请人帮助，合力推动轮椅。推轮椅过程中速度缓慢，保持平稳，不可碰撞墙及门框，避免震动老人。运送过程中注意观察老人情况，注意保暖，防止受凉。⑦协助老人进行康复锻炼，尽可能地恢复身体功能。⑧协助老人床椅转移、起床站立等过程中速度宜慢，预防直立性低血压。

服务步骤：①查看服务协议，明确服务内容和要求，了解老人情况，按约定时间提供服务。②与老人及家属沟通，准备并检查轮椅，必要时备毛毯。③推轮椅至床旁，使轮椅与床呈40°左右或椅背和床尾平齐，拉起车闸，固定轮椅。④协助老人穿衣，卧于床边，屈膝。照护者一手置颈肩处，一手置老人远侧膝外侧，扶老人坐于床边，协助穿鞋。⑤让老人双手挽于照护者肩颈部，照护者的两手合抱老人腰部，双脚和双膝抵住老人双脚、双膝的外侧（或一脚伸入老人双膝之间），协助老人站立，旋转身体，移坐于轮椅上。⑥转至老人身后，两手从老人腋下伸入合抱老人，老人双手扶扶手，协力调整坐姿，翻下踏脚板，系好安全带，根据需要盖上毛毯。⑦松刹车，推轮椅。上台阶时轮椅正对台阶，踩下后倾杆，轮椅后倾、前推；下台阶时掉转轮椅，腿部贴扶椅背稳步倒退下行；上斜坡时老人靠后坐稳，推轮椅前行；下斜坡时掉转轮椅倒退下行，随时观察身后情况。⑧每隔1小时用双手支撑身体，使臀部离开片刻，防受压过久。

（3）陪伴就医服务

老年人常常因为各种急慢性疾病而需要去医院就医，陪伴就医是指陪伴高龄或者行动不便的老年人前往医院，协助就诊、检查、配药和治疗的过程。

服务要求：①设专人管理，梳理本地区主要医院的特色和网络挂号系统，制定并展示服务目录。②陪伴就医者须了解医院的就医程序：a.预约挂号。通过电话和网络两种途径提前预约（急诊除外），预约成功后，按预约时间到达医院取号后就诊，也可以从老年人优待窗口挂号。b.协助看病。挂号或取号后，带领患者到达候诊室，按序就诊。c.协助检查。如需要检查和化验，根据医嘱陪同检查，并及时取回检查和化验的报告单给医生。d.协助配药。付费后至取药窗口取药，特殊用法的药物要向药剂师或护士仔细咨询，向老人详细交代。e.协助治疗。需要在医院注射、输液者，到相应的治疗室治疗。③老人或家属提出服务申请，根据就医流程及老人情况，商定服务内容，确认就医的医院、医生、就诊时间、交通方式以及是否需要网上预约挂号等，填写服务单，留下联系电话。④协助整个就医过程，注意观察病情，防疲劳。在挂号、候诊、检查、取药各环节的排队等候中，注意让老人休息，协助沟通、安置体位、脱穿衣服等，并观察老人情况，出现头晕、胸闷、气急、心悸、脉速、高热、晕厥等异常情况，及时与医护人员联系。⑤做好必要的准备，就医前帮助老人备好病历及必要的检查报告；准备饮水杯，糖尿病病人宜带点点心；做B超等检查需空腹前往者事先准备并带上早餐。⑥注意安全问题。

a.预防交通意外。如医院较远，最好预约专车前往，乘坐公交车或步行、轮椅代步等，特别要注意交通安全，预防来回途中及整个就医过程中出现摔倒、碰撞、走失等。b.预防疾病意外。病情重者应呼叫120，就医过程中避免让老人长时间站立、焦急和过于疲劳，随时让老人坐下休息、多饮水，耐心等待。c.注意财物安全。协助保管随身财物，谨防丢失。d.谨防受骗。到正规医院就诊，正规渠道配药，防止"医托"或保健品、药品推销骗局。⑦书面记录注意事项。帮助老人书面记录医生的医嘱，对饮食、活动、用药等方面的注意事项应详细记录，注意字体要大些，以方便老人阅读，并在事后仔细交代，确认老人已经理解并掌握。⑧避免违约。帮助老人电话或者网络预约就医，要提醒并帮助老人记住时间，按时就诊，避免造成违约记录而给老人后续就医带来不便，也给别人造成不便。

服务步骤：①老人或家属提出申请，商定就诊医院、时间、科室、交通方式等，填写服务单。②按服务要求提前预约挂号，提前一天再与老人确认，准备好病历卡、医保卡、检查单等。③就诊当天，提前一些时间，避免焦急赶路。出发前带好水杯，检查携带物品，根据气候情况带上雨伞或太阳帽等，行动不便的老人根据需要带上手杖等助行器。④陪伴整个就医过程（挂号取号、候诊、检查、取药、治疗），协助协调，观察病情，注意安全。排队时让老人休息，避免长时间不喝水、焦急不安、碰撞跌倒等，并观察老人病情，如有异常及时与医护人员联系。⑤问清治疗、用药等详细情况，向老人交代清楚，按医嘱治疗。⑥安全送回，签字确认。

（三）推动互助养老服务实践的策略

1.实践要求纳入发放培训合格证书的条件

按上述培训方案设定的内容学习，考核合格后，要求参加相应的实践活动。在试运行时，要求培训结束，理论与操作考核合格后发给实践记录卡，由试点社区参与为老年人服务，由养老服务中心进行登记，记录服务内容、服务时间及效果，要求至少为10位老人提供相应的服务，并能够完成"血压测量及教会老年人手指操、听力保健操"各10人次。

2.记录互助信息，承诺"服务储蓄"

志愿者将助人信息记录在实践卡上（目前参与互助养老服务者主要为专业志愿组织，低龄老人没有较好开展，学生志愿者正在组织中），由于目前尚无法直接用手机即时记录，因此只能先将信息用手工记录于纸质卡上，完成后上交实践卡，由工作人员将信息记录于"国家人口健康平台老年照护应用系统"的远程信息平台上。

互助服务内容可以作为劳务储蓄累积，在正式运行时可作为自己或长辈的服务回报。在本社区的低龄老年人为其他老年人服务后可以获得等同时间的服务回馈。

3.推进互助养老服务的科普教育

将前期设计的"跌倒应急处理、骨质疏松预防、误吸预防、噎食预防与急救、直立性低血压预防"的科普图片于社区应用，营造互助服务氛围。

# 第三节　现代养老服务的经营

## 一、现代养老服务经营管理者的条件

（一）现代养老服务经营管理者的要件与资质

现代养老服务经营管理者主要是指专门从事现代养老服务的企事业单位的经营管理者、养老院的院长和管理人员、社区养老服务中心的主任、养老社区以及新型养老住宅项目的经营管理人员。

1.现代养老服务经营管理者的担当要件

在先期进入老龄化社会的国家，担任现代养老服务经营管理者需要严格的资质条件。例如，在日本，要成为"服务管理主任"，必须具备以下三个条件：①有5~10年的养老服务第一线工作经验；②接受过照料护理技能培训和现代养老服务基础研修；③必须接受"服务管理主任研修（研修时间为250小时）"，考试合格者方可以被认定为服务管理主任。

再者，要担任养老服务设施的"设施长"（相当于中国的养老院的院长），必须满足以下三个条件：①具备"社会福祉主事"的资格（现代养老服务有关专业毕业或是参加有关专业教育培训合格者）；②有5年以上的现代养老服务行业的工作经验；③接受"养老服务设施设施长资格认定研修（半年在职研修培训）"合格者。我国正在跑步进入老龄化社会，养老服务的经营管理人员的教育培训还是空白，我们进行现代养老服务经营管理的培训就是要填补这个空白。

2.现代养老服务经营管理者的资质

在中国，现代养老服务经营管理者应该具备以下四个基本的资质。

（1）有道德修养，能够成为弘扬社会主义核心价值观的带头人

现代养老服务的经营管理者首先必须是培育和弘扬社会主义核心价值观的带头人，应努力使自己成为有道德修养、起到示范作用的干部。

（2）认真践行公正、遵纪守法的准则

现代养老服务的经营管理者在行使经营管理的权限时，应该努力做到公正、遵纪守法；特别是要遵守《老年人权益保障法》等养老服务领域的相关法律法规。

（3）成为敬业、诚信、有爱心的榜样

从事养老服务的经营管理工作，首先应该怀有一颗尊老、敬老、爱老的心，同时，对老年人及其家属以及在养老服务机构工作的员工要讲究诚信。

（4）认真学习和掌握现代养老服务的专业知识和手法

现代养老服务是随着我国跑步进入老龄化社会而兴起的新型服务业，我国现代养老服务经营管理的教育培训体系基本上是一个空白，而且，目前在现代养老服务第一线的经营管理人员来自各行各业，既没有接受过现代养老服务经营管理的正规教育和培训，也没有任何现代养老服务经营管理的经验。所以，担任养老服务机构管理工作的人员必须积极地、认真地学习和掌握现代养老服务的专业知识和现代化的手法，只有这样才能够胜任现代养老服务经营管理的工作。现代养老服务的专业知识包括社会老龄化的动向、对老人身心变化的理解、现代养老的需求与现代养老服务市场的动向、失能老人照料护理技术、现代养老的服务管理、现代养老服务的人力资源管理、现代养老服务的风险管理以及现代养老服务的市场营销等。

（二）现代养老服务经营管理者的使命

现代养老服务机构的经营管理者的最大使命是通过自己和员工的努力为老人提供最佳的养老服务，提高老人养老生活的品质，为老人的晚年生活，也为老人的家属带来幸福和感动。同时，还要为中国养老服务产业的发展和进步贡献自己的力量。

具体而言，现代养老服务经营管理者主要的使命有以下三个：①筹划事业发展战略，制定事业规划和经营目标；②开发现代养老的人力资源，做

好现代养老的服务管理；③面向老龄化社会，开展现代养老服务的市场营销。

（三）现代养老服务中经营管理者的作用

①考虑养老服务机构的发展方向：要经常思考在养老服务领域，我们的事业是什么，我们应该做什么，我们的发展方向是什么，应该如何发展。

②制定规章制度与养老服务的标准：确立和坚持企业的理念、价值基准，制定组织的行为规范、服务的标准和服务质量评价的方法。

③开发人力资源、构建和维持组织体系：现代养老服务提供的是人对人的服务，员工是经营管理的最大的资源，如何开发人力资源？怎样能招收到好的员工而且能够留住好的员工？如何设计和调整组织结构、做好人员计划？这些是经营管理者的重要经营课题。

④服务本地区社会，开展涉外活动：现代养老服务具备社会性的特点，所以经营管理者应该学会处理和调节与所在社区、老年顾客和家属、政府机构、金融机构以及社会团体的关系。

⑤处理事故、做好现代养老服务的风险管理：在人对人的服务中经常会出现各种事故和纠纷，经营管理者要预防事故和纠纷，做好风险管理。

（四）现代养老服务经营管理应该具备的基本姿态

现代养老服务要面对市场竞争，必须盈利以便可持续发展，但是，它也不能忽视自己的社会责任。现代养老服务机构的经营应该具备以下三个基本的姿态。

1. 对老年顾客的基本姿态

①尊重和保护老人的合法权益；

②努力提高养老服务的水平和质量；

③为老人创造良好的生活环境。

2. 对员工的基本姿态

①为员工创造良好的工作环境；

②为员工提供教育培训的机会；

③努力改善员工的待遇。

3. 对社会的基本姿态

①为国家、社会解决老龄化社会的突出问题做出贡献；

②积极配合行政主管部门的工作，推进老龄事业的发展；

③遵纪守法，诚实地向社会公开信息；

④加强与所在地区、社区的沟通和协调，支援居家养老。

## 二、现代养老服务经营管理入门

（一）现代养老服务的经营战略与经营目标

1. 现代养老服务的经营战略

制定现代养老服务的经营战略就是用中长期的视野，通过综合的思考和判断，确立为老年顾客提供最佳养老服务并且贡献社会的方针，构建养老服务的组织体系，调动和运用人、财、物以及信息等经营资源去实现现代养老事业的发展目标。

2. 现代养老服务的经营目标

现代养老服务事业的经营目标，也就是现代养老服务的经营管理者所追求的事业成功的美好前景。经营目标应该是定量的、可以测定的，而且是现实可行的。

经营目标明确了，经营管理者就要设法找到实现这个目标的手段和路径。因为经营目标是定量的、可以测定的，所以，经营管理者可以找到现状和经营目标之间的差距（经营管理上存在的问题）。问题明确以后，就可以进一步确定如何解决问题的方针（经营管理的课题），经营管理者带着经营管理的课题去解决问题，这也就是经营管理的过程。

3. 设定经营目标的方法一：倾听老年顾客和家属的心声

一般而言，服务领域经营的重要指标不是销售额和市场份额，而是顾客忠诚度。在现代养老服务领域，顾客忠诚度是指老年顾客及其家属对提供养老服务的企事业单位有信赖感，对养老服务机构或社区养老服务中心提供的服务和品牌有正面的评价，愿意继续成为它的忠实客户。

现代养老服务应该把获得顾客忠诚度，提高老年顾客及其家属的满意度作为经营的主要目标。为此，就应该了解和掌握老年顾客对养老服务有哪些具体的需求以及希望改善的问题点。

经营管理者可以通过倾听老年顾客和家属的心声，发挥自己的强项，设定可以满足老年顾客需求的经营目标。

4. 设定经营目标的方法二：倾听员工的心声

现代养老服务是人对人的服务，接受养老服务的是人（老人），提供养老服务的也是人（养老护理员），要在和其他养老服务机构的竞争中获得更多的老年顾客，就必须提供比其他养老服务机构更好的养老服务。养老服务的好坏，关键在于提供养老服务的人，也就是在于养老护理员的素质和服务技能，可以说拥有怎样的人力资源是现代养老服务机构生存发展的关键。

现代养老服务的经营目标还应该把获得员工的忠诚度当作重要的目标，要做到能够招收到人，而且能够留得住人，并且要让员工感到养老服务工作的魅力，愿意用自己的爱心和熟练的照料护理技能换取老年顾客的忠诚度。为此，经营管理者要经常倾听养老护理员的心声。

（二）现代养老服务的经营计划

1. 经营计划

经营计划是从事现代养老服务的企事业单位为了今后的发展而设定经营愿景和价值目标之后，在掌握自己的经营状况的基础上确定自己应该如何利用经营资源去实现经营的愿景和价值目标的行动计划。制订经营计划是现代养老服务经营管理者的主要任务之一。

一般而言，经营计划有年度计划（1年度）、中期计划（3年度）和长期计划（5年度）之分；年度计划又可以细分为季度计划和月度计划。

2. 现代养老服务经营计划的构成要素

一般而言，现代养老服务的经营计划包含七大要素，它们分别是：①经营理念；②外部环境；③内部资源；④事业战略；⑤组织结构；⑥管理系统；⑦业绩评价系统。现代养老服务的经营管理者首先要确立自己的经营理念，在把握经营的外部环境和内部资源的实际状况的前提下制定事业发展的战略。事业战略要具体地落实到组织结构、管理系统和评价体系中去，经营计划的七大要素应该得到有效的整合。接下来，具体介绍一下经营计划的七大要素。

（1）经营理念

所谓经营理念是指经营组织存在的意义，它包括组织的使命、经营的目标，以及组织对社会、员工、老年顾客所提供的价值。

（2）外部环境

现代养老服务所处的外部环境包括国家和地方有关社会养老服务体系建设的法规政策的环境、现代养老市场中老年人需求的变化、市场竞争状况等。

（3）内部资源

现代养老服务的内部资源关系到组织的强项和弱项，例如人力资源、技术和技能的积累与传承的状况、资金能力以及信用等级等。

（4）事业战略

现代养老服务的事业战略也就是为实现经营理念而制订的行动计划。

（5）组织结构

现代养老服务的组织结构就是为实施事业战略而构成的组织体系。

（6）管理系统

现代养老服务的管理系统是保证组织体系按计划运作的运营管理机制。

（7）业绩评价系统

现代养老服务的业绩评价系统是检验管理系统的运作状况以及事业战略的事实成果的机制。

现代养老服务的经营管理者在制订经营计划时不能"闭门造车"，可以接受具有现代养老服务经验的专业咨询团队的帮助，也可以动员骨干员工积极参与，制订好的经营计划还要向广大员工传达、共享。

（三）现代养老服务机构经营管理的基本框架

为了帮助大家理解现代养老服务机构的经营管理，在这里重点介绍经营管理的基本框架，这个基本框架由以下四个要点构成。它们分别是：①经营管理所追求的目标和成果；②经营管理的组织体系；③经营资源的有效利用；④经营管理的效率性。

1. 经营管理所追求的目标和成果

经营管理是为了实现组织的目标，有效地利用经营资源而展开的活动。因此，现代养老服务机构首先要明确自己所要追求的目标是什么，而且要让组织的所有成员共同认知并且树立这个目标。

一般而言，企业为了可持续地发展必须提高经营利润，但是，企业所处的经营环境千变万化，市场竞争也会变得很激烈。企业的经营管理一方面要开发和提供能够满足顾客需求的商品和服务，同时还要提高员工的士气、削减经营成本以便适应市场环境的变化。

在现代养老服务领域，单纯地为追求利润而展开的经营管理难以实现目标，企业还必须承担社会责任。

现代养老服务要掌握老龄化社会的需求，明确自己的经营理念和发展目标，并且制定实现这些目标的战略。

2. 经营管理的组织体系

经营管理的组织体系根据横向的"功能区分"和纵向的"阶层区分"两个概念进行编制。

（1）功能区分

所谓功能区分就是专业分工，在养老院的场合，主要有养老护理、健康医疗、餐饮、卫生、设备、一般事务等不同功能的专业分工。专业分工可以提高组织活动的效率。

（2）阶层区分

所谓阶层是指将组织的管理按不同的层次进行区分，从而明确各个层次的责任和权限。在养老院的场合，责任和权限的阶层区分由上而下，分别是养老院院长、办公室主任、科长、管理员（班组长）、第一线员工（养老护理员等）。

根据经营管理中"管理宽度"（Span of Management，又称"管理幅度"，指的是一名主管人员有效地监督、管理其直接下属的人数是有限的）的概念，在现代养老服务机构中，一位管理员（班组长）可以有效管理的人数在 6 ~ 8 人。这正好是一个团队比较适合的人数。

3. 经营资源的有效利用

现代养老服务的经营资源包括人力资源、硬件资源、资金和信息资源。如何有效地利用这些资源是现代养老服务经营管理最大的课题之一。

（1）人力资源

现代养老服务是典型的劳动密集型产业，提供的是人对人的服务，所以，人力资源是它的最主要的经营资源。这里所说的人力资源包括训练有素的养老护理员、养老护理团队的管理人员、有专业资格的老年康复训练员、营养师、理疗师以及有专业经验的经营管理者。

（2）硬件资源

现代养老服务的硬件资源包括动产和不动产、现代化的养老护理设备和用具等。

（3）资金

现代养老服务的资金包括经营机构所拥有的现金、存款、有价证券以及筹集资金的能力。

（4）信息资源

现代养老服务的信息资源包括自己所积累的技术和技能的能力、经验以及信息处理的能力。在某种场合，信息资源还包括接受服务的老人及其家属的信息、员工的信息、提供服务的信息及财务会计信息等，对这类信息的利用必须严格遵守国家有关法律政策，切实保护好老人及其家属的合法权益。

4.经营管理的效率性

现代养老服务在坚持它的社会性的同时，还要提高经营管理的效率，这个要点是传统的养老服务所不具备的。因为看到了社会老龄化对现代养老服务的需求日益增大，各行各业的企事业单位纷纷进军现代养老服务业，这样一来，现代养老服务市场的竞争就越发激烈，要在竞争中生存发展下去，自然要重视经营管理的收益性和效率性，要在不断地提高养老服务质量的基础上降低现代养老服务的运营成本，有效地利用经营资源，通过经营管理创新为老龄化社会做出贡献，从而实现自己的经营管理目标。

（四）现代养老服务经营管理的主要工作

现代养老服务经营管理的主要工作，简单地说就是"四个把握"与"六个开展"。

现代养老服务经营管理工作的"四个把握"是：①把握社会老龄化的动向；②学习和掌握国家有关社会养老体系建设的法律和规章制度；③把握现代养老的需求与现代养老服务市场的动向；④掌握养老照料护理技能和经营管理的专业知识。这些都是进行现代养老服务经营管理的基础性、常识性的工作。

现代养老服务经营管理工作的"六个开展"是：①开展现代养老的服务管理；②开展现代养老服务的人力资源管理；③开展现代养老服务的信息管理；④开展现代养老服务的财务管理；⑤开展现代养老服务的事故预防与风险管理；⑥开展现代养老服务的市场营销。

# 第二章 现代养老服务产业

## 第一节 养老产业体系与模式

### 一、养老产业概念

在老年人的众多需求中，养老服务需求是主要需求，养老服务水平的高低是老年人能否安度晚年的关键因素。目前，我国对于养老服务的概念界定尚无定论，有人把养老服务统称为老年福利服务；也有的专家学者认为养老服务可以划分为两大部分，一部分是老年福利服务事业，一部分是养老服务产业。其中养老服务产业是指那些为高、中收入或经济保障状况较好的老年人提供的养老改善提高服务，这些老年人有能力支付养老机构的各项费用，他们可以自由地选择机构。老年人福利服务事业则是为社会上更多的经济状况不是很优越的老年人提供的基本保障型养老服务，这部分老年人的养老需求同样旺盛，但是受收入的制约，他们承担不了市场化养老服务所必须支付的成本。

养老产业是指为老年人提供设施、特殊商品、服务，以满足老年人改善提高需要的，包括老年人衣、食、住、行、用、医、娱、学等物质精神文化方面构成的一个产业链，是多个产业相互交叉的综合性产业，是由老年市场需求拉动而兴起的新兴产业。

### 二、养老产业体系和产业链

养老产业也可以根据老年人群的基本需求和深层需求，分成三个维度的产业：本位产业、相关产业、衍生产业。

本位产业包括：养老设施和机构、老年房地产、老年护理服务业、老年服饰、老年食品、老年医疗等；相关产业包括：养老设施和机构供应链上的专业家具、专业设施、专业易耗品等，老年护理服务业供应链上的护理人员的培训、劳务派遣、老年护理专业用品、治疗和康复器械等，还包括来自老年人深层次需求的娱乐、学习、旅游、医疗保健、营养保健、心理咨询等；衍生产业包括：老年储蓄投资理财产品、老年地产的倒按揭等金融产品、寿险产品的证券化产权产品、长期护理保险产品等。

本位产业、相关产业、衍生产业之间相互补充，可以形成经济和社会效益的良性循环，共同促进老年产业的健康发展。

### 三、养老模式及特点

（一）养老模式

1. 家庭养老

家庭养老即老年人居住在家庭中，主要由具有血缘关系的家庭成员对老人提供赡养服务的养老模式。由于一些国家或地区具有较好的社会保障制度，家庭成员的独立意识比较强，老人大多不采用家庭养老方式，法律也不规定子女对老人负有赡养的责任和义务。该种模式适合不愿意脱离熟悉环境，且子女有经济能力、闲暇时间、照顾精力和照顾意愿的老年人。

2. 居家社区养老

居家社区养老即老人居住在家中，由社会来提供养老服务的一种养老方式。它与家庭养老的区别是：居家养老服务的提供主体是依托社区而建立的社会化的养老服务体系，而家庭养老服务的提供主体是家庭成员。

居家社区养老模式将居家和社会化服务有机结合起来，使老年人既能继续留在熟悉的环境中，又能得到适当的生活和精神照顾，免除后顾之忧。目前欧美等国家接受居家养老服务的老年人的比例在80%左右。居家养老服务的主要内容包括基本生活照料、休闲娱乐设施支持等。居家养老服务的提供者主要有：居家养老服务机构、老年社区、老年公寓、托老所、志愿者。其中，老年公寓、托老所等是与其他养老模式相结合的产物。该种模式适合子女无暇照顾，有一定自理能力且不愿意离开原有熟悉环境的老年人。

在实际生活中，家庭养老和居家社区养老很难截然分开，一般为描述方便，我们将其统称为居家养老或分散养老。

3. 机构养老

机构养老即将老人集中在专门的养老机构中养老的模式。该模式的优点在于通过集中管理，能够使老年人得到专业化的照顾和医疗护理服务，无障碍的居住环境设计也使老年人的生活更加便利；缺点在于容易造成老人与子女、亲朋好友间情感的缺失，而且成本较高。一些国家或地区大多对入住养老机构的老年人实行分级管理。根据身体健康状态、生活自理程度及社会交往能力，老年人可分为自理型、半自理型和完全不能自理型三级，从半自理到完全不能自理再分级，日、德分成六级。不同级别的老年人入住不同类型的养老机构。主要有以下几类：养老院、护理院、临终关怀机构。

（二）养老模式的特点分析

1. 充分考虑老年人的全方位需求

综合来看，老年人的需求主要包括四个方面：一是经济提供，二是生活照顾，三是医疗护理，四是精神慰藉。由于一些国家和地区收入较高，社会保障制度和医疗体系较健全，经济提供和医疗护理不再是老年人养老的主要问题，生活照顾和精神慰藉受到了重点关注，特别是精神慰藉问题越来越引起重视。为了使老年人生活更加充实和情感需求得到满足，一些国家和地区采取了让老年人回归社会的各种措施，比如鼓励老年人重新就业、参加各类社会组织、参与各类公益性活动等，也包括让老年人重新回归家庭。

2. 建立分阶段、分层次、分级别的养老模式体系

老年人的身体健康状况、经济承受能力、个人喜好等有所不同，采取的养老模式就有所不同。首先，从年龄阶段来看，刚退休的老人，身体健康状况非常好，更多的是选择家庭养老或居家养老。随着年龄增长、身体机能下降和疾病困扰，老人才有可能寻求机构的帮助。其次，从经济承受力来讲，有的老年人经济条件较好，希望选择高档的养老服务形式或机构，以提升生活品质，而大多数老年人经济收入一般，希望选择普通的经济型养老服务形式或机构，低收入老人则需要政府提供保障。再次，从自理级别来看，老人分为自理型、半自理型和完全不能自理型，半自理到完全不能自理又分成若干级别。每个类型和级别的老人需要养老服务的内容都有所不同。最后，从个性差异来看，有的老人喜欢休闲聊天，有的老人喜欢旅游、收藏，有的老人希望继续工作体现价值，有的喜欢集体生活，有的喜欢清静独居。因此，应根据老年人的不同年龄阶段、不同收入层次、不同健康级别，建立不同的养老模式。

3.实行养老服务规范化和标准化管理

在入住养老机构之前，对老年人进行分级，通常采用的是 ADL 指标。该指标包括两部分：一部分是 I-ADL 指标，测量的是维护日常生活环境、独立获取生活必需品的能力，包括购物、乘坐公共交通工具、打扫室内卫生、做饭四个方面；另一部分是 P-ADL 指标，测量的是穿衣、吃饭、洗澡、上厕所等方面的生活自理能力。针对不同级别的老人提供不同的服务内容，如对不能自理者主要提供康复护理服务，对自理者提供基本日常照料服务等。服务的项目和标准都有明确规定，老人一旦入住即无所顾虑。一些国家或地区还对居家日间照料服务出台了标准。养老服务行业是一项高风险行业，老人很容易出现意外，导致很多投资者或机构因畏惧风险而不敢从事此行业。通过出台明确的标准，一方面保障了养老服务的质量，另一方面也规避了养老机构和人员的风险，解除了社会力量参与养老服务的后顾之忧。

4.居家养老（家庭、居家社区养老）是当前的国际趋势

起初，在解决人口老龄化问题特别是老年人的照料问题时，会采取对老年人集中供养的方式，即建立敬老院、护理院等。虽然这种方式设施完善、照料周到，但随着人口老龄化不断发展，机构养老不利于老人与亲人等交流，容易造成情感缺失的弊端不断显现。于是，很多国家提出了让老人回归家庭的号召。但这种回归家庭的养老方式已不同于传统的家庭养老，而是一种将居家和社会服务相结合的养老方式，即通常所说的居家养老。居家养老不仅使老年人脱离原有的居住环境和社会关系，也方便子女在闲暇时照顾老人，老人的情感需求能够得到充分满足。同时，居家养老能够充分整合利用家庭、社区的资源，使养老成本大大降低。居家养老服务机构提供的专业服务也能使老人的生活质量得到较好的保证。目前，居家养老已经成为欧美等国家老年人养老的主要方式，日本等国家也在大力发展居家养老服务。

5.发挥政府的保障和引导作用

在完善养老模式过程中，政府应发挥两方面的作用。首先是对困难老人的保障作用。对于生活困难的老人，政府应主动承担责任，保障老年人的基本需求。一些国家的政府的养老服务最初都是从保障孤寡、残疾老人的养老开始的。经过多年的发展，虽然社会力量在养老服务中已占了主要成分，但是政府对于困难老人的保障功能非但没有削弱，反而得到了加强。目前，

英国、美国等都建有大量福利院，专供低收入、孤老等生活困难的老人养老。英国的政府保障性护理院占护理院总数的 17%。其次是对社会养老服务的引导作用。养老本质上是一种社会公共事务，应依靠政府来引导，纳入社会管理和公共事务管理范畴。从国外的经验来看，养老的法律和服务标准需要政府制定，服务质量和服务水平需要政府监督，支持政策需要政府出台，全社会敬老爱老的氛围需要政府引导人民来营造，老年人的权益也需要政府保障和维护，特别是养老服务网络，更需要在政府的引导下建立。

6. 调动家庭和社会力量的积极性

养老是全社会的共同责任。从国外经验来看，政府、家庭、社会都发挥着重要作用。由于独立意识越来越强和家庭养老观念逐渐淡化，很多老年人不再和子女生活在一起。但是随着人们对老年人情感需求认识的不断深化，家庭的作用又开始引起重视，如有些国家已在探索给予因照顾老人而不能工作的家庭成员一定的补贴或提供弹性工作机会等。私人部门在养老服务中也发挥着非常重要的作用。在英国，私人部门兴办的养老机构占到养老机构总数的 60% 左右，还有大量的私营企业从事着社区的日间养老照料服务。此外，社会上还有大量的志愿者，包括慈善机构和个人。志愿服务形成了许多种形式，如互助型养老、储蓄型养老等。

7. 注重信息化建设

现代信息技术的发展，为加强对老年人的监护和提升养老服务质量带来了希望。如国外正在推广的家庭紧急救助系统就是很好的应用。该系统由一个与互联网连接的电脑、电视界面、电话和一系列传感器组成，这些传感器被精心放置在老人活动的关键地点，如浴室、厨房、入口和卧室，用来监视老人在家中的情况并记录他们的行为。如果家里一段时间没动静或房门传感器在一定时间内一直关闭，系统就会向家人发出警报。通过电视界面，家人可观察老人的情况，并给老人发送信息。依靠这一系统，即使相隔千里，老人也能经常和家人交流。

**四、养老产业分类**

养老产业按需求属性的不同，可以分为医疗保健业、日常生活用品业、家政服务业、房地产业、保险业、金融业、娱乐文化产业、旅游业、咨询服务业、其他特殊产业等十个细分产业。

（一）老年医疗保健业

老年医疗保健业是指为老年人提供医疗保健药品和医疗器械，主要涉及药品、保健品、医疗器具、健身器材、康复器材、老年人常用的辅助医疗设备、疗养休养、住院陪床伺候等产品的生产与服务。

（二）老年生活用品业

老年生活用品业是为老年人提供诸如手杖、服装鞋帽、饮食、餐具、防滑器具、放大镜、助听器、拐杖、轮椅、成人尿布以及其他方便老人的专用品，比如，座椅式便桶、升降式轮椅或床、呼叫器或警报器等。

（三）老年（家政）服务业

老年（家政）服务业是高年龄段老人尤其需要发展的项目，主要以家庭护理、日常家庭照顾、家庭修缮以及各种用品修理等为主。家政服务，包括家务、购物、打扫卫生、整洁环境、洗衣等；活动服务，包括用餐、洗澡、淋浴、上厕所、陪同上街、逛商店、换衣服等；友爱服务，包括电话交谈、上门交谈、聊天、代写书信、生活谈话、网上聊天等。

（四）老年公寓（房地产）业

老年公寓（房地产）业主要为老年人提供建筑设施，如老年公寓、托老所、护理医院、敬老院等。住房对于老年人来说是养老和安身之处，拥有住房是一件十分重要的事情。但是，如果住房不能根据老年人的特点设计修建，那就会给老年人的生活带来诸多不便。比如，老年人由于年老体弱，楼层不宜住得太高；由于视力衰退，要求房间透光好；由于行动不便，要求有防滑防跌设施等。

（五）老年保险业

老年保险业为老年人提供人身保险、健康保险、养老保险等。人们都希望健康、长寿、晚年生活幸福，希望在遇到疾病，特别是重大疾病时能够得到医治，在年老体弱、没有经济收入时，生活能得到保障。随着市场经济体制的建立，社会保障制度和医疗制度的改革，以及与家庭变迁相联系的家庭保障功能的弱化，人们特别是老年人的保险意识增强，对保险的需求增大，保险业在老年人中将会有一个很大的市场。

（六）老年金融业

老年金融业是指随着老年人社会保障制度继续推行和保障面的不断扩

大，以后老年人的经济状况将会越来越好，会有一些理财观念很强的老年人购买金融产品。

（七）老年娱乐文化产业

很多老年人在退居、赋闲时，有了大量的空闲时间开展娱乐文化活动，丰富自己的精神文化生活。娱乐方面包括老年活动中心、老年茶园、老年棋牌室、阅览室、歌舞厅、游乐场等，文化教育方面包括老年大学、老年职业培训、各种学习班等老龄教育产业。

（八）老年旅游业

老年人对旅游也情有独钟。他们在度过了繁忙紧张的职业生活之后，希望晚年生活能够过得轻松、和谐、愉快而有意义，游览名山大川，尽享旅游之乐，成为许多老年人休闲活动的一种重要选择。在当今，外出旅游已开始成为许多老年人追求的一种时尚，经济发达的国家更是如此。

（九）老年咨询服务业

老年人由于生理心理的原因，在生活中会遇到许多问题和困难，需要社会给予帮助解决。以老年人为对象的咨询服务将会受到老年人的欢迎，如解决老年人心理障碍的心理咨询，为老年人健康提供帮助的健康咨询，为老年人提供法律帮助的法律咨询，以及为老年人日常生活提供帮助的家政咨询等。

（十）其他特殊产业

其他特殊产业是指有些老年人有着自己特殊的喜好，这些需求不具有普遍性和通常意义上不可或缺的特点，如古玩等老年消费品、老年特殊需要品，花卉种植、老年表演、老年交谊、老年气功、书报影视等。

# 第二节 发展养老产业的作用

## 一、养老产业的民生定位

养老产业，又称老年人服务产业，是指为老年人提供商品、设施以及服务，满足其特殊需要的，具有同类属性的行业、企业经济活动的产业集合。

和其他产业相比，养老产业具有民生方面的天然优势，具有强大的社会功能。一是给社会带来更高福利。养老本来就是一种因个人财富积累到一定程度而产生的高层次需求，能够满足这种需求，就是人们在享受社会发展带来的福利。二是创造更多就业。就业为民生之本，养老对就业人口的吸纳能力及其就业层次多的特点，为社会提供了一个持久、宽泛的就业渠道，直接对社会民生起到重要的促进作用。现在具有较大规模吸纳就业、能够迅速发展起来的新型产业，当首选养老服务业。三是促进可持续发展。在世界范围内的可持续发展命题中，"人的可持续发展"一直是重要内容，更是重要的终极目标。养老抚幼是人类再生产的需要。养老水平高低是一个国家经济繁荣、社会文明的重要标志，更是一国公民体面而富有尊严的生活的最好写照，直接影响着该国的现代化进程。

## 二、养老产业发展路径选择

### （一）养老产业化的内在逻辑

一方面，"空巢家庭""失能家庭""四二一家庭"大量出现，家庭养老功能逐渐弱化，为老年人提供生活照料、健康护理、精神慰藉的养老服务已成为涉及众多老年人的普遍需求；另一方面，现代社会快速增长的经济和高度发达的科学技术，极大地提高了人的生活质量和生命预期水平。随着老龄化加速发展，为老年人构建良好生活环境，保持老年人积极、健康状况的社会需要日渐突出，这既符合广大老年人的期待，也符合社会发展的客观要求。

养老产业化，就是使"社区养老"和"机构养老"等养老服务成为营利性的生产经营活动，在满足社会需求的同时，使养老服务发展成为具有规模性的现代服务型产业。养老只有走产业化的发展道路，才能形成政府、投资者、服务机构、从业人员和老年人多方共赢、健康发展的局面。养老服务实现大规模产业化发展，不仅能够有效满足我国未来几十年不断增长的老年服务的需要，有效应对老龄化的挑战，而且将能够有效地扩大内需，形成新的经济增长点，并将可以成为巨大的容纳就业的产业空间。

### （二）养老产业发展的路径

目前，我国养老产业发展落后于老龄化速度，养老服务产品供给远远不能满足市场需求。严峻的老龄化形势、庞大的市场与滞后的政策及落后的设施建设之间的巨大反差，亟待全社会合力解决。

1.发展理念要适老化

坚持养老产业的"社会福利"属性和市场化发展方针，借助社会和市场力量，通过政府主导、企业参与，合理配置养老资源，解决日益突出的产业发展滞后问题。全社会都要树立科学的大养老观和积极的老年人生观，提高老年人的生命质量和生活质量，通过专业化、规范化的社会化养老服务体系，满足不同层次老年人的需求，走一条成本较低的福利化、公益化、市场化结合的养老之路。

**2. 政策引导要高效化**

从现代服务业的角度去定位养老产业，切实把养老产业作为加快现代服务业发展的重要方面来推动，尽早制定养老产业总体发展规划以及相应的配套措施，形成养老产业规划体系。抓紧研究养老服务项目的规划布局，把建设养老服务设施纳入城乡建设总体规划，新建小区和新农村建设要配套建设养老服务设施，成熟社区通过改扩建和利用现有闲置资源等建设养老服务设施。加大土地、税收等政策优惠力度，鼓励通过对闲置厂房、民用设施改扩建等方式兴办民间养老机构。加大财政补助和购买服务的力度，认真贯彻落实规费减免、税收优惠、信贷支持等推动养老产业发展的优惠扶持政策。

**3. 投资主体要多元化**

按照"谁投资、谁管理、谁受益"的原则，鼓励和支持不同所有制的单位和个人投资兴办养老机构，开发老年产品。开辟多元化的投融资渠道，积极支持以公建民营、民办公助、政府补贴、购买服务等多种方式兴建适宜老年人集中居住、生活、学习、娱乐、健身的老年公寓、养老院、敬老院，鼓励社会资金以独资、合资、合作、联营、参股等方式兴办养老产业。

**4. 运行机制要市场化**

改变计划经济条件下的养老管理方式和运行机制，按照产业化思路和市场经济规律发展养老产业。引导企业开发、生产老年人特殊用品，如老人床垫、浴盆、轮椅、手杖、助听器和假牙、假发等，促进老年用品市场发展，满足老年人的多方面需求。建立市场化的运行机制，在注重社会效益的同时兼顾经济效益，使社会养老机构能够生存发展。

**5. 运营方式要多样化**

养老产业链比较长，涉及法律政策、金融投资、规划设计、地产开发、养老服务、老龄用品、人才培养等，后期的运营管理和服务以及养老人才培养至关重要。应充分利用家庭、社区福利服务网络和社会福利机构等载体，因地制宜地开展集中、分散、上门包户等多种形式的养老服务，开办以老年人为对象的老年生活照顾、家政服务、心理咨询、康复服务、紧急救援等业务，形成养老服务的完整体系，满足不同人群、不同层次的需求。支持成立以老年为主题的社会志愿组织，加强社会对老年化问题的认识、关心与应变，也鼓励老年人参加志愿者行列，服务社会。鼓励老年人退而不休，保持活力，继续在家庭、社区、社会中扮演应有角色。

6. 服务对象要公众化

采取多种形式增加养老设施数量，向老年人及有需求的居民提供服务。改变过去养老福利机构仅仅对"三无"老人实行"五保"供养制度的传统做法，对那些生活困难、退休养老金偏低的老年人也要提供无偿或低收费服务，保障他们的基本生活。对"三无"老人可以实行货币化养老，对"低保"对象老人给予适当补助，对居家养老中的特困老人则采取亲属帮扶、社会慈善捐赠和政府补助的方式为他们购买服务。

7. 养老队伍要专业化

对各类社会养老机构的从业人员，实行职业资格认证制度，持证上岗。鼓励有条件的高等院校和职业教育机构设立养老管理与服务、老年护理、老年社会学和老年产品开发等专业，相关部门在招生、收费、基础设施建设等方面给予政策上的倾斜。鼓励和支持更多人投身养老产业，不断扩大养老产业从业人员队伍，逐步实现养老服务人员的职业化、专业化。

8. 市场监管要规范化

对社会力量兴办的养老机构，一方面要大力倡导积极培育，另一方面要通过法律规范和执业许可审批、法人登记和年检等环节进行规范和监督，保证服务质量，维护老年人的合法权益。对无照经营、服务质量差、设施达不到标准要求的养老机构，要及时予以清理和整顿。要积极培育和发展养老服务的市场中介机构，在土地使用、工商注册和税收等方面给予必要的扶持。

**三、发展养老服务市场的产业带动效应**

推进养老服务的产业化，需从政策导向和与之相适应的制度安排着手。

养老服务产业化，就是使居家养老和机构养老等养老服务成为营利性的生产经营活动的过程。在满足社会需求的同时，使养老服务发展成为第三产业的重要组成部分，成为具有规模性的现代服务型产业。

养老服务业只有走产业化的发展道路，才能形成政府、投资者、服务机构、从业人员和老年人多方共赢、健康发展的局面。而一旦养老服务实现大规模产业化的发展，不仅能够有效满足我国未来几十年不断增长的老年服务的需要，有效应对老龄化的挑战，而且将能够有效地扩大内需，形成新的经济增长点，并将可以成为巨大的容纳就业的产业空间。

我国养老服务必须坚持产业化的方向，并不是意味着应当将养老服务完全市场化。由于养老服务具有社会福利的属性，它的消费对象是收入水平总体偏低的老年群体，因此它的市场化程度和对盈利的追求应当受到适当的限制和调节，应当把养老服务的产业化和福利化有机结合起来，在养老体系构建中，清晰界定政府的基本保障服务和市场的改善提高服务边界。从这一认识出发，我们结合国情实际，提出以下促进养老服务产业化发展的思路。

（一）国家确立养老服务的"社会福利"属性和实行产业化发展方针

国家确认养老服务"营利性的生产经营活动"的产业地位，通过财政资金投入和实行相对特殊的优惠、扶持政策，使各种非政府的资金投入可以得到回收或合理的利润，使从业人员的收入可以达到社会平均水平，从而鼓励各种非政府资金的大量投入，促进养老服务的大规模发展。在此基础上，使全社会有需要的老年人都能获得符合标准的、专业化的、价格可承受的机构养老服务和居家养老服务，逐步提高老年人的福利水平。

（二）探索建立长期护理保险制度

老年人服务消费资金来源除了老年人子女的投入、老年人退休金及其财产性收入、针对部分老年人的政府购买服务外，主要应该依靠制度性安排。目前世界上有商业护理保险和社会护理保险两种长期护理保险，前者以美国为代表，后者以德国和日本为代表。根据国情实际，建议在全国率先建立长期社会护理保险制度。可以先从政府补贴购买商业护理保险开始，逐步过渡到普遍性社会护理保险。

（三）进一步落实农村老人尊老金制度

对农村老人，建议高龄老人的"尊老金"根据实际情况逐步扩大至70岁以上老人。加大财政投入，让现有高龄老人享受不低于"低保标准"的养老保险金。各级财政可根据当地税收比例，给予适当的养老保障专项转移支付，以减轻基层地方财政的支付压力。

（四）理顺养老管理体制

随着老龄化进程的不断加快，原来老龄工作作为民政的边缘工作，现在已凸显为前沿工作。现有的老龄管理体制已不太适应老龄化发展形势。建议整合现有老龄管理资源，成立老龄工作局，加强老龄工作的规划、协调、指导，完善老龄工作的监督制约机制，制定养老服务行业的标准，推动老龄工作健康规范发展。

（五）大力建设有利于提高产业化程度的养老机构

根据国家政策和老人的不同情况，现存的养老机构分为三大类：第一类为褒扬性、优待类的疗养院，入住老人为根据国家政策规定享受优待的老干部、老军人和其他人员；第二类为集中供养农村"五保"老人和城镇"三无"老人的敬老院；第三类为面向其他城乡有需要的老人的养老院。三类机构均由非政府的组织、企业和个人开办，都实行自主经营的管理体制和运行机制。三类养老机构的投资渠道、开办者和收费政策有所区别：疗养院和敬老院由属地政府投资，由非营利组织经营管理，住院老人本人不交费，由机构同政府财政结算；养老院由非营利组织和企业、个人投资，谁投资谁经营，住院老人自己交费，低收入老人由属地政府给予补贴。这种分类管理的模式在过去的历史阶段起到了重要的作用。但是，随着老年人口的增长，为应对养老服务需求日益扩张的趋势，要积极发展第三类养老服务机构，即有利于提高产业化程度的养老院。

（六）居家养老以社区照顾为主，实行产业化经营

居家养老包括全日制住家照顾、小时工、老人日托等多种形式。要积极引导社会投资机构、企业、个人共同投资开办并实行产业化经营。现有的由街道、居委会投资开办的养老服务机构，应当改制为独立的经营性实体并进行产业化经营。国家对居家养老服务实行税费减免政策，必要的用地也由行政划拨。开办者根据建设、管理和运营成本按照国家规定的微利原则制定收费标准，并接受政府部门对服务标准、质量、价格的监管。接受服务的老人自己交费，低收入老人由属地政府给予补贴。

（七）提高养老服务从业人员的职业地位和专业化水平

一方面，无论是机构养老服务还是居家养老服务，从业人员都应当享有正规就业者的职业地位和社会平均水平的工资等待遇。医疗、护理等专业

人员还可以参加专业技术职称的评定和晋升。另一方面，应当借鉴国外先进经验，发展养老服务专门的职业教育和培训，逐渐实行严格的持证上岗职业准入制度。还要制定严格的服务质量标准和操作规范，加强监管。

（八）探索适合农村特点的居家养老新模式

针对农村老人居住分散的特点，鼓励提倡有条件的地方结合新农村建设，由集体兴建老人集中居住点，配套服务功能，以便集中提供居家养老服务。针对农村居家养老服务资源相对缺乏的现状，建议将农村邻里互助养老服务纳入政府购买或补贴的服务项目中，并将政府购买养老服务经费列入财政预算。

# 第三节 社会养老产业的创新

## 一、加快老年产业发展步伐

随着老年化进程的加快，老年人口数量剧增，但是与之对应的适合老年群体消费的市场和相关产业的发展却显得滞后。由于老年人所占比重增大，因此在我国积极发展老龄产业即"银发产业"显得尤为重要。首先，随着社会的发展，我国老年人随着退休金的提高和社会保障制度的不断完善而不断提升了经济实力，从而不断增强购买力。亚老年人（50～60岁的人）中的许多人养老金、储蓄存款都比现在的老年人大幅度提高。他们对于物质和生活标准的需求也明显与其父辈不同，消费观念更为开放，消费产品和服务的档次也有所提高。这批人进入老年期之后，老年市场的购买力将大幅度提高。其次，子女对老年人的孝心也是老年人市场的购买力之一。我国自古以来就有"孝"的社会观念和传统习俗，"孝"不仅仅是个人对于父母的尊敬，也体现着社会文化的认同感。子女购买老年人产品和相关服务，令父辈生活更加舒适的同时，扩大了老年市场的需求量。目前我国老龄产业规模小、专业水平低，生产的产品和提供的服务种类少，并且对市场的占有份额也少，未来老龄产业发展的空间和潜力可谓巨大，包括社区居家养老业、长期护理保险和商业养老保险业、医疗设备与机械产业、老年住宅消费需求和老年旅游业、教育、娱乐等行业的市场前景广阔。为满足老年人的社会需求和消费增长，发展老龄产业应该成为社会共识。老龄产业的发展初期，政府的扶持和指导不可或缺。政府在引导老龄产业发展的过程中，应借鉴其他国家的先进经验，制订老龄产业未来发展的规划。第一，应注重对老龄产业的扶持，提供相关的税收、价格等优惠政策；第二，加强老龄产业的市场运作，除了一部分公益产业以外，鼓励民间资本的投资和参与，这可以在调动社会力量参与老龄产业积极性的同时，为政府减负；第三，制定相关的行业标准，引导老龄产业的规范发展，加强政府相关部门的指导和监督。

而在经济发展结构上，人口老龄化将引起社会整体消费结构的变化，进而引起投资结构、生产结构和产业结构的变化，最终会影响经济发展的进程。产业结构调整是当前经济结构调整的主要内容，因此必须重视人口老龄化对经济结构的影响，加快产业结构的调整升级。产业结构的调整变动随着老年消费和需求的迅速增长而变动。随着老龄化进程的加快，老年人的物质需求和精神需求也随之发展，针对这一情况，国家对一些产业进行结构调整，从而不断优化升级产业结构。其中，第一产业的调整针对老龄化的发展趋势，充分考虑到老年人在食品和服装方面的需求，从而进一步按照老年人口的生理特征开发制造迎合老年人口需求的食品和服装；第二产业的调整更加注重有关老年人身体健康所需要的具有高营养、易消化和补充老年人体正常需要的特殊食品的制造；第三产业的调整是加强包括金融保险业、医疗、卫生、保健业、老年照料、护理业、心理健康、心理咨询在内的老年服务业的建设，从而逐步完善这一老年人需求最多、最迫切的产业。

（一）将养老产业的资源进行优化配置

针对人才、资金、技术缺失，供求矛盾突出的现状，首先必须整合中央、地方多种养老服务资源，还要充分发挥社区这一基层养老服务单位职能，加快养老产业从业人员专业性、职业化培养和社会志愿服务团队的建设工作。

就现阶段而言，我国养老产业呈现出投资回报率低但消费市场需求逐步加大的特点与发展趋势。对于企业而言，研发养老服务产品、开拓养老服务市场的过程中，要立足实际，保持稳定心态，切忌盲目追求短期利益，要将对养老产业潜力的开发作为制定企业发展战略的基本立足点，从整体把握，制订科学可行的企业长期发展规划。养老服务企业在进行新产品研发过程中，最关键的一点就是立足于老年人的实际需求，准确把握老年人群体的消费心理，将实用性、便利性以及有效性作为衡量产品的关键指标。以老年人食品为例，一般而言，老年人群体的猎奇心理并不明显，甚至大多数老年人倾向于选择自己熟悉和习惯的产品，并不愿意尝试新奇口味或陌生的加工方式。所以，针对老年人群体所研发的食品，必须注重传统制造工艺以及地道的口味，在此基础之上结合老年人牙口不好、消化能力趋弱等实际，注重产品的易嚼性及易消化性。在服装方面，老年人一般倾向于选择面料舒服轻便、素雅大方、穿脱方便的衣服。所以，针对老年人群体设计的服装就要重点关注这几点。专门面向老年人群体的生活用品，要突出产品的实用性，产品设计要简洁易上手、安全可靠。对于老年服务行业而言，要准确把握人口年龄结构特点，立足实际，结合老年人群体需求的特点，积极研发符合老年人需求的产品，不断推进企业转型及结构升级，根据老年服务市场的发展制定企业整体发展战略。同时要根据实际不断进行调整，进行客观而全面的市场调查工作，并以此为依据准确界定老年群体消费意向变化，促进劳动力数量优势向劳动力资源优势的转变，为老年人群体需求的有效满足提供切实保障。国家要尽快出台相关扶植政策，养老服务企业也要对养老服务产业的发展潜力有客观全面的认识，要在政府主导与指引之下，积极参与到养老服务产业建设与发展中来。养老服务企业在发展过程中要保持自主性与自觉性，在养老服务产业发展过程中真正发挥市场资源配置作用，根据养老服务市场的特点研发真正符合老年人群体需求的产品与服务。

（二）建立多元化筹资渠道

首先，政府必须确保公共财政对养老产业的投资力度，增加养老产业基础设施建设投入；其次，要开辟多元化投资渠道，鼓励商业保险进入养老产业，以及社会团体和企业乃至个人参与到养老产业中，开发养老产品和服务，经营养老产业；最后，要通过专项发展基金和社会捐赠方式来筹措发展资金。

对于政府部门而言，现阶段的主要任务就是对实践过程中所暴露出的社会保障机制的不足及时采取有效应对措施进行改进与完善。与此同时，还要积极整合社会优势资源，开拓更加广阔的筹资途径为养老产业的健康发展提供多元化的资金支持。在养老产业融资方面，政府主管部门要对当地养老产业的发展给予高度关注和大力支持，不断加大用于养老产业发展的资金投入，结合当地老年人群体规模及实际需求来确定所采购的面向老年群体的基础设施以及老年活动场所的数量及规模，对养老产业资金使用状况进行严格监管和控制，确保专款专用。还可以根据实际情况适时引入市场机制，借助市场良性竞争的力量，根据老年人群体多元化的养老需求提供更具针对性的个性化养老产品和服务，最大限度地保证老年人群体的养老需求得到有效满足。

除此之外，还要积极推进养老产业领域中的筹资途径多元化。所谓养老筹资途径多元化，就是逐步实现养老产业资金筹措社会化，在常规的政府财政拨款基础之上充分激发社会力量参与养老产业建设的积极性，吸引更多的优势社会资金，提高社会、企业或个人捐款等在养老产业资金筹集中的比重。采取此种模式，一方面，可以有效缓解养老产业在发展过程中所面临的资金难题；另一方面，还可以为社会投资创造更加稳定的回馈。

（三）商业保险介入养老市场

在政府社保基金不能实现养老产业全覆盖的前提下，商业保险进入养老产业迫在眉睫，应发挥商业保险对基本养老的补充作用。具体在实践中首先要加大政府对商业保险的扶持力度，比如"新国十条"提到的适时开展个人税收递延型商业保险试点。此外，要加大商业养老保险的宣传力度，提高保险从业人员的业务素质。当前我国普通消费者对保险产品认识不够，对于保险从业人员不信任，针对这一情况，应做好商业养老保险产品的设计和宣传工作，激发人们参与商业保险的意识；同时完善保险从业人员准入制度，提供从业人员学习和培训机会，全面提升从业人员业务素质，化解产品销售过程中由于不规范行为而产生的信任危机，确保商业保险的持续稳定运营。同时，商业养老保险产品要不断创新，为不同群体推出适应市场需求的新品种，提供个性化、差异化养老保障，实现消费者通过购买商业养老保险来实现自身养老保障需求的目的。

（四）提高养老产业从业人员素质

针对养老服务队伍文化素质普遍不高、专业性服务水平较差、整个行业工资待遇较低、人员流动性大的问题，需要从以下几方面入手，加强人才队伍建设，提高从业人员基本素质。第一，提高养老产业从业人员收入水平和社会保障待遇，建立起基于工龄、岗位和职称相结合的工资增长机制；第二，借鉴其他国家行业规范和管理经验，出台我国职业准入标准，开展从业人员职业培训和资格认证工作，规范服务人员市场，鼓励从业人员持证上岗，定期开展继续教育工作；第三，建立不同层次的养老服务教育机构，统筹我国部署高等教育和职业教育学科专业设置，开设相关专业课程，培养专业型人才，加强队伍建设；第四，加强志愿服务团队建设，增加志愿者和社会工作者梯队，形成一支专业技术人员和志愿服务团队相结合的养老服务队伍。

（五）创建良好养老服务环境

政府部门要立足实际，对辖区范围内的老年人群体的服务需求进行深入调查与评估，并以此为依据构建养老需求评估机制，包括营业场所设立、设备投放标准、资质认证标准和经营指标评价，在发展养老服务产业、提供养老服务过程中，以养老需求评估结果为依据为老年人提供更具针对性与个性化的养老服务产品。组建专业的老年服务需求评估小组，对现阶段实行的养老需求评估标准进行有效整合，并设置老年医疗护理、生活护理等专业性较强的服务需求评估标准。除此之外，还要尽快构建老年服务需求管理与服务平台，专门负责对辖区范围内的养老资源进行统筹管理，负责组织专业老年服务需求评估机构开展评估工作，并以第三方评估机构所出具的评估结果书面报告为依据提供专业化养老服务。根据实际实行老年护理入院及出院标准，确保居家养老、机构养老以及机构护理之间有效协调。政府部门还要通过居民经济收入审核等方式对申请政府补贴的老年群体的资质进行严格审查核实，综合老年人群体经济能力及家庭状况等因素，确定其所享有的政府养老服务补贴水平。同时为确保申请政府基本养老服务补贴的老年人群体家庭收入状况的真实性，建议引入居民经济收入核对方式进行严格审查。各地根据当地经济发展实际，制定养老服务政府补贴标准，对于符合条件的老年人，要归入养老服务政府补贴对象范畴，其入住养老机构基本开销、助老服务以及紧急援助服务等基本养老服务的购买等按比例由政府买单。

此外，要积极构建养老机构监督管理机制，并结合具体的实践情况不断进行改进与完善。第一，养老机构监管机制中极为关键的一项就是养老机构的信息披露制度，要求养老机构要定期对养老服务基本信息进行披露，同时要确保所披露的信息的真实性与准确性，由政府主管部门进行严格审核，审核不达标的养老机构要责令限期整改，逾期未达到整改要求则将其承接政府购买养老服务项目的资格予以坚决取消；第二，要以服务所面向的具体对象、所提供的服务种类以及各项服务的具体标准等相关指标为依据，对养老机构进行分类，引入分类管理模式，对养老机构的定位、养老机构所提供的养老服务标准以及医疗服务资质等做出清晰且明确的界定，同时制定与每级养老机构相适应的建设补贴、运营补贴以及养老服务补贴等优惠措施；第三，成立行业协会，主管养老机构监管工作，结合我国养老产业发展实际水平组建养老行业协会，由行业协会负责具体的养老机构的监督管理工作，确保各个养老机构持证经营、服务明确标价、服务内容及方式公示，组织养老机构工作人员定期参加法律法规培训及业务能力培训，促进养老机构法人代表业务能力的进一步提升，进而带动我国养老行业自律能力的整体提高；第四，设置养老产业投诉热线，认真对待对老年服务机构的投诉，对入住养老机构的老年人群体进行定期随访，同时鼓励社会力量参与到养老机构监管工作中来，对于查证属实的养老机构服务不规范行为要限期整改，并在行业内进行通报批评，为老年人群体的合法权益提供强有力的保障。同时鼓励养老机构之间进行创优评比活动，对于表现突出、口碑良好的养老机构要进行公开表扬，发挥榜样示范作用，以点带面带动养老机构服务管理水平的整体提升。

（六）创新养老产业服务方式

我国目前所提供的各种养老服务方式在很大程度上仅能覆盖老年人最基本的生存需求。随着经济社会发展、居民生活水平不断提高，老年人口数量增多，老年人对于物质需求、精神慰藉、心理疏导以及临终关怀等方面的需求不断增长，当前的服务方式已远远不能满足老年人的现实需求。因此，必须从服务理念、服务机制、服务模式以及服务手段上加以创新。

1. 服务理念创新

老年人有着特殊的生理和心理特征，尤其是随着物质文化水平的提高，老年人对于养老服务的内容、标准、情感交流都有着更高的要求。我们必须提高自身理念，从人性化的角度提供亲情化、个性化的服务。首先要给老年人营造一个良好、温馨的生活环境，除了为老年人提供生活起居照顾外，还要在精神上多加关怀，稳定老年人的情绪。更要把老年人视为自己的亲人一般，提供优质、高效的服务手段，让老年人享受到更多的人文关怀。还要针对老年人的个性化需求，针对每位老年人的不同需求，提供高标准、高附加值的个性化服务。

### 2. 服务机制创新

我们必须进行符合市场机制运行模式的富有创新精神的体制创新，增加竞争意识和危机感。政府应该在充分调研的基础上，出台完整的产业化标准，按照产业化发展方向，通过改革、改制等方式，规范化、标准化养老产业体制。进行投资体制创新，制定优惠投资政策，鼓励民间资本进入养老产业，盘活养老市场，推动福利社会化。

### 3. 服务模式创新

我国目前的养老模式处于初级发展阶段，局限于养老院、老年公寓、福利院等养老机构，老年活动中心、老年大学等社区机构。在借鉴其他国家优秀经验的基础上，在服务功能和类型上进行细化，形成多层次、覆盖广的养老模式。比如"医养结合"、养老机构进小区、居家养老一体化养老地产发展项目的推进，既能为老年人提供专业的生活、医疗照顾，又能提供精神慰藉、文化娱乐等养老服务。

### 4. 服务手段创新

科学技术日新月异的发展也对老年生活方式有着深刻的影响。现代化通信工具和信息技术应广泛应用到养老服务中去，信息化技术和养老产业广泛结合，为老人提供便捷、高效的服务，促进老年人生活方式的科学化和舒适化。人口老龄化程度不断加深的今天，养老产业信息化代表了未来养老的发展趋势，伴随着科学技术水平的不断进步和物联网的广泛应用，信息化改变了老年健康和卫生服务模式。老年人口信息服务平台必将成为重要的发展方向，基于云平台的社区居家养老模式必将成为提升服务质量的有效手段，家用健康监测、辅助治疗的智能终端设备必将成为养老所必需的工具。在老龄化程度高、养老产业发展迅速的欧洲，电子健康计划的推行，包括信息化手段的家庭门诊和健康咨询、建立电子健康档案的社区卫生机构和医院远程医疗服务，促进了欧洲医疗服务体系和老年健康体系的现代化、信息化发展。

### （七）创新养老产品与服务

一要定期举办全国性的老年消费品展览会，宣传老年消费品牌，为老年消费者和企业提供沟通平台，宣传和推动老年消费市场的发展；二要提供适应老年消费需求特点的旅游产品，大力开发老年旅游、休闲度假产品，进而带动区域经济的快速发展；三要开发适合老年人居住的老年房地产产品，并相应配套医疗设施、老人食堂、活动中心等，这既能为独居老人提供安全舒适的住房，又可根据不同需要选择上门护理照料的级别，提供差异化的养老服务模式；四要开发适合老年人消费的文化产品，要大力开发老年人喜闻乐见的、刻画老年内心世界的、满足老年人多样化要求的产品，如书籍、电视剧、戏曲等，挖掘老年人的文化消费需求；五要创新金融服务方式，以增加老年人的消费能力，为老年人提供相应的理财产品，如"以房养老"的方式，针对有产权房的老年人，老人可以将自己的房屋产权抵押给专门运营该业务的机构，按月从该机构领取现金养老，进而提升老年人的消费能力。

（八）构建新型养老模式

传统的养老模式可划分为居家养老、机构养老、社区养老等，但这些养老模式均有其缺点，需要创新养老模式来满足当前老年人的养老需求。我国国情决定了单纯的居家养老模式和大范围推广的社会养老模式都不能独立解决我国养老问题，必须创新养老模式，走居家养老与机构养老相结合、多元化养老道路，二者取长补短，保留传统文化对家庭的特殊感情，又发挥社区服务的优势。新型养老模式以家庭照顾合理为前提，辅助以公共福利服务和市场化服务，使城市社区老人真正意义上实现老有所养、老有所医、老有所乐。

一方面，要针对老年群体的需求特点，发动各界资本使资源的供给需求达到均衡，建立"社区＋机构＋家庭"的新型养老模式。建立这种新型养老模式就是将养老机构建立到社会中去，由机构直接为老年人提供高质量的社会化养老服务。其中，作为养老服务和产品载体的就是社区机构网络和养老中心，而服务平台是将养老服务覆盖到社会的每个角落，为老年人提供标准化的社会服务，可提供的服务涵盖了餐饮、票务、照料、医疗等各方面。另一方面，在城市中各个社区建立养老服务中心，老人仍住在自己家中，同时享受服务中心提供的护理服务、医疗服务、娱乐活动和心理咨询服务，把养老服务中心打造成一个"没有围墙的养老院"。另外，要整合社区医院和大型医院资源，加强社区医院和养老机构的合作。比如，医社一体化管理，把社区医院人员编制归入大型医院中，快速提升社区医院水平，加强对老年人的日常身体监护和意外情况下的紧急救助。此外，必须加快脚步搭建养老服务创新型平台。积极运用信息手段，比如大数据处理技术和云计算等与现有养老资源和平台相对接，运用智能化管理手段，从根本上加以创新。

当前政府对养老基本设置的投入已经日趋完善，医疗卫生事业发展也能覆盖人民群众基本需求，而个性化定制的养老服务、老年精神文化方面巨大的养老消费需求尚未得到充分满足，因此发展针对不同老龄消费群体的多元化养老产业显得尤为重要。在满足老年人基本的养老需求的基础上，针对不同消费水平的老年群体，提供融保健、医疗、娱乐为一体的养老产品、提供社区上门服务、设计老年金融产品以及老年旅游项目等定制的特殊需求产品，满足老年人日益增长的物质和精神文化需要。

（九）改变老年消费市场的营销策略

首先，企业应根据老年人的消费需求特征，加强信息工作，开发出适合老年人使用的产品。其次，应该充分考虑老年人的消费特点，根据其较为理智的消费理念提出合理的价格。再次，应加强渠道的建设，贴近老年人的生活，着重注意老年人的方便使用。最后，抓住老年人的心理需求，采取适合老年人理解的宣传方式，以情感人。另外，还要推出一些产品使用方法的示范活动，使老年人能够对产品加深理解。老年消费市场应该学习儿童市场，转变经营观念，不能只看重老年人自身的购买力，还应从侧面抓住子女的孝心，引导年轻人为老人花钱，开发子女们的消费能力，这样老年消费市场才能正向发展，老年产业才能成为真正的朝阳产业。

**二、走产业化道路，构建全方位养老产业链**

养老产业属于微利民生产业，投资回报率低。首先，要明确产业定位，更新产业观念和经营观念，用长远、发展的眼光来看待养老产业的发展潜力；其次，老年产品和生产企业应该根据人口年龄结构变动和老年人口需求的转变不断调整企业战略目标，牢牢把握产业结构升级的趋势，充分进行市场调研，满足老年人的实际需求，还要不断创新、与时俱进。

产业链的发展需要政府的政策支持，还要坚定地走社会化、产业化、专业化发展道路，同时需要观念制度不断创新，带动产业链发展。政府要完善相关的法律法规，加大对养老机构的政策性扶持，科学规划、合理布局养老机构，鼓励社会力量投入养老产业，在土地、融资、税收等方面给予优惠政策。对于养老产业的规模效应和巨大发展潜力，政府应增加宣传力度，吸引有实力企业进入产业中来，完善上下游产业链条，另外加强职业培训和激励机制，防止产业人才流失，促进养老产业由低层次、单一型向高层次、综合型产业链发展。

与养老产业相关的上下游行业均应社会化发展，而目前社会经济主体实力弱、社会分工不明确、社会化水平低、养老需求得不到满足。在未来发展规划中，必须做到服务主体社会化、服务客体社会化、服务对象面向社会老年人口、资金来源社会化、服务队伍社会化。养老产业的发展必须把家庭和社会对老年人的关怀纳入行业化、标准化管理，形成市场化老年服务管理体制和运行机制。具体来说，要涉及老年生活消费用品业、老年服务业、老年医疗保健业、老年金融业、老年房地产业、老年娱乐文化业、老年咨询服务业、老年保险业、老年旅游业和老年教育业。此外养老产业是一项内涵丰富、需要长期从事的工作，必须把它作为一个专业来研究发展，实行合理的引导和规划，提升养老工作者的专业化服务水平。

结合我国目前国情，初步可以建构起以养老服务业与养老地产业为产业链核心、以养老支柱产业及其周边辐射产业为主体、以上下游的服务业作为养老产业末端的养老产业链。

（一）以养老服务与养老地产为产业链核心

1. 推动养老服务的量、质齐升

由于养老服务的涉及面非常广泛，这也就意味着整个养老服务作为养老产业链的核心是具有其基础的。从目前来看，较为常见的养老服务包含老年人医疗护理、日常生活护理、精神慰藉等诸多方面的内容，还有一些国家当前已经开发出了针对老年人群体的其他附加服务，比如老年人投资理财服务。而针对养老服务行业的教育培训行业，当前在一些国家也取得了一定的成就。

诚然，在当前我国的社会传统文化之中，"养儿防老，积谷防饥"的理念依然具有极大的影响力，这也就使得我国的老年人在接受养老院养老的过程中显得尤为艰难。但令人欣喜的是这种状况在近年来也在逐步地出现一定的改观，社会观念的逐步改变、养老服务体系的逐步完善、老年人口寿命的逐步增加，都使得养老院在将来必成为我国社会养老体系中的一个关键构成部分。除此之外，老年人本身在经济收入、文化水平、身体素质以及个人的生活习惯与服务需求方面都有着较大的差异性，其对养老机构的选择也往往往会因为上述的差异化因素而不尽相同。在这种背景之下，仅能够提供标准化服务的公立养老服务机构必然会受到能够提供更为完善的、个性化、多元化养老服务的私营养老机构的冲击。正因为如此，在未来的养老服务体系的建构过程之中，必须坚持引入民营资本，鼓励民营资本在养老服务行业进行投资，不仅仅要确保养老服务的供给侧能够实现对我国未来的养老服务的量上的满足，更为重要的是要实现对我国的养老服务需求在质上的满足，不仅仅要保证养老服务床位以及机构数量，同时更应该增强养老服务的质量，以确保我国的养老服务供给能够满足不同年龄段、不同生活习惯、不同知识结构的需求。

2. 重视基本的居家养老服务的建设

在我国当前的社会文化背景之下，即便是没有任何的养老服务的支持，我国的大部分老年人，尤其是农村地区的老年人还是坚持居家养老，并且形成了一个非常独特的群体——"空巢"老人，这部分老年人并不是不需要养老服务，也不是所有的老年人或者老年人的子女都不能支付养老服务的费用，当前存在的现实问题是，有足够的服务需求，但是却缺乏足够的服务供给。在未来，我国养老产业的发展必须非常重视这部分的市场，建构起以社区作为平台、以居委会以及村委会作为主体的居家养老服务体系，这种养老模式非常贴合我国的实际国情以及社会文化，也能够最大限度地满足老年人的基本养老需求，同时可以更为有效地调动更多的社会资源进入养老服务体系。

大力发展居家养老服务，能够在很大程度上缓解我国"空巢"老人的养老问题。这部分老人之中有很大一部分是子女在城市或者外地工作，平时没有时间回家照顾老人，而老人由于生活习惯或者子女自身条件的问题，又不愿意或者不能够追随子女，这部分老年人若没有丧失劳动能力，还能够勉强维持自己的生活，只是晚景多少有点凄凉。在这种背景之下，若能够提供完善的居家养老服务，为这部分老年人解决日常生活、医疗保健以及精神慰藉等方面的服务需求，老年人安度晚年基本上也没有太多的问题。故提高居家养老服务发展水平，对于解决当前我国的养老服务需求量大、公共养老服务供给不足等问题有着重要的作用，又贴合我国社会文化对养老院养老的接受程度有限的国情，最大限度地满足老年人的养老需求，是我国未来养老产业链之中不可或缺的一个重要环节。

3.加大综合性养老地产的建设投入力度

在未来,可以考虑选取适合老年人居住、环境更为优良的地段进行招商,建设养老地产项目。政府适当引导,将选择权还给市场,让民营资本能够真正地独立运作,发挥民营资本高效率的特性,丰富养老地产行业的投资来源,优化养老地产行业的投资环境。

养老地产发展模式在现有的养老项目中,加入了新型商业配套和服务、医疗看护人员,以提升养老地产的服务附加值,将养老地产项目建设成包含养老、敬老、老年大学、托老福利机构、老年人购物中心、医疗服务中心、老年人食疗中心、活动中心甚至是老年人婚介机构等在内的综合性养老服务地产项目。甚至可以考虑建设全新的老年人家园,在环境优雅的区域将老年大学与幼儿园一同建设起来,并且提供二室一厅的居住环境,这样就可以使老年人与家里的孩子白天可以分别进入老年大学与幼儿园学习,在晚上老年人可以照顾孩子,而到了周末,家里的子女可以过来尽享三代同堂的天伦之乐。同时,在周边还可以建设一些休闲与游玩的项目,加大整个老年地产项目的附加值。

整个地产项目要在一开始设计的时候,就围绕老年人的需求来开展,做好前期的市场调查和需求分析工作,根据目标客户群体的实际需求来进行配套的养老服务供给的设计。在营销模式方面,应该根据不同的群体,可租可售,也可以以租代售,以多元化的营销模式为老年人或者老年人所在家庭提供多元化的选择。政府部门应该加大政府财政资金在多元化的养老地产之中的投入,并且引导和撬动民间资本的投入。

(二)以养老支柱产业及其周边辐射产业为主体

养老服务产业以及养老地产可以作为我国当前养老产业的核心,但是还需要其他的产业来作为整个大产业的支柱,并且向周边进行辐射,扩大整个养老产业的边际。具体而言,根据国外的发展经验,结合我国当前的实际情况,可以考虑从如下几个方面着手。

1.大力发展养老支柱产业

根据英国、美国等国家的发展经验,结合我国的实际情况,老年食品行业、老年保健品行业、老年医疗用品行业、护理用品行业、老年娱乐设施行业、老年生活消耗品行业以及老年学习用品行业等都可能成为未来的养老支柱性产业。除此之外，老年投资服务需求也会随着老年人的收入水平的提升而有一个较大的提升幅度。

从国外养老服务产业发展的经验来看，老年人的退休金以及积蓄在很大程度上都会转变为老年人对于养老服务等方面的实际需求。而随着我国老年人群体的不断壮大、社会人口老龄化的趋势日趋显著、养老保险以及相关养老制度的不断完善，老年消费市场必然会日趋兴旺。从当前来看，我国的老年消费市场能为老年人提供的产品、服务还非常有限，过于单一化，也缺乏创新；从长远来看，老年人的生活水平也在不断地提升，其对于老年生活的品质也有了更高的追求。显然，当前我国的养老支柱产业还没有办法满足这种多元化、个性化的养老需求。老年消费市场在服务层次、服务内容多元化方面的提升，实际上也是养老支柱产业蓬勃发展的一种内生动力，通过大力发展我国的养老支柱产业，以满足老年人更广泛的消费需求。养老服务市场的逐步完善，也会逐步打破传统的以家庭、社区为核心载体的服务形式，服务的内容必然将更加多元化与高端化。在大力发展我国养老支柱产业的同时，还需要积极推动其升级，从而使其能够满足老年人更为高端、个性化的养老需求。

2. 推动养老产业向周边辐射

在当前我国的经济发展环境之下，老年人所掌握的资金越来越多，经济物质条件较好，在这种背景之下老年人的高端娱乐、投资理财需求、出国旅游、高级护理需求等也会随之出现并且增多，老年人倾向于通过休闲娱乐活动来提升生活质量、享受晚年，而不是单纯地过日子打发老年生活。

老年人的身体机能随着年龄增长持续下降，对于疾病和死亡的恐惧都要远高于年轻人或者其他年龄层次的社会群体。正是由于如此，他们更有着通过运动休闲娱乐活动锻炼身体、保持体格康健、提高晚年生活质量的渴望。此外，老年人在不需要继续为生活劳累奔波时，会开始追求自身生活品质，提高自身生活质量，而参与各种娱乐休闲活动便是最主要的一种方式。且年青一代的子女，由于接受的文化、个性和追求独立生活空间的要求等，往往不愿意与老年人一起居住，"空巢"老年人数量大幅上升，老年人在晚年的孤独感会变得很强，自然会选择参与各种娱乐活动来增加社会交流，确保自己不会陷入无尽的空虚与孤独之中。更为重要的是，当前的老年人中的很大一部分都经历了改革开放，并且享受了改革开放带来的红利，具有一定的经济基础，到老年之后有了更多的时间，也会有不少的理财需求。基于此，老年休闲娱乐、投资理财、高级护理等方面的需求虽然不是老年支柱产业，但是可以作为非常重要的周边辐射产业，加大这方面的投入，有助于帮助老年人接受更健康、更新的养老方式，带动我国养老经济的发展。

（三）以上下游的服务业作为养老产业末端

除了核心产业、支柱产业以及辐射的周边产业之外，我国的养老产业发展还需要重视其上下游的服务业的发展。比如，养老护理服务方面亟须更多的专业护理服务人才。当前，我国经过专业的护理专业培训的护理人员非常少，而具备专业的护理资格的人员投身老年护理行业的则更是凤毛麟角，在未来很长一段时间内，我国的老年护理方面还有非常大的人才缺口。专业服务人员的紧缺与整个行业的快速扩张之间的人才服务需求的矛盾，实际上为专业人才培训行业的发展提供了基础。只有具备了足够的人才，才可能支撑整个产业的健康、有序发展，而养老产业市场的有效需求势必随着养老产业服务质量的提升和产品的优化升级而不断扩大。

有需求就会有供给，一些与养老产业相配套的上下游产业，尤其是一些基础性的服务行业将随着养老服务产业以及养老产品产业的不断发展而逐步丰满起来。当前，我们要做的就是逐步推动养老产业的上下游价值链的完善，使其能够共享我国的养老产业发展带来的红利，从而一起将我国目前的"银发危机"转变为"银发经济"，而所有的产业构成主体都在这个过程之中享受"银发红利"。

**三、整合资源发展民办养老产业**

（一）提升服务人员的专业化水平和服务意识

管理服务和医护服务是突出特色发展的关键举措，管理人员和医护人员队伍建设的壮大、高质量的专业服务水平是民办养老产业的人才保障。相关劳动就业部门应该制订组织培训计划，对从事养老机构服务的护理人员以及将来愿意从事此项工作的人员进行包括护理、保健、心理、职业道德等多方位的培训。有关部门要组织职业鉴定考试，并对考试通过的人颁发职业资格证书，在实际的工作中要求一律持证件上岗；建立"服务积分"制度，旨在通过日常的服务获取积分，每到达一定阶段，获取相应的回报，用于日后自身的养老需求，提高管理和医护人员的待遇和工作积极性，有助于可持续发展。

（二）特色发展，满足老年人口的个性化需求

通过贴心周到的服务理念和行为来转变老一辈人的消费观念，虽然"养儿防老"的观念在他们的思想里根深蒂固，但是舒适优雅的养老环境仍会令人向往。民办养老机构要走特色经营的发展路线，以区别于公办养老机构，凸显自身的特色优势。

首先，要加强机构管理，提升服务能力，从全方位的角度来完善和保障服务需求。老年人希望改善伙食、丰富饭菜种类，可以通过自助餐等形式由老年人自由选择饭食，同时针对老年人生理体征增加各类软食，以利于他们的咀嚼和消化；老人希望多组织文化娱乐活动，身体条件较好的老人希望可以组织春游等活动，到附近的公园或者近郊去郊游一番，行动不便的老人希望可以组织简单的老年健身操等活动，增强锻炼，还希望有文化演出、书法绘画等形式的活动。其次，提供特色和差异化服务，突出每个机构的自身特色和服务宗旨。根据需求进行市场细分、整合资源，建设成专一化的机构类型，比如新建或者转变成只接纳能够自理的老年人，这样做的目的就是方便管理和统一服务，对于社会上的资源可以实现整合再利用，让更多人受益。最后，养老机构应该扩大宣传力度，针对特定的公园、社区进行宣传，让他们重新认识养老机构不仅仅是能够解决基本的衣、食、住的养老需求，同时机构组织的日常活动、省内外旅游等丰富的文化娱乐生活可以充实他们的老年生活。更加重要的是随着医养融合的推进，老年人"看病难、就业难"的问题也会有所改善，这也是最直接关系到老年人自身利益的重要因素。

（三）权责分明，多管齐下，规范管理

一是要建立规范化的管理规章制度，且要保障其落实到位和政府的执行到位。要做到明确监督管理的主体，对分别负责登记、审批等部门进行明确分工，理清各部门的管理职责所在，形成多部门联动的监管机制，争取做到监督管理日常化、规范化、制度化。二是要建立行业协会，机构与机构之间、机构与企业之间都缺乏有效的沟通平台，处在自我摸索和运营的阶段，没有形成合力，没能有效地整合各类资源来促进自身的发展，实现双赢的目的。组织行业协会，就可以拥有固定的场所和网络宣传渠道，从而了解目前

产业间的发展态势。三是要完善商业保险和医疗保险，此工作可以由政府和社会力量共同来承担。同时建议机构主体购买"养老机构财产保险"，可以由指定部门加强督促养老机构参保，建议保险公司增加"老年人意外伤害险"并促使老人购买，保障机构和老人在遇到突发状况后，可以获得相应的赔偿，达到财产损失最小化的目的。

（四）发展老年相关产品，鼓励主体积极参与

大力发展民办养老产业，除了政府的政策措施，还需要企业不断地创新，研发新产品，在同质化的市场下形成强有力的竞争力。

一是要产品创新，为满足老年群体服务目标的诉求，就要不断形成产品创新的新局面，研发产品时注重产品的功能性、实用性、保健性和易操作性；二是要管理创新，管理创新在于根据老年人这一年龄阶段的多层次的需求，提供便捷的、优质的、全方位的服务；三是要营销创新，营销创新在于针对老年人对现代的手机、网络等通信技术不是很熟悉的背景下，利用传统的传播方式，例如电视、报纸等传统媒介进行广告宣传，宣传内容要以简单、易懂、真实为原则，让老人容易识别、接受和理解，最终实现购买，促进消费。此外，还可以依托一批国内和行业内领先的科研机构、制药企业，凸显先进技术和理念。除此之外，依托新的"互联网+"技术，利用各类平台更好地为老年人提供服务。还需要调动社会力量的主动参与、吸引民间资本的注入、吸引社会群体的资金支持，可以是社会公益项目的募集、捐款等形式，鼓励投资主体的多元化，促进民办养老产业的全面发展。

## 四、培育养老消费市场，增加养老服务需求

（一）结合老年人实际需求，制定完善的养老服务营销策略

养老服务企业要想取得长足稳步发展，首要任务就是因地制宜地结合老年群体的现实消费特点，制定科学完善、有针对性的营销策略。

1. 注重广告营销策略

老年人群体获取消费信息的一个重要途径就是各种产品销售广告，因此要格外注重产品广告对于老年人消费的刺激作用。现实生活中，超市促销海报、报纸与电视广告、公交地铁广告等都是老年人群体的主要信息源，其对于老年人消费的刺激作用不容置疑。老年人群体闲暇时间充裕，一般都在家看电视、听广播或者读报纸来打发时间，相比较于生活节奏较快的年轻人

而言，其接触广告的机会更多。对于专门面向老年群体提供产品或服务的企业而言，要根据老年人消费需求、消费心理及消费特点，制定相应的广告营销策略，重点以电视、广播以及报纸杂志等广告形式为主，电视广告生动形象，对于老年人而言，可以更加直观地获取产品信息，其对于老年人消费的刺激作用无疑最为明显。很多老年人都有读书看报的习惯，在报刊上刊登广告成本相对较低，但对于老年人群体的广告效应却毫不逊色。

2. 注重服务营销策略

对于面向老年人群体提供产品与服务的企业而言，怎样才能成功地将产品或服务推销出去，关键在于准确把握老年人的消费意愿、刺激老年人的消费欲望。企业所制定实施的销售服务策略，一方面要尽可能地确保老年人群体对于产品的现实需求得到有效满足；另一方面，还要关注老年人群体对于服务的需求。随着我国人口老龄化现象的日益加剧，不少城市在商贸场所都设置了专门面向老年人群体的产品专柜。然而受一系列因素的影响，老年人专柜的产品种类有限、选择性不足，对此，老年人产品服务企业要根据市场实际需求，准确把握老年人消费动态，逐步扩大老年人用品专柜规模，增加老年人产品种类，为老年人提供更多的选择。除此之外，还要进一步提升针对老年人群体产品销售的服务品质，将老年人用品专柜设置在交通便利的区域，还可以根据实际情况采取连锁经营模式，在具有一定规模的社区或街道设置老年人用品专卖店，这样对于老年人群体而言，可以更加方便地买到所需要的商品，有利于激发老年人群体的消费积极性。老年人用品专柜或专卖店要指派业务能力突出、爱岗敬业的导购，可以为老年人耐心细致地讲解产品特点及功效，以使老年人购买到更加适合自己、性价比更高的产品。此外，对于行动不便的老年人，还可以提供送货服务，只需要一个电话就可以在最短时间内将老年人所需要的产品送达其手中，提高老年人消费满意度。

就现阶段而言，在老年人用品专柜、老年人用品专卖店还普遍存在年轻人在为老年人选购用品，而并非老年人自己来到店里选购心仪商品的现象。这就导致两个问题：其一，年轻人对于老年人用品用途及选择关注点一般比较陌生，在选择过程中常常是无从选择；其二，年轻人一般都忙于工作，是工作之余挤时间来柜台或专卖店选购东西，时间有限。对此，老年人用品经销商要立足实际、放眼未来，制订企业营销长期规划，尝试在老年人相对较多、具有一定规模的社区设置小规模的老年人用品专柜，再结合实际经营状况决定是与其他社区专柜进行合并还是进一步扩大专柜规模，积极打造分布区域广泛的老年人用品连锁专柜。这样不仅可以为老年人提供更加便利的购物途径，还可以为年轻人帮助家中老年人采购物品创造便利条件。

一直以来，由于生理方面的原因和传统社会中的观念，我国都将老年人群体归入社会弱势群体之列，这一点与西方国家是截然不同的。随着经济发展、社会进步，文化交流日益密切，思想观念也要与时俱进，适度倡导老年人自立，适时引入老年人自我服务模式，这是市场经济发展的趋势和要求。

（二）引导老年人更新观念，推行新型养老模式

受传统思想观念的影响，"养儿防老""多子多福""四世同堂才是福"的观念被国人，特别是农村地区人们所接受和认可。年轻时期养育下一代，待年老之时可以享受子女赡养的天伦之乐，已经成为目前老年人群体中接受度最高的一种养老模式。但随着时代的发展、社会的进步，思想观念特别是养老观念也要随之更新，要积极引导老年人群体转变传统养老观念，接受和认可与现代社会发展相适应的新型养老观念，尝试现代化新型养老模式，享受更加丰富多彩的老年生活。专门针对"养儿防老"传统观念所开展的一项调查结果表明，我国老年人群体的养老观念正逐步发生转变。时代在发展，社会在进步，老年人群体的养老观念也会与时俱进，接受和尝试现代化养老模式，享受多姿多彩的晚年生活。

目前，以房养老模式被我国越来越多的老年人群体所接受，正在实施以房养老模式的老年人群体规模不断壮大，实践中比较常见的老年人以房养老模式有以住房逆抵押、售房养老以及租房养老等几种。实践表明，以房养老模式是一种符合现阶段我国老年人养老现实需求，具有重要现实意义的一种新型养老模式。一方面，可以为老年人提供持续、稳定的现金或其他资源，为老年人享受幸福晚年生活提供经济支持与保障；另一方面，对于相关产业链的发展具有明显的带动性作用，可以激发地产等相关产业的联动效应。此外，我国经济稳步发展，居民生活水平显著提升，老年人的经济条件也相应改善，可支配金钱数额明显增加，直接导致老年人消费能力的增强。对于老年人群体而言，可自由支配的时间宽松，在经济条件具备的情况下，可以更加自主、自由地选择自己想要的晚年生活方式。就现阶段而言，我国养老服

务整体呈现供不应求的局面，养老服务需求旺盛、发展较快，养生文化村、"候鸟式养老"以及"异地养老"等一系列全新养老模式正逐步兴起，吸引越来越多的老年人加入其中，各地要充分发挥当地特色及资源优势，发展养生旅游、养生文化村等项目，为养老机构的发展奠定坚实基础。

对于养老产业而言，其始终围绕老年人群体而开展，所以，发展养老产业，首要任务就是宣传现代养老观念，积极引导老年人群体摒弃陈旧思想，加强舆论引导，积极树立全新的养老观念，享受社会发展所带来的优质养老服务，这样不但可以为养老产业的进一步发展创造有利条件，而且有利于促进"银发危机"向"银发经济"的转变。

（三）转变老年人消费观念，提高老年人消费能力

从老年人层面上来看，影响养老产业发展的另外一个关键因素就是老年群体的消费观念及消费能力。老年人经济收入主要包括退休工资、政府补贴、子女给予的赡养费以及通过力所能及的劳动所取得的收入等几部分，再加上随着我国经济的稳步发展，社会保障体系也日趋完善，我国老年人群体的购买力较强。随着经济的迅猛发展，社会竞争压力越来越大，年青一代所承担的经济与生活压力也是有目共睹，特别是在一线、二线城市，房价高涨、生活成本飙升，买房买车更是年轻人凭借一己之力所不能及的，老人心疼孩子，养老倒置现象在城市并不少见，把多年来一分一毛攒下来的钱用来补贴孩子，对于提升自己的晚年生活品质则更不敢有什么奢望。

虽然我国的老年市场具有相当大的潜力，有待开发，但是传统观念、社会经济等因素的存在，造成了现如今我国老年人群体手中有钱却不敢花的现状，对此必须结合老年人消费过程中追求实用及实惠、心理惯性以及理智型消费等现实特点。

首先，通过大力宣传、积极引导，使老年人群体充分认识到合理消费对于提升晚年生活品质的重要性，帮助老年人树立现代化消费观念。

其次，对于老年人中普遍存在的"消费存有后顾之忧——尽可能存钱，以缓解子女经济方面的压力"的观念，这才是影响老年人群体消费能力的关键所在。对于政府部门而言，还要立足实际，积极出台一系列政策、措施，有效缓解失业、住房以及贷款等方面的社会矛盾，让老年人花钱不再思前虑后，解决老年人群体消费的后顾之忧。

最后，政府部门要进一步强化社会保障机制建设，进一步提高老年人群体消费能力，结合现阶段社会发展实际水平，制定科学的养老制度及社会保障制度，并在实践过程中不断进行改进与完善，为老年人正常合理消费提供有力保障。

# 第三章 现代养老服务管理

## 第一节 现代养老服务管理的方法

### 一、服务的标准化与服务的个性化

（一）要针对每位老人制订护理服务计划

养老服务设施或是社区养老服务中心应该根据每位老人的身体状况和服务的需求提供必要的护理服务，为此要针对每位老人制订护理服务计划，并且定期对服务计划实施与服务过程进行管理。具体而言，就是首先对老人身心状态和生活状况进行评估，在了解和判断老人对护理服务的需求的前提下，分析和判断应该提供哪些必要的护理服务以及护理服务的实施计划。现代养老服务中，通常是采用"老年人生活功能检查表"对老人的身心状态和生活状况进行评估的。

（二）老年人生活功能检查表的应用

现在，针对老人的体检（健康检查）已经相当普及了，老人的体检主要是为了检查老人是否患有疾病，或是诊断疾病的种类、状态。老人生活功能的评价是利用老年人生活功能检查表找出伴随着年龄的增加、身心功能的下降而出现的危险信号，早期发现生活功能下降的老人，早期采取预防措施，避免老人陷入失能和半失能的状态，同时，根据老人的身心状态制订合理的养老护理计划。

在通过老年人生活功能检查表的检查掌握了老人的身心状态之后，就可以对症下药式地为各位老人制订不同的护理计划，从而实现养老护理服务的人性化和个性化。

## 二、现代养老服务中服务过程的"可视化"

### （一）要让养老护理服务"有形化"

现代养老服务中服务过程的管理主要是通过"标准化"和"可视化"的手段来实现的。在介绍现代养老服务的特点时，我们曾经分析说，现代养老服务具有"无形性"的特点，不像有形商品那样看得到、摸得着。现代养老服务的服务过程的管理，在实现服务过程的标准化的同时，还要实现服务过程的"可视化"，换句话说，就是要让养老护理服务"有形化"。

服务过程的"可视化"重点在于使得"问题可视化"，换句话说，就是要发现养老护理服务过程中出现的大大小小的问题，用书面文字和图表的方式使得这些问题露出水面，然后去解决和处理问题，改善服务的质量。现代养老服务中的"问题可视化"包括以下四方面的具体内容。

### （二）养老服务中的"异常现象可视化"

寻找和发现在养老护理服务第一线发生的异常情况，使之"浮出水面"，这就是"异常现象可视化"。例如，当老人和家属对养老护理服务以及员工的服务态度提出投诉时，不要去刻意掩盖这些异常现象，而是使它暴露出来，这是最有效的"可视化"，也是"可视化"的原点。

### （三）养老服务中的"落差可视化"

想要知道养老护理服务第一线的工作是否正按照服务标准和服务计划进行，就需要测定服务标准、计划与服务第一线工作情况之间是否有落差（差距），如果出现了落差，问题就显而易见了。所谓"落差可视化"，就是指利用图表与数据让人们能够以可视的形式看到这种异常现象。

### （四）养老服务中的"信号可视化"

在养老护理服务的第一线如果出现了异常情况，及时地把这一事实通过预警信号的方式发送出去并使其表面化，这就是"信号可视化"。发现异常现象后，如果能够及时发送信号，就能加快解决问题的速度。

### （五）养老服务中的"效果可视化"

"问题可视化"，其目的归根结底是要解决问题。既要采取各种各样的解决方式来应对问题，还需要对其结果进行检验。不能只做不检，要评估效果，使"效果可视化"，这是极为关键的。

### 三、现代养老服务中的服务记录

在现代养老服务的服务过程管理中，服务过程"可视化"的另一个主要的内容是照料护理服务的记录。从某种意义上来说，服务记录就是提供服务的凭证。

（一）做照料护理服务记录的原因

如果我们能够把每天养老护理服务的情况记录下来，不但有利于掌握老人的日常生活情况与身体状况，而且可以知道最近一段时间里老人具体需要哪些照料护理服务，或是接受了哪些照料护理服务；同时还可以知道是由谁（可能是家属中的一位、护理员中的一位，或是社区养老服务中心派来的员工等）提供了这些服务，也可以知道老人是在哪里（在家里，或是在社区养老服务中心的日间照料所等）接受了照料护理服务。

有了护理服务记录，照料护理老人的相关信息就可以共享，例如养老护理员、家属中的各位成员、社区养老服务中心都可以利用照料护理记录有针对性地为老人提供照料护理服务，从而提高养老生活的品质。

对老人的主治医师来说，照料护理记录是了解老人健康信息的重要参考资料。

照料护理记录还有助于解决照料护理服务中出现的问题，防止出现重复性的错误。

无论是机构养老还是居家养老，如果能够做好照料护理记录，并且妥善保存的话，那么会便于家属与护理人员之间相互联系。口头联系后难以留下任何证明，而且容易出错，记忆内容也会随着时间的推移而变得不准确。

对于养老服务机构或是社区养老服务中心来说，护理服务记录可以成为为老人提供照料护理服务的重要凭证。患有阿尔茨海默病的老人容易忘事，已经吃过饭了，他还会问："为什么还不给我吃饭啊？"还有的老人会对来看望自己的亲属说"养老护理员不好好地照料护理"或"护工阿姨一天都没做什么事情"等，如果有了照料护理记录的话，可以减少许多不必要的麻烦。

另外，在社区养老服务中心或养老服务机构，照料护理记录还是解决法律纠纷的重要的参考资料。如果老人或家属对照料护理服务进行投诉，或家属成员要查询照料护理服务的情况，照料护理记录就可以成为重要的依据。

（二）照料护理服务记录的种类与具体内容

照料护理服务记录主要由三个部分构成：一是老人的基本信息，二是护理员的基本信息，三是照料护理服务过程的记录。

1. 老人的基本信息

一般而言，养老服务机构或社区养老服务中心采用的正规的照料护理记录应该包括居家老人的基本信息，如姓名、性别、年龄（出生年月日）、失能半失能的程度、有哪些疾病、正在服用哪些药物、日常健康管理中应该注意的事项、身体状况（如视力、听力和理解能力，是否患有阿尔茨海默病等）、医疗保险机构与主治医师、配偶和主要家庭成员、家庭住址与紧急联系方式等。

2. 护理员的基本信息

照料护理记录必须有护理员的基本信息，如姓名、性别、年龄（出生年月日）、户籍所在地的地址、身份证号码、文化程度、工作经历、有哪些特长、接受过哪些培训、是否有专业资格等。

对于居家养老的场合，老人的基本信息和护理员的基本信息可以在正规的照料护理记录的基础上进行简化。

3. 照料护理服务过程的记录

照料护理记录中最重要的内容是每一天实际做了哪些照料护理服务的记录。如前文所述，照料护理可以分为身体性照料护理与家务性照料护理，我们可以参照每天的照料护理计划表，按照每一天从早上起床到晚上就寝的流程设计一张照料护理记录表，针对起居、身体清洁、更衣、饮食、服药、排泄（大小便）、健康管理、体操和娱乐、外出活动，以及其他家务性照料护理的内容，简明扼要地记录提供服务的时间、结果（例如老人因没有食欲未吃早餐、老人2天未排便等）以及在服务的过程中遇到的问题。

如果是接受社区养老服务中心的上门服务，一定要把上门服务的员工的姓名记录下来，换句话说，一定要写清楚是由"谁"来提供服务，以及是"谁"做记录的。社区养老服务中心在向居家养老的老人提供上门服务时，应该做好三项记录：一是初次上门护理时的记录，也就是第一次为老人提供上门服务的记录，由此来掌握老人的基本信息；二是每一次的上门服务记录，记录内容包括提供了哪些服务、在服务的过程中遇到了哪些问题，以及采取的措施等；三是联络事项，上门服务的护理人员要把记录下来的服务的过程和结果报告给老人的家属和社区养老服务中心，以便信息共享。

（三）照料护理服务记录的方法与信息管理

照料护理记录的记入原则是简洁明了，应该进行客观性的记述，不可掺杂个人的情感或意见。一件事情的记录最好不要超过两行，要尽可能地用数字。例如，老人感冒发烧时，应填写下午 2 点体温升至 38℃，2 小时后体温降至 37℃，而不是笼统填写"发烧了，后来退烧了"等。

一些国家的照料护理记录有所谓的"SOAP 准则"，具体而言，就是"Subjective"（主观信息）、"Objective"（客观信息）、"Assessment"（判断）、"Plan"（对应的方针）。例如，S：老人有两天未排便了；O：脸色不好；A：可能是便秘；P：请社区卫生站的医生上门诊治。

因为照料护理记录有老人的基本信息，而且涉及老人日常生活的各个方面，所以要站在保护老人隐私的立场上对照料护理记录进行妥善保管。

**四、现代养老服务管理中的"PDCA 管理循环"**

（一）PDCA 管理循环

PDCA 管理循环是日本的质量管理专家根据"戴明环"改造而成的全面质量管理所应遵循的科学方法。生产制造活动中全面质量管理的全部过程就是质量计划的制订（Plan）、组织实施（Do）、检查评估（Check）和完善（Action）的过程，这个过程就是按照 PDCA 循环周而复始地运转的。

（二）PDCA 管理循环在现代养老服务领域的应用

PDCA 管理循环在生产制造的全面质量管理中得到应用后，日本制造的产品的质量在世界上得到了高度认可。当日本进入老龄化社会，现代养老服务产业开始崭露头角时，日本的管理专家们又开始尝试把 PDCA 管理循环的方法应用到养老护理服务过程的管理，并且取得了很大的成效。

无论是养老服务机构还是社区养老服务中心，在为老人提供养老护理服务时都要采用 PDCA 管理循环的手法。一般而言，就是首先要制订计划（Plan），然后根据计划采取行动（Do），之后对照计划逐一检查行动的结果（Check），最后根据需要进行必要的调节措施（Action）。计划（P）是有效实施（D）的条件，根据计划（P）对实施（D）的好坏从经过到成果两方面进行确认（C），并采取必要的调节措施（A）。然后再根据调节措施的结果制订新的计划（P），开始同样的循环。

实际上，在日本的一部分养老服务机构的服务第一线，PDCA管理循环的手法的应用往往只进行"计划（P）→实施（D）"两个流程就结束了。许多服务机构由于忙于日常业务没有工夫进行检查确认（C），也没有根据需要进行必要的处理（A），这样一来，PDCA管理循环的应用就变得虎头蛇尾，无法达到理想的效果。

（三）现代养老服务中业务目标的PDCA管理循环

现代养老服务的经营管理要求每一个养老服务机构都必须明确并且制定自己的养老服务的业务目标。这些目标应该具体而且最好是定量的目标。在这里，我们以某一家养老院提出的"努力防止褥疮的发生"这个业务目标为例进行分析说明。

为了提高老人养老生活的品质，把"努力防止褥疮的发生"当作养老服务机构提供服务的一个业务目标是一件好事，但是，这个业务目标的提法比较空泛，"何时""怎样努力""应该做什么"，管理人员和养老护理员都无法知道，当然，结果也难以评估。在现代养老服务专家的指导下，这家养老院把"努力防止褥疮的发生"这个业务目标修改为"今年褥疮的发生率比去年减少60%"，明确了时间和定量的努力方向。在制定这个目标时，应该认真地分析去年褥疮的发生原因，考虑好今年的对策。

1. 设定目标（P）

为了实现这个业务目标，还必须制订一个切实可行的实施计划，这个计划就是"用新的方法改善老人卧床护理时的体位变换的方式、改善老人大小便时的姿势，并且在服务的第一线贯彻实施"，"对褥疮的发生情况及时记录和报告"。这就是P（设定目标）。

2. 实施（D）

在服务的第一线指导养老护理员用新的方法改善老人卧床护理时的体位变换的方式、改善老人大小便时的姿势，并且要求养老护理员做好褥疮的发生情况的记录和报告。

3. 检查与评估（C）

养老服务设施的管理人员定期到服务的第一线去检查"用新的方法改善老人卧床护理时的体位变换的方式、改善老人大小便时的姿势"是否按要求得到了贯彻实施，"褥疮的发生情况的记录和报告"是否按要求做好了，等等，然后确认褥疮的实际发生次数，对业务目标的实施结果进行评估。

4. 采取措施（A）

在检查和评估了实施效果之后，应该对原先的业务计划进行修改完善，认真地分析褥疮的发生原因，考虑好今后的对策。

### 五、现代养老服务经营管理中的人力资源管理

现代养老服务的服务管理的架构主要由三大要素组成，它们分别是结构、过程和成果。因为现代养老服务提供的是人对人的服务，所以，现代养老服务的服务管理的架构中的三大要素都离不开"人"这个决定性的因素。经营管理人员和养老护理员的素质、专业化程度，不但左右着服务的结构和服务的过程，而且决定了服务的成果。

在服务管理中，人的要素的管理和服务提供过程的管理、服务的物质环境要素的管理一样重要。服务中人的要素之所以重要，首先是因为在服务过程中人所产生的影响比在有形产品（如手机和汽车）制造过程中的更大。在有形产品的生产制造过程中，基本上都采用由自动化的机械设备构成的生产流水线，生产流水线在设计时尽量排除了人的要素（这样，人为的错误就可以减少到最低限度，同时可以提高效率），而且，生产流水线上劳动的员工与使用和消费产品的顾客之间完全没有任何的接触点。但在现代养老服务的服务过程中，目前几乎没有自动化和机械化的可能性，这样一来，对服务的提供者（养老护理员）的素质和技能等人的要素的依赖程度很高。但是，服务中人的要素的重要性不仅仅限于这一点。因为，服务的特性之一是生产和消费的不可分性，因此，服务提供者和老年顾客之间需要具有协调联动性。而且，服务提供者和老年顾客会在共有的时间和场所接触（服务接触，Service Encounter）。这就是养老护理服务劳动的重要特性。

在服务接触中，服务提供者必须直接面对顾客，这就要求服务提供者要具有复杂的应对人的能力。特别是在与顾客的接触很多且具有复杂性的现代养老服务领域中，必须具有非常强的应对人的能力。这种应对人的能力，大部分都是难以实施标准化、定型化的。有的专家指出，现代养老服务中的照料护理服务是"感情劳动"，实际上，老年顾客从服务提供者那里得到的，除了具体的护理服务之外，还有"温暖""亲切""冷漠""敷衍了事"等

各种各样的感情要素。

现代养老服务的这些特征提出了特有的管理课题。经营管理者难以对每个从业者的每个服务接触进行管理，也不能一个一个地进行指挥、命令及监督。为了提高现代养老服务的质量，从而让老年顾客和家属满意，就必须做好人力资源的管理。

## 第二节 现代养老服务的服务管理

### 一、现代养老服务的服务管理的含义

现代养老服务为了提供优良品质的服务，让老人及其家属理解服务的品质并且提高他们对服务的满意度，就必须对服务的过程和服务的品质进行评价与管理。

所谓现代养老服务的服务管理就是为了向老人提供令其满意的、高质量的服务，对提供服务的过程、养老护理员和团队、场所和所使用的机器设备，按照标准化的程序进行管理。在具体介绍养老服务的管理之前，有必要对服务的含义做进一步的分析。

（一）"服务"一词的两个含义

一般而言，人们常说的"服务"包含两方面的意思，一是"无形的商品"，如零售业的销售服务、银行证券保险业的金融服务、医疗卫生业的健康医疗服务等。现代养老服务中的服务种类丰富，仅就居家养老服务而言，就有上门养老护理服务、日间照料服务、短期托老服务和老年康复服务等多种形式。这些服务本身是无形的商品，换句话说，它们不像电视机或是汽车那样具有某种具体的形态。

服务的另一个意思是指服务过程和结果的好坏以及服务人员待人接物的态度，例如，"那个银行的服务太差了"，这里所说的服务差可能并不是指银行的金融商品本身不好，而是指银行的员工的素养低、专业性差，以及员工在提供金融商品时待人接物的态度差。在现代养老服务的场合，服务的好坏往往指的是养老护理员的服务态度和提供服务的专业化水平、老人及其家属的满意度、老人身体状态的变化（例如褥疮状况的变化、生活自理能力的变化等）、接受服务的老人的表情和反应、老人及其家属对服务的意见、

第三方的评价等。

（二）老人和家属对养老护理服务的满意度

现代养老服务的服务管理应该把提高老人和家属对服务的满意度当作努力的一大目标，这也就是现代养老服务的经营管理的一大目标。

那么，老人和家属对服务的满意度又是什么呢？如果把老人和家属当作现代养老服务的顾客的话，我们可以这样定义他们的满意度：所谓顾客的满意度是顾客的一种情感，顾客对提供养老服务的企事业单位以及它所提供的服务会有一个期待值，在接受了服务之后还会对服务的完成度有一个评价，而顾客满意度就是由期待值与完成度之间的差产生的情感。如果顾客感受到的完成度和他的期待值基本上一致，或者是超过了期待值的话，顾客就会感到满意；反之，如果没有达到期待值就会感到不满意。可以说，顾客满意度是一种带有主观性的评价，同时也是一种较为短期的、针对整体服务之中的一部分的评价。

一般而言，在直接感受服务之前，老人和家属（顾客）无法判断某个企事业单位所提供的养老服务的质量是好还是坏，他们只能通过自己可以掌握的信息或看得见的东西（如养老服务设施的外观、内部空间设计、养老服务机构里的氛围、员工待人接物的态度等）来对服务的质量进行推测。当他们选择接受某个养老服务机构的服务时，期待值与完成度之间的差产生的情感就会直接影响到他们的满意度。因此，现代养老服务中对服务进行科学化的管理就显得极为重要。

**二、现代养老服务中服务管理的架构和三大要素**

现代养老服务中服务管理的架构主要由三大要素组成，它们分别是结构、过程和成果。

（一）现代养老服务中服务管理的架构

现代养老服务有明确的目的和目标，例如，为老人提供高质量的、令其满意的服务，提高老人养老生活的品质等。在养老服务设施里，服务的目的和目标会更加具体化，例如，通过标准化和科学化的服务不让老人生褥疮或是减少老人的褥疮发病率等。现代养老服务就是通过由结构、过程和成果这三个要素所构成的服务管理的架构来实现服务的目的和目标的。

（二）现代养老服务中服务管理的三大要素

在说明这个服务管理的架构前，先为大家具体说明一下服务管理的三大要素。

1. 结构（Structure）

结构是指养老服务机构的建筑物、养老护理设备和用具、养老服务的组织体系和人员配置、养老服务的标准化、行动规范和手册、养老服务的信息化等。

2. 过程（Process）

过程是指提供养老服务的过程、养老服务的提供方法、组织运营、养老护理员的教育培训，以及老人对服务的反馈等。

3. 成果（Outcome）

成果是指提供养老服务的结果，也就是为实现当初制定的养老服务的目的和目标通过各种努力所取得的成果。

### 三、现代养老服务管理的三个环节

现代养老服务的服务管理架构由结构、过程和成果这三个要素组成，换句话说，现代养老服务的服务管理是由服务结构的管理、服务过程的管理和服务成果的管理这三个环节构成的。当然，对于现代养老服务来说，服务的成果是最重要的，这些服务的成果包括老人及其家属的满意度、老人身体状态的变化（例如褥疮状况的变化、生活自理能力的变化等）、接受服务的老人的表情和反应、老人及其家属对服务的意见、第三方的评价等。要设定具体的定量性的指标来测定上述这些成果是很难的事，因此，现代养老服务的服务管理往往会在服务结构的管理和服务过程的管理这前两项管理环节中下很大的功夫。

另一方面，因为提供服务的过程与有形商品的生产过程不同，所以，服务过程环节的管理也有比较大的难度。有形商品（如手机或汽车），可以实现单一型号的大批量生产，生产的过程中可以统一管理；而在现代养老服务中，养老护理员要面对性格、身体状况和服务需求都不同的老人，这个过程可以比喻为"多种型号单一生产"，无法进行统一的管理。这样一来，服务结构的管理环节就成了"重中之重"。可以说，服务结构的管理环节在很大程度上决定了服务过程的管理环节和服务成果的管理环节的优劣。

### 四、养老服务结构的管理

养老服务的结构包括服务设施（建筑物）和老人日常生活的环境、养老护理设备、现代养老服务的组织体系和组织的风气、提供服务的体制、组织运作的规章制度、员工的行为规范和守则、员工的教育培训和激励机制等。服务结构的管理主要有以下三大任务：一是对提供服务的物理环境进行管理，二是对组织体系与组织运作进行管理，三是对员工教育培训与激励机制进行管理。现在，我们分别为大家介绍如下。

（一）对提供服务的物理环境进行管理

虽然说现代养老服务具有"无形性"的特点，不像是手机或汽车那样看得到、摸得着，但是，老人所接受或感知的服务往往会受到有形的物理环境的影响。这里所说的物理环境包括养老服务设施的空间设计、老人日常生活的环境。因为现代养老服务还具有"生产过程与消费过程的不可分性"，在许多场合，服务本身与提供服务的场合也是密不可分的。例如，在为老人提供饮食护理时，如果饮食的场所不干净、光线昏暗而且又有噪声的话，无论食物怎样美味，也无论养老护理员的服务怎样到位，老人所感受到的饮食服务肯定不佳。服务设施的环境和活动空间的人性化、无障碍化设计以及养老护理设备和用具的采购与使用是服务结构管理的不可忽视的环节。

（二）对组织体系与组织运作进行管理

组织体系和组织运作的管理对于现代养老服务机构来说非常重要，因为它直接关系到养老服务机构的健全运作，也关系到养老服务品质的优劣。组织体系和组织运作的管理又可分为四个层次来进行：第一个层次是组织的理念（组织存在的目的以及为实现该目的组织全体成员所拥有的价值观）与行动规范、组织的行动目标与年度的重点方针；第二个层次是组织结构（企事业单位或服务机构中各个部门的业务范围、人员规模和组织权限的设定）；第三个层次是组织的运作（制定组织的行动目标和年度重点方针，把行动目标和重点方针传达给组织全体成员，在部门之间保持沟通渠道的畅通，协调各部门之间的利益等）；第四个层次是组织风气的形成（一个组织有怎样的风气，取决于这个组织有怎样的理念和目标，还取决于组织的经营管理者的管理风格）。

（三）员工教育培训与激励机制

现代养老服务的经营管理的一个主要的目标应该是守法经营、合规运作，在努力提供能够使得老人满意的高品质的服务的同时，为员工提供教育培训的机会，创造良好的工作环境。因为现代养老服务是人对人的服务，这种服务有"直接服务"和"间接服务"之分。

所谓"直接服务"指的是饮食护理服务、洗浴服务以及老年康复服务等具体的服务；而"间接服务"指的是提供直接服务时所附随的感受，如老人在接受洗浴服务时感到舒服和安心、在接受老年康复服务时感到愉快等。有的养老护理专家指出，现代养老服务是一种"感情劳动"，提供服务的一方（养老护理员）与接受服务的一方（老人）之间需要良性互动才能提高服务的效果。养老护理员如果能够带着工作热情投入服务工作，这种热情就会传递给接受服务的老人；如果养老护理员"板着脸"机械地提供护理服务，接受服务的老人就会感到紧张和不安，服务的品质就大打折扣了。所以，现代养老服务的服务管理，归根到底就是要做好人力资源的管理，只有通过教育培训不断地提高员工的素质和专业水平，而且建立有效的员工激励机制，才可能确保现代养老服务的品质，才能够提高老人和家属对服务的满意度。

**五、养老服务过程的管理与服务的标准化**

养老服务的过程包括提供养老服务的过程、养老服务的提供方法、组织运营、养老护理员的教育培训，以及老人对服务的反馈等；现代养老服务中服务过程的管理主要是通过"标准化"和"可视化"的手段来实现的。

（一）现代养老服务中的服务标准化

在现代养老服务中，进行服务过程的管理首先采取的一个手段就是把服务过程标准化，具体而言，就是采用员工业务手册等形式制定提供养老护理服务的标准化的业务程序，从而保证服务的提供能够适当、正确、有效率，这种员工业务手册还要明确规定提供服务的人员和组织的职责。在这里，我们以洗浴护理服务为例对养老护理服务过程的标准化程序进行说明。

在养老服务机构或社区养老服务中心（日间照料中心）里，为老人提供洗浴护理服务是养老护理服务中一个常见的服务项目，这也是服务事故发生率比较高的项目。作为服务过程管理的标准化程序，洗浴护理服务的提供过程被细分为12道标准化业务程序：①对浴室的设备、室内温度、水温、安全状况进行检查；②根据当天洗浴服务的预订表安排好接受洗浴服务的老人；③做好洗浴前后更换衣服和洗浴用品的准备；④对接受洗浴护理服务的老人进行健康状态的确认，并且让老人尽可能地先排便；⑤对老人说明洗浴护理的流程，帮助老人移动到浴室；⑥帮助老人脱衣，同时确认老人的皮肤是否有异常（如褥疮或湿疹等）；⑦养老护理员用自己的手确认水温之后帮助老人洗浴（洗身体、洗头发、淋浴或入浴）；⑧帮助老人擦干身体和头发，同时确认老人的身体状况和皮肤有无异常情况；⑨必要时，帮助老人涂抹润肤露或皮肤药膏；⑩帮助老人穿好衣服；⑪让老人在浴室里的椅子上小坐一会儿，为老人补充水分；⑫帮助老人从浴室移动到休息场所。

（二）现代养老服务中服务标准化的四大功能

通过标准化的手法对养老护理服务过程进行管理，除了可以让养老护理员在提供服务的过程中有章可循之外，还有以下四大功能。

1. 防止养老护理服务事故的发生

在养老服务机构或是社区养老服务中心里，由于养老护理员的服务不规范而引发的养老护理事故时有发生。至于发生养老护理事故的原因，有的是因为养老护理服务的过程本身没有规范可以遵守，有的是有规范但是没有被正确地执行。一旦发生养老护理服务事故，对于老人、对于提供服务的员工、对于企业，都是一件不幸的事。要防止服务事故，就必须把正确的业务程序以文字和图表的方式固定下来，制作成业务手册让员工学习掌握并且按照标准的程序提供服务。

2. 养老护理服务中的"隐性知识"的传承与共享

在养老护理服务第一线工作时间长的优秀员工不但会掌握护理服务技能，而且会积累许多工作经验和技巧。但是，这些经验和技巧往往是某位员工个人所掌握的，有时，某个有经验的员工辞职了，经验和技巧也会随之流失。我们把这种经验和技巧称为"隐性知识"，服务标准化的一个工作就是要把优秀员工所拥有的这些隐性知识中行之有效的东西用文字和图表的形式表现出来，让整个组织的成员共享，这样可以让新的、不熟练的员工迅速提高业务水平，还可以防止因员工辞职而导致经验和技巧的流失。

3. 减少养老护理服务的差异性

现代养老服务经营管理的一个最大的难题是如何招到员工、如何留住员工，换句话说，这个行业的员工的流动性很大。某位养老护理员（暂且称呼她是张阿姨）负责照看 8 ～ 10 位老人，如果哪一天张阿姨离职了，接她班的养老护理员所提供的护理服务和张阿姨的服务肯定会有所不同，这就是因为人员流动而产生的服务差异性。服务的差异性会给老人带来心理上的不安，服务的质量当然就会打折扣。实现服务的标准化后，养老服务机构或社区养老服务中心的养老护理员都可以按照标准化的业务手册提供统一标准的服务，从而在发生员工调动进行交接时，尽可能地减少服务的差异，使老人感到放心，同时可以提高业务的效率。

4.标准化业务手册是最好的在职培训教材

对于刚刚来到养老护理服务第一线的新员工来说，好的标准化业务手册就是一本好的教材。许多现代养老服务的先进企事业单位把标准化的业务手册当作在职培训的教材来指导员工，有的员工把标准化的业务手册当作"字典"来使用。

## 第三节 现代养老服务的财务管理

### 一、现代养老服务的经营损益表

现代养老服务业是一个典型的劳动密集型的产业。与社会上任何其他产业相比，现代养老服务业的一个最大的财务特点就是"人力资源的成本特别高"。一般而言，现代养老服务业的人力资源成本高达 60% ～ 80%。一家养老服务机构，如果接受服务的老人（例如入住养老院的老人）达不到一定的比例的话，很可能连雇佣和维持员工的成本都负担不起。

（一）现代养老服务机构的经营损益表

现代养老服务财务管理的一个主要的目的是掌握养老服务机构的经营状态，通过一系列的经营指标来分析和评价养老服务机构经营的变化动向，了解养老服务机构在某一段时期内有多少收益或是出现了多少亏损。在这种场合，往往会使用到"经营损益表"。经营损益表的左侧是养老服务机构的收益，经营损益表的右侧是养老服务机构的费用。

（二）养老服务机构的收益

养老服务机构的收益包括：①为服务对象（老人）提供照料护理服务

和家政服务等的收入，以及为服务对象提供养老服务机构的设施（如房间、床位）和饮食、康复训练等服务所产生的收益；②政府的补贴（如地方政府为鼓励社会资本进入养老服务行业而提供的养老床位补贴、各种奖励资金和赞助金等）。

（三）养老服务机构的费用

养老服务机构在经营活动中所产生的费用有"直接费用"和"间接费用"之分。直接费用包括：①员工的工资报酬和劳动福利等人力资源的成本费用；②折旧费；③其他经费，如土地和房屋的租赁费用、办公用品费、车辆和燃油费、员工的工作服费用等提供养老服务时所需要的各种直接费用。养老服务机构在经营活动中所产生的间接费用主要有：①贷款的利息（养老服务机构从金融机构获得贷款、使用资金所必须付出的代价）；②特别损失（例如向集团总部转付的费用和董事会成员的报酬等）。

**二、现代养老服务机构的经营分析**

（一）现代养老服务机构经营分析的开展方法

要正确地掌握养老服务机构的经营状况，就必须定期对养老服务机构开展经营分析。首先"输入"财务信息（如经营损益表、财务报表）和非财务信息（如接受养老服务的总人数、养老服务时间等），然后进行分析评价等"计算/处理"，评价经营指标的实际数值，并且把实际的数值与本服务机构上一年度的数值进行对比，或与同行业其他养老服务机构进行对比，最后得到"输出"，也就是经营分析的结果，这样可以使得养老服务机构的收入结构和成本结构一目了然。

（二）现代养老服务的主要经营指标

为了改善养老服务机构的经营状况，提高养老服务的经营效率，养老服务机构的经营管理人员应该掌握现代养老服务财务管理的基本知识，同时还要理解和学会应用现代养老服务的经营指标。现代养老服务的经营指标大约有20个，其中最为重要的指标是收支差率、经费率、入院利用率、通所利用率（通所，指敬老院、儿童收容所等社会福利设施）、平均失能度（平均护理强度）、每百位服务对象的护理员人数、每一位服务对象每天的服务收益（销售额）、入院定员每人年间服务收益（销售额）、人力资源成本费率、每位员工的人力资源成本费、每位员工的年间服务收益（销售额）等。

现在把主要的经营指标介绍、说明如下。

1. 收支差率

这是养老服务机构经营的一个重要指标，收支差率越大收益性就越好，说明这个养老服务机构是在盈利。

2. 经费率

经费率又称"费用率"，这个指标表示的是各项经费在总收入中所占的比率。通过这个经营指标可以掌握养老服务机构各项经费的运用是否适当，如果一家养老服务机构的经费率比较高的话，就必须对各项经费的运用情况逐一进行评估。

3. 入院利用率

这个指标主要用来分析和掌握养老院、老年公寓、养老社区等养老服务机构的服务定员（或床位定员）的利用效率，可以从入住老人的平均入院人数的角度进行分析。

4. 通所利用率

这个指标主要用来分析社区养老服务中心的"日间照料服务"的利用率，可以掌握日间照料服务中心的利用效率。

5. 平均失能度（平均护理强度）

服务对象（老人）的失能程度（生活自理能力）不同，所要提供的护理强度也会不同，可以说，这个经营指标对养老服务的经营和收入有很大的影响。所以，要时常把握服务对象（老人）的失能程度的分布状况，从平均失能度（平均护理强度）来把握养老服务机构的服务能力。

6. 每百位服务对象的护理员人数

这个经营指标主要是为了从员工人数的角度把握养老服务机构的服务状况。这里所说的员工人数包括正式雇佣的员工和"钟点工"。

7. 每一位服务对象每天的服务收益（销售额）

这个经营指标主要是为了从对每一位服务对象（老人）提供养老服务所得到的每一天的收益（销售额）来把握养老服务机构的服务状况。而且这个指标根据养老服务的不同项目所提供的服务费、房间费或床位费差额以及使用费的设定而发生变化。

8. 入院定员每人年间服务收益（销售额）

这个经营指标是为了从入院定员每人年间的服务收益（销售额）来把握养老服务机构的服务内容。这个指标会因平均护理强度、入院利用率以及日间照料服务的规模而发生变化。

9. 人力资源成本费率

这个经营指标是为了掌握养老服务机构每一个单位的销售额需要多少人力资源的成本费用。这里所说的人力资源成本费用包括经营管理人员的报酬、员工的工资 / 补贴、奖金、法定福利费、退职金和退休金等。

10. 每位员工的人力资源成本费

这个经营指标表示的是养老服务机构的工资水平，养老服务机构的工资水平对稳定员工队伍、保持良好的服务质量至关重要，而且还要与劳动生产率相对应，以便保持经营的稳定性。

11. 每位员工的年间服务收益（销售额）

这个经营指标会因为养老服务机构的规模而不同，有必要与每位员工的年间工资费用进行比较分析。

### 三、现代养老服务的经营收益性

养老服务机构既要重视现代养老服务的社会性，又要通过经营管理改善自身经营的收益性。换句话说，养老服务机构的经营就是要做到盈利才能可持续发展。养老服务的收益性会因为服务项目的不同而变化。

（一）养老服务机构的收支差率

在日本居家养老支援型服务中，有"访问介护"（上门护理服务）、"访问入浴介护"（上门洗浴护理服务）、"访问看护"（上门医疗护理服务）、"通所介护"（日间照料护理服务）和"通所康复"（日间老年康复训练服务）。在日本入住养老服务机构的服务中，有"短期入所介护"（短期托老护理服务）、"有料老人之家"（类似于中国的民办养老院）和"认知症对应型共同生活介护"（阿尔茨海默病护理院）等。在中国，有不少企业家希望投资"做养老"，但是不知道选择哪个服务项目收益会比较好，以上这些数据可以为中国有意投资养老服务事业的企业家提供参考，当然，还要考虑中国的国情，投资养老服务业"要谨慎"。

（二）养老服务机构的入住率与经营状况

在兼顾养老服务的"社会性"这一特点的同时，养老服务机构的经营要做到盈利才能可持续发展。但是，养老服务机构的经营要做到盈利谈何容易。以最近几年在"北上广"（北京、上海、广州）等大都市圈新建（新开张）的养老院、老年公寓以及大型的养老社区等所谓的养老地产项目为例，开业数年之后，床位利用率（或是入住率）仍然在20%上下徘徊，有的还不到10%，除了政府的床位补贴之类的"收入"以外，大都在"赤字经营"，更谈不上什么盈利了。许多大型养老项目的投资方天真地以为，老龄化社会的养老床位不足，2亿老人的需求量大，政府又有养老床位的补贴，只要把养老项目造出来，老人就会"源源不断地涌入进来"。结果事与愿违。

（三）现代养老服务的盈亏平衡点

如上所述，养老院、老年公寓或养老社区的入住率80%是养老服务机构的盈亏平衡点。在这里，我们为大家介绍一下盈亏平衡点这个概念。

按照一般的解释，所谓盈亏平衡点（Break Even Point，简称BEP）是销售额（养老服务的总收入）线与总费用（提供养老服务的总成本）线的交叉点。在理解了养老服务机构经营的盈亏平衡点的概念之后，养老服务机构的经营管理者就可以根据这个概念制定阶段性的经营目标了。例如，新开业的养老服务机构第一阶段的经营目标应该是争取在开业2～3年之内使得养老服务机构的销售额达到盈亏平衡点，换句话说，就是争取在2～3年之内实现80%的入住率；第二阶段的经营目标是实现80%以上的入住率，也就是说养老服务机构的销售额高于盈亏平衡点实现盈利。

（四）养老服务机构经营的费用成本

养老服务机构经营所产生的费用成本有"变动费用"和"固定费用"之分。所谓"变动费用"是指在养老服务机构的经营活动中，随着销售额的增加而变动的费用成本；而"固定费用"是指在养老服务机构的经营活动中即使是销售额增加也不会发生变化的费用成本。

在养老服务机构的经营活动中，销售额的增加往往意味着服务对象（例如入住养老院的老人）的增加，入住老人增加以后，做饭烧菜的食材费用就会相应地增加，增加的食材费用就属于变动费用。

在社区养老服务中心的日间照料服务的场合，销售额的增加还有可能是老人利用日间照料服务的次数的增加，如果从家里到日间照料中心的老人需要接送的话，那么接送车辆的燃油费就会增加，这也属于变动费用。

在上门照料护理服务的场合，销售额的增加有可能是上门服务的次数或是上门服务的时间长度的增加。家访护理员到老人的家里可能需要交通费，距离越远交通费就会越多，照料护理老人时使用的专业用具和消耗品也会随之增多，这些都属于变动费用。

那么，养老服务机构经营活动中的固定费用又是哪些呢？例如，养老服务机构经营管理人员的工资报酬，员工的工资、福利待遇，以及房屋建筑的租赁费用等属于固定费用，一般而言，这些费用成本不会随着销售额的增减而发生变化。

养老服务机构的销售额增加了，变动费用就会随之而产生。变动费用与销售额的比率就是变动费用率。

总费用（变动费用＋固定费用）线是水平的固定费用线斜上方的这条线，当总费用线在销售额线的上方时，养老服务机构的经营处于赤字状态；经过盈亏平衡点，当销售额线来到总费用线的上方时，养老服务机构的经营才开始进入盈利的状态。

## 第四节 现代养老服务的营销管理

### 一、现代养老服务市场营销的开展

（一）现代养老服务市场营销开展的原因

现代养老服务的市场营销是指在掌握老龄化社会和服务对象（老人）对养老服务的实际需求以及市场竞争状况的基础上，建立和完善可以满足服务对象需求的各种服务功能和服务体制，为提高养老服务机构在老龄化社会的知名度而开展的一系列经营活动。

对养老服务机构的经营管理者来说，现代养老服务的市场营销是一门非常实用的学问。因为这门学问要解答的问题正是养老服务机构的经营管理者所面对或即将面对的实际问题，例如：养老服务机构的营销对象是谁？他们在哪里？他们有怎样的需求？采用什么样的方法可以让服务对象（老人及其家属）知道你的养老服务机构，并且了解你的养老服务机构的魅力？采用什么样的方法可以有效地吸引潜在的老年客户，并且让老年客户签约入住你的养老服务机构？现代养老服务的市场营销既需要战略也需要战术。

（二）现代养老服务市场营销的三大步骤

一般而言，现代养老服务的市场营销管理有以下三大步骤：第一个步骤是"收集市场信息"，第二个步骤是"调查／访问"，第三个步骤是"分析／决策"。

（三）现代养老服务的市场信息的收集

现代养老服务市场营销管理的第一步就是通过收集市场信息掌握市场动向。例如，在市场信息方面，我们应该了解本养老服务机构所在地区的特点、所在地区的潜在的服务对象（老人）的数量、所在地区的市场规模等相关信息。

政策法规也是现代养老服务市场营销管理不可忽视的重要信息，国家和所在地方的有关社会养老服务体系建设的政策法规、扶持民间社会资本进入养老服务领域的优惠政策和鼓励措施，以及对养老床位的财政补贴等信息，会直接对养老服务机构的运营和市场运作的大方向产生重要的影响，所以，应该加强对这方面信息进行收集和分析的工作。

许多养老服务机构的经营管理者对政策法规的信息有一定程度的把握，并且懂得如何根据这些信息获得所在地区的财政补贴（如养老床位补贴），或如何享受优惠政策。但是，对所在地区内的市场竞争的状况往往知之甚少。这个地区（市、区、乡镇）有多少养老服务机构？这些养老服务机构的分布情况如何？它们的服务有什么特色？这些养老服务机构的床位数和入住率如何？这些就是市场竞争信息。现代养老服务市场的营销管理应该注意收集市场竞争信息为本服务机构的决策提供参考。

（四）现代养老市场的调查与走访

现在是网络时代，网络上信息泛滥，似乎"要什么有什么"。但是，现代养老服务营销管理所要收集的市场信息仅仅靠上网"海量搜索"是无法获得的。现代养老服务营销的一个主要的特点就是采用科学方法进行调查和走访，换句话说，调查和走访是需要科学方法的。我们要掌握经营决策所需要的市场信息，就必须知道从哪里可以获得信息，这就是"信息源"的问题。找到"信息源"以后就可以知道调查和走访的对象是谁，他们在哪里，应该采取什么样的方式去对他们进行调查和走访。

1. 政策法规实施细则的调查

现在，政府办公透明度不断提高，有关养老服务的政策法规、扶持民间社会资本进入养老服务领域的优惠政策和鼓励措施等许多政策信息都会第一时间公布在政府的网站上，但是，对于这些政策法规的实施细则和具体运作，还是需要通过实地走访主管部门才能够获得详细的信息。

2. 所在地区特点的调查

每一个地区的经济、产业、社会发展都会有自己的特点，这些特点会直接影响到社会人口的结构，例如，有的地区社会老龄化的比例比较高，有的地区（如"高新区"）的人口结构比较年轻。同样是老龄化人口比较多的地区，老人群体的特点也会不同，某一个老龄化程度比较高的地区的老人群体可能以75岁以下的比较健康的群体为主；而另一个老龄化程度比较高的地区的老人群体可能以75岁以上的高龄老人为主。更重要的一点是，不同地区的经济发展水平和收入水平也各不相同，有的地区富裕阶层比较集中，有的地区以工薪阶层为主。这种地区性的差异会导致对养老服务需求的不同以及对养老服务的支付能力的不同。我们只有通过走访调查才能够客观地掌握这些信息。

3. 潜在的服务对象的调查

养老服务机构应该通过走访调查获得潜在的服务对象（老人）的第一手信息。这些信息包括养老服务机构所在地区的老龄人口的推移、老龄化比例、失能和半失能老人的比例、"空巢"老人家庭的比例等。在了解某一地区的养老市场需求方面，我们可以在获得区、县、街道和乡镇等地方政府基层单位的合作的情况下对所在地区的老人进行问卷调查或走访调查，从而掌握老人对养老服务实际需求的第一手资料。

4. 市场竞争动向的调查

同一地区其他养老服务机构的经营状况、所在地区新建养老服务机构的计划等对自己的养老服务机构的经营会产生直接或间接的影响。目前，国内的养老院如雨后春笋般地出现在网络上，但是，网站内容基本上大同小异，或是大家都一样的政策法规信息，或是大家基本上没有什么差异的养老院广告信息。换句话说，想要从网络获得市场竞争动向的信息几乎不可能。如果

"财大气粗"的话可以花钱雇佣市场调查公司调查收集同一地区同行的"情报"，但是，大多数的养老服务机构规模并不大，资金也并不是那么充裕，雇不起市场调查公司，所以只有靠自己的劳动走访调查。例如，让自己的营销人员乔装成老人的子女走访同一地区的养老服务机构"收集情报"，就是一种"经济实惠"的手段。

（五）"养老服务商圈"与市场营销

在通过市场信息的收集和走访调查掌握了本地区有关养老服务的政策法规、所在地区的特点、潜在的服务对象及其对养老服务的实际需求，以及市场竞争的动向的前提下，市场营销管理进入第三个步骤，也就是分析市场信息并对本服务机构的市场营销做出决策的步骤在这里，我们首先要为大家引进"养老服务商圈"的概念。

一般而言，所谓"养老服务商圈"是指养老服务机构为老年客户提供养老服务、开展营销等商业活动的地理范围。大型连锁超市、连锁经营的快餐店、连锁经营的便利店都有自己的商圈和"区域营销战略"；同样，养老服务机构要尽快达到经营的"底线"（80%入住率的盈亏平衡点）而后实现盈利，就必须明确地界定自己的商圈，建立起自己的"区域营销战略"。

1. 明确界定"养老服务商圈"

现代养老服务的市场营销管理一定要建立起"养老服务商圈"的概念。为此，要在对市场信息进行分析、对养老服务机构的营销进行决策的过程中从地理位置上明确自己的商圈范围，而且要对自己的商圈情况了如指掌。

换句话说，现代养老服务营销管理的第一个步骤"市场信息的收集"和第二个步骤"调查与走访"应该针对自己界定的商圈范围进行。随着养老服务信息化的发展，市场上出现了各种各样的"养老服务商圈软件"，这些软件可以实现"养老服务商圈的可视化"，把特定商圈的人口老龄化比例、失能老人比例、"空巢"老人家庭比例、经济收入和消费水平、老人及其家属对养老服务的需求动向、潜在服务对象（老人）的分布情况、其他养老服务机构的布局情况和入住率等信息一目了然地显示在计算机屏幕上。

2. 掌握自己的经营现状

养老服务机构在对自己所界定的养老服务商圈了如指掌的情况下，反过来审视自己，对自己的服务特色、提供服务的能力、人力资源、财务状况进行客观的评估，进而为开展营销活动的决策提供可靠信息。

3.战略决策

在明确界定自己的养老服务商圈，对这个商圈的市场信息了如指掌，并且对自己的经营状况也有了客观分析之后，也就是在"知己知彼"的情况下，经营管理层就可以对养老服务机构的发展方向和营销战略做出决策。

**二、中国现代养老市场的市场需求分析**

在市场环境的分析中，我们为读者揭示了三个变化的趋势：50后和60后（其中有不少是独生子女的父母）快速老龄化、家庭结构变化和"空巢"家庭增多以及"后期高龄老人"比重上升。市场是在有需求又有供给的情况下发展起来的，可以说，以上这三个环境的变化因素会直接地影响养老市场的需求和供给，也就是影响养老市场的动向。

（一）从软件、硬件和信息化的三个细分市场看养老市场的现状

要制定现代养老市场的成功战略，还必须把握市场的动向。我们可以从软件（养老服务）、硬件（养老护理用品与设备）和信息化这三个细分市场来分析市场的需求和供给的动向，从而把握现代养老市场的商机。

仅就现代养老市场中的软件（服务）来看，无论是居家养老服务还是机构养老服务，或是支援性养老服务，可以提供给老人挑选的项目还很少，要丰富起来尚需时日。

（二）传统的养老模式向现代养老市场转型才刚刚开始

中国正处于从传统的养老服务模式向现代养老市场转型过渡的阶段，传统的养老模式与现代养老市场的最大区别在于，前者主要是政府主导的社会福利性、公益性的非竞争、非营利的事业，强调的是社会效应，它有行政管理而无经营行为；后者是企业法人充当主角的、在兼顾社会效应的同时重视经营成果的竞争性、营利性的活动，不但需要现代化的管理，而且需要现代化的经营。

（三）转型过渡中的八个困难局面和八个商机

中国正处在转型过渡的阶段，中国的养老面临着以下八个困难局面，而这八个困局也正是我们借鉴其他国家的成功经验，开拓中国现代养老市场的商机所在。

①中国"未富先老"，65%以上的城市老人依靠养老金养老，他们对

养老服务和养老护理用品的购买能力不高，老人 80% 的消费用于食品、服装和保健品等基本生活用品上。

②整个社会可以提供的养老服务的数量少、种类少、质量差。

③居家养老面对"4+2+1 家庭结构"，护老族无法承担照料护理自家失能老人的重任，"空巢"老人数量逐年增加，居家养老的社会支援体系尚未建成。

④机构养老的现状是：一方面，公办的、价格比较低廉的养老院供不应求，民办养老机构刚刚发展起来，鱼目混珠，养老床位明显不足；另一方面，养老地产还没有政府主管部门的法规制度的引导和规范。

⑤不仅养老护理员队伍数量远远不足，且养老院院长、管理人员以及护理员三个层次的人力资源整体素质低，现代养老教育培训体制尚未形成。

⑥照料护理的基础知识和技术没有得到普及和推广应用，失能半失能老人无法得到科学的照料护理。

⑦整个社会还没有认识到通过老化预防和老年康复，减少失能半失能老人数量的必要性和可行性。失能半失能老人数量增加的势头毫无减缓。

⑧社会和家庭还未重视如何提高老人养老生活品质的问题。

### 三、中国现代养老市场需求的扩张与新的商机

（一）中国现代养老市场的供给量和种类的变化

中国现代养老市场的需求发生量变主要表现在：①市场对养老服务和养老护理用品需求数量的增大；②市场对养老服务的项目以及养老护理用品需求种类的增多。以现代养老市场中的养老服务这个细分市场为例，养老服务的数量和种类将随着"后期高龄老人"比重的大幅度上升而从现在的"传统的、单一的、少量的"向"现代的、丰富多样的"做深度和广度的扩张。

现代养老市场经深度和广度的扩张而形成的"增量的服务"和"多样化的服务"就是新的市场空间，这个空间需要发展现代养老产业来填补。这个新的市场空间对企业家来说就是新的商机。

（二）市场领域：新型养老地产及其成功的商业模式

现代养老市场经深度和广度的扩张而形成的"增量的服务"和"多样化的服务"就是新的市场空间，对房地产建筑行业的企业家来说就是新的商机，因为，这个巨大的商机包括开发养老地产的商机。新型养老地产是今后

5 ~ 10 年养老服务的增量和多样化的重要选项。

1. 养老服务多样化：创造"后期高龄老人""搬家"的新需求

在建设社会养老服务体系的方针上，许多地方推出了"9064 模式"（90% 的老人居家养老、6% 的老人社区养老、4% 的老人入住养老服务机构养老）。这个理想化的方针首先会面临这样一个困难局面：居家养老面对"4+2+1 家庭结构"，护老族无法承担照料护理自家失能老人的重任，"空巢"老人数量逐年增加，居家养老的社会支援体系尚未建成。今后 5 ~ 10 年，只有老年夫妻两人的家庭或老年夫妻只剩一方的独居老人家庭增多，而且，随着"后期高龄老人"比重的上升，当老人生活不能自理（失能或半失能）或患有老年认知症（阿尔茨海默病）时就需要得到照料护理。

在这种情况下，目前老人可以做出两种选择：一是继续住在自己的家里依靠社区提供居家养老服务（但是，服务相当单一，而且不专业）；二是从自己的家搬出入住养老院（但是，公办的进不去，民办的鱼目混珠）。今后，新型的养老地产可以为这样的老人提供第三个选项，那就是"搬家"，从原来的家搬到配备医疗和养老护理服务的、能让自己放心地终身居住的新家。

在城市，大约有 76% 的老人住在"个人房产"的家里，如果能够提供新型养老地产这个选项的话，住在个人房产的家里的老人大约有 30% 会考虑"搬家"到配备医疗和养老护理服务的、能让自己放心地终身居住的新家。问题是我们如何创造这个"搬家"的需求。

2. 新型养老地产：市场定位的战略

新型养老地产能否创造"后期高龄老人""搬家"的新需求，关键就在于它的商业模式。我们根据大量成功案例归纳出新型养老地产中获得成功的商业模式所必须具备的三大要素。它们分别是：①目标市场的选定；②商品（住宅加医疗养老服务）的设计；③战略合作伙伴的选择。

在目标市场的选定方面，我们在老人经济状况、健康状况与中国现代养老市场的需求结构的分析中，为读者提示了一个金字塔形状的市场需求结构。金字塔的顶端部分是富裕阶层的需求，这个部分占整个市场需求的 10%，但是在价值量上所占到的市场比重达到 40%；金字塔的中间部分是中等收入阶层的需求，所占的比例达到 60%，但是在价值量上所占的市场比重大约为 50%。"做高端"还是"做中端"？这就是目标市场选定的问题。

新型养老地产的价格弹性大，价格提高了需求面就变小，价格下降了需求面就会扩大。

因此，开发新型养老地产项目，在选定目标市场的决策过程中要充分考虑到老年消费者阶层区分的因素。

# 第五节 现代养老服务的风险管理

## 一、养老服务机构的事故与风险

中国跑步进入老龄化社会，为了满足老人对照料护理服务的需求，养老服务行业作为新兴的服务业在政府的大力支持和鼓励下得到了迅速的发展。与此同时，在养老服务的第一线，养老服务的事故和风险也随之增多。

（一）养老服务中事故与风险的分类

在养老服务第一线中发生的事故或存在的风险大致可分为以下两大类。

1. 可以杜绝的事故和风险

如果养老院能够遵守养老服务机构服务质量标准以及老年人建筑设计规范，如果主管部门的监管到位，那么，养老院火灾这类事故和风险是完全可以杜绝的。

在养老服务的第一线，通过加强经营管理而可以杜绝或大幅度减少的事故和风险又可以分为两大类：一类是养老服务机构经营管理层面的"管理制度不健全、管理失职"所造成的事故和风险，例如，养老院火灾就是经营管理层唯利是图、玩忽职守、管理失职造成的；另一类是养老护理员在照料护理老人时操作失误，或护理员素质低，缺乏专业知识造成的，当然，护理员操作失误的原因很大一部分还是在经营管理上面，例如护理员的教育培训不到位、没有养老服务操作规范可以遵循等。

2. 比较难以消除的事故和风险

一般而言，接受养老服务的老人主要是身心功能和认知功能开始衰退、生活自理能力逐渐下降而需要照料的老人。可以说，这些老人的日常生活本身就隐藏着这样和那样的风险。如果患有老年骨质疏松症的老母亲在养老服务机构跌倒摔伤了，或者患有阿尔茨海默病的老父亲入住养老院以后徘徊走丢了，那么，老人日常生活中的"风险"就很有可能变成养老服务机构一方的"责任事故"。如果这类事故被界定为养老服务机构一方的责任事故的话，养老服务机构就要承担相应的法律责任了。可以说，老人日常生活中的风险是随时存在的，养老服务机构即便努力也很难彻底消除这类风险。

（二）养老服务事故与养老服务风险的区别

一般而言，在养老服务第一线会出现养老服务事故，也存在着养老服务风险。在这里，我们为大家解释一下这两者的区别。

1. 养老服务事故

养老服务事故是指在养老服务的第一线为老人提供养老服务的全部过程中（无论养老服务机构、养老护理员是否负有责任），导致老人身上出现身体性和物理性的伤害。至于在养老服务的过程中发生的事故，主要是指接受服务的老人摔伤骨折、出现内出血、表皮脱离、火伤、擦伤、呕吐、痢疾、发热、误饮（异物）、误服药物、食物中毒、患上感染症、外出徘徊、自杀身亡等关系到老人身体的一系列事故。在这里还要对养老服务事故和养老服务事件做一下区分：养老服务事故很可能是偶然发生的，具有偶然性的特点；而养老服务事件，人为的因素比较大，具有"意识性、意图性"的特点。

2. 养老服务风险

养老服务风险是指不限于养老服务的过程而发生的，包括养老服务事故在内的，可能对养老服务机构的运行管理带来危害的事故或事件。例如，地震、台风、水害等自然灾害，火灾、劳动灾害、房屋老化或设备故障导致的事故，经营管理人员或一般员工的违纪违规导致的经营风险等。

一般而言，根据养老服务风险产生的原因，可以把养老服务风险分为三类：第一类是由于养老服务机构或养老护理员的原因产生的风险，例如，养老院火灾的风险以及护理员缺乏专业知识和技能而导致的事故；第二类是由于服务对象（老人）一方的原因而产生的风险，例如，老人外出徘徊、入住养老院的老人之间发生纠纷而导致的事故等；第三类是因为环境因素而产生的风险，例如，地震、台风和水灾，以及市场竞争环境的恶化、有关优惠政策的变化等。

**二、养老服务事故的定性化评估**

在养老服务第一线发生养老服务事故的场合，无论事故规模大小，都要根据事故的性质对养老事故进行评估。这个评估就是判别事故属于采取预防措施可以避免的，还是采取预防措施也无法避免的。对养老服务事故的定性化评估分五个等级进行。这五个等级分别是：①因违反操作规范而引起的事故；②因过失而引起的事故；③采用标准的技术性措施可以预防的事故；④采用标准的技术性措施难以预防的事故；⑤无论采用怎样的技术性措施都无法预防的事故（不可抗力）。

在这五个等级中，从性质来分析，因违反操作规范而引起的事故、因过失而引起的事故以及采用标准的技术性措施可以预防的事故属于可以预防的事故。如果发生这三种类型的事故，养老服务机构一方负有重大责任，不但要承担赔偿责任，而且要向出事故的老人的家属认真说明、仔细沟通，从而获得谅解。

在这五个等级中，采用标准的技术性措施难以预防的事故和无论采用怎样的技术性措施都无法预防的事故（不可抗力）属于难以预防的事故。如果发生这两种类型的事故，养老服务机构一方负有的责任比较小，在事故的界定和是否有赔偿责任方面，与出事故的老人家属之间很有可能会产生纠纷。在这种场合，取得家属的谅解是一项比较艰巨的工作。

### 三、养老服务事故的预防与风险管理

对养老服务事故与风险进行分类，并在这个基础上对养老服务机构的事故与风险进行评估，目的就是做好养老服务的事故预防和风险管理。例如，按照"发生频度高低"和"危害性大小"对养老服务第一线的养老服务事故和风险进行归纳整理与综合评估之后，就可以确定事故预防与风险管理的优先顺序。

根据事故发生频度的高低和危害性的大小对事故与风险进行评估后，在事故预防与风险管理时应该采取有效措施的优先顺序可以分为以下四个等级：①必须极大重视，立即采取有效措施进行改善；②应该引起重视，优先进行改善；③必须改善，通过教育、培训改变现状；④维持现状。

（一）养老服务风险管理的四个象限

在对养老服务的风险进行管理的场合，可以根据事故和风险发生频度的高低和影响的大小，把事故预防和风险管理的优先顺序分别显示在四个象限里，横轴为"影响的大小"，竖轴为"频度的高低"。

①在第1象限，是"优先度第1位"的预防和管理。因为在这个象限里，

事故和风险发生的频度高,影响也大。

②在第 2 象限,是"优先度第 2 位"的预防和管理。在这个象限里,事故和风险的发生频度高,但是影响比较小。

③在第 3 象限,是"优先度第 4 位"的预防和管理。在这个象限里,事故和风险的发生频度低,影响也小。

④在第 4 象限,是"优先度第 3 位"的预防和管理。在这个象限里,事故和风险的发生频度低,但是影响大;在对发生频度低,但是影响大的事故和风险进行管控的场合,可以采取购买商业保险的方式"转移风险"。

(二)养老服务事故预防的三大步骤

现代养老服务机构在经营管理中应该建立事故预防和风险管理的体制,并且应制定安全规范和服务操作的规则。在此基础上开展养老服务事故预防和风险管理的基本活动。养老服务的事故预防和风险管理主要有三大步骤。

第一个步骤是通过对全体员工的教育和培训,要求全体员工严格遵守安全规范和服务操作规则,消灭因违反安全规范和操作规则而可能引发的事故隐患。对安全规范和操作规则的遵守应该奖罚分明。

第二个步骤包括三方面的工作:首先是要掌握不同服务对象的风险(例如,老年骨质疏松症、半身瘫痪等与身体功能有关的风险,以及阿尔茨海默病等与认知功能有关的风险);其次是要尽可能地减少护理员在提供服务的过程中因为照料护理动作失误所导致的事故和风险;最后是要定期对养老服务机构的设施、设备和用具进行安全点检,降低因设施、设备和用具所导致的事故和风险。

第三个步骤是开展捕捉潜在的重大事故和风险的苗头的活动,尽可能地发现平时难以发现的危险,进行改善。

# 第四章 智能养老服务的场域与平台

## 第一节 智能养老服务的内涵

### 一、智能养老服务的概念由来

随着科学技术的发展，人们的生产生活方式发生了极大的改变。以高效、快捷、低成本为特点的智能化手段逐步渗透到社会的方方面面，在解决难题、促进发展方面发挥着重要作用。当老龄化来袭，养老问题成为世界各国普遍关注的重大问题，而传统的养老服务无法从根本上解决养老之难题时，自然而然地，人们想到了利用现代信息技术来满足老龄化社会的养老服务需求。为此，一种不同于传统养老服务的新型养老服务模式——智能养老服务迈出了开创性的步伐。

智能养老服务的概念可以追溯到英国生命信托基金会提出的"智能居家养老"，当时被称为"全智能化老年系统"，是指老年人在日常生活中不受时间和地理环境的限制，即可享受到高质量、高享受的生活。其核心在于运用先进的管理及信息技术，把与老年人养老相关的诸多主体，例如政府、社区、医院、医护人员等紧密地联系起来。2008 年 11 月，IBM 公司在纽约召开的外国关系理事会上提出了"智慧地球"的概念，随即得到世界各国的共鸣与认可。智慧地球的概念包括物联化、互联化、智能化三个要素，指把新一代的信息技术运用到各行各业，把感应器装到各个物体，形成"物联网"；通过超级计算机和云计算，提升人们的"智慧水平"，最终形成"互联网 + 物联网 = 智慧地球"。21 世纪初期，IBM 公司在其发布的《智慧城市白皮书》中提出"智慧城市"的概念，智慧城市是运用信息和通信技术手段感测、分析、整合城市运行核心系统的各项关键信息，从而对包括民生、环保、公共安全、城市服务、工商业活动在内的各种需求做出智能响应。IBM 定义的实质是用先进的信息技术，实现城市智慧式管理和运行，进而为城市中的人创造更美好的生活，促进城市的和谐、可持续成长。智慧城市的理念是 IBM 公司期望为世界城市发展贡献自己的一份力量的执着追求。在这一倡导之下，世界各地智慧城市的建设风风火火，且一系列"智慧"应运而生，如"智慧社区""智慧交通""智慧医疗""智慧建筑""智慧商务""智慧港航""智慧养老"等。

随着各类新兴科技的加速融合创新与聚变发展，人们的生产生活方式将出现以智能化为标志的新变革。智能社会将作为继农业社会、工业社会、信息社会之后的一种更高级的社会形态加速到来。很自然地，作为智能社会的重要实践形式，把现代信息技术尤其是智能化技术与养老服务结合在一起的"智能养老服务"走到了前台。智能养老服务作为区别于传统养老服务的现代养老服务模式，逐步被人们接受，受到越来越多的关注与研究，并在实践中得到丰富和发展，成为世界各国解决老龄化问题的新途径。

**二、智能养老服务的概念界定**

智能养老服务是现代科学技术催生的新事物，也是未来养老服务发展的新趋势，正处于不断地发展与创新过程中，不仅理论上没有定论，实践中也没有统一模式。因此，智能养老服务的概念并不明晰，对其进行明确的定义也不是一件容易的事情。然而，事物总是在发展中不断完善的，不能因为困难而停止前进的脚步。此处，我们在对前人关于智能养老定义进行梳理的基础之上，大胆地提出了智能养老服务的定义，同时，把与之相关的几个概念进行了介绍，以便读者更好地理解本书的内容。

（一）智能养老服务的定义

一般认为，养老服务是针对老年人的服务总称，其概念有广义和狭义之分。此处指广义的养老服务，既包括为老年人提供基本的生活照料、医疗保健、康复护理、精神慰藉等服务，也包括为老年人提供家政服务、心理咨询、老年旅游、老年理财、老年教育、老年用品等一系列老年人所需求的产品和服务的总称。而对于智能养老服务，目前并没有统一的定义。智能养老服务的核心在于运用先进信息技术为老年人提供养老服务，这里有必要先对智能养老的定义做一个梳理。

智能养老，也被一些学者定义为智慧养老，两者有何区别，目前尚无定论。朱勇和左美云是国内对智慧养老和智能养老研究起步较早的两位专家。智慧化养老是利用物联网技术、整合智能感知技术、识别技术和计算机技术，让人们最大限度地实现各类传感器和计算机网络的完整连接，让老年人的日常生活（特别是健康状况和出行安全）能被子女等远程查看。智慧养老是指利用信息技术等现代科学技术（如互联网、社交网、物联网、移动计算等），围绕老人的生活起居、安全保障、医疗卫生、保健康复、娱乐休闲、学习分享等各方面支持老年人的生活服务和管理，对涉老信息自动监测、预警甚至主动处置，实现这些技术与老年人的友好、自主式、个性化智能交互，一方面提升老年人的生活质量，另一方面利用好老年人的经验智慧，使智慧科技和智慧老人相得益彰，目的是使老年人过得更幸福，过得更有尊严，过得更有价值。

其他学者也纷纷结合研究，从不同的视角及观念出发，提出了智慧养老的定义。如上海交通大学的郑世宝认为，智慧养老即充分利用信息化、智能化技术，如物联网、云计算和移动互联网等技术，实现全方位、线上线下、综合性、医养结合的养老服务。智慧养老是计算机技术、网络技术、智能控制技术、通信技术和老年服务技术的综合运用，是没有围墙的虚拟养老院，是为老年人提供安全、健康、舒适、便捷服务的现代化养老模式。其核心理念是在对老年人生活及精神需求区分的基础上，运用智能设备实时传递需求与风险信号，达到需求识别、风险预警和即时服务的目的。智慧养老就是利用物联网的技术实现采集、汇聚、分析老龄人口的身体状况、养老需求以及安防监控等信息，从而对紧急救助、生活照料、家政服务、健康预警、远程诊疗、物流配送等各种养老服务需求做出智能响应。智慧养老旨在利用互联网、物联网、大数据、云计算等技术，增强养老服务的物联化、互联化和智能化，通过面向居家老年人、社区老年人及机构老年人的物联传感系统与信息平台，为老年人提供实时、快捷、高效、低成本的养老服务。智慧养老是运用计算机网络技术、物联网等现代科学技术，通过各类传感器，结合传统家庭、社区、机构养老等养老方式，将各方紧密联系起来，满足老年人的物质与精神需求，致力于为老年人打造更加健康舒适、安全便捷的环境的新型现代养老模式。智慧养老是指利用先进的互联网、云计算、可穿戴等新一代信息技术手段，构建面向家庭养老、社区居家养老和机构养老的物联网系统与信息平台，整合政府、社会及社区家庭的资源，为养老提供更便捷、高效、灵活的公共管理创新服务模式。智慧养老应是通过物联网、互联网等信息技术，搭建起信息资源集聚的平台，社会成员通过这一平台提供给需要养老服务的老年人以广泛支持，使老年人切实享受到安全、便捷、健康舒适的养老服务。智慧养老就是利用物联网技术，通过各类传感器，使老年人的日常生活处于远程监控状态，以维护老年人生活的安全和健康。其核心在于用先进的管理和信息技术，比如传感器、移动通信、云计算、Web服务、智能数据处理等技术手段，将老年人、社区、医疗机构、医护人员，甚至政府相关机构等紧密联系起来。智慧养老是指利用移动互联网、物联网、云计算等新一代信息技术，以及可穿戴设备、智能终端等新型智能产品，经大数据的充分挖掘，为全社会打造一个可以进行养老服务提供、养老服务支撑、养老服务分析的综合性养老平台。

通过以上分析和比较研究，可以看到，有学者认定智慧养老是在智能养老的基础之上发展起来的一个概念，其不是单纯地用技术把各个主体联结起来，为老年人提供基本的服务，而是充分运用现代信息技术，为老年人提供全方位的养老服务，注重以人为本，也强调利用老年人的智慧服务社会。从这个意义上讲，智慧养老似乎比智能养老更进一步。

在《现代汉语词典》中，"智慧"的解释只有一种，即名词，指"辨析判断、发明创造的能力"；对"智能"下的定义分为两类，一类是名词，指"智慧和能力"，另一类是形容词，指"经过科技处理、具有人的某些智慧和能力的"。单纯就这两个词语来讲，智能包括智慧，比智慧的内涵更广、用法更多，与养老服务搭配使用更准确。从人类历史发展的阶段来看，走过农业社会、工业社会、信息化社会，未来的发展方向无疑将是——"智能社会"，目前人类已经踏进智能时代的大门。

为了充分体现出智能社会的特点，展现出智能化与养老服务的融合，本书提出智能养老服务的概念。"智能养老服务"即智能化养老服务、"智能化＋养老服务"，主要是指以老年人为本，充分运用以智能化为特征的现代信息技术，为老年人提供物质和精神等全方位的服务，以满足其多层次、多样化及个性化需求，同时注意老年人力资源的开发与利用，以促进老年人安享晚年、老有所乐。

（二）相关概念辨析

智能养老服务是新近流行起来的养老概念，然而，其并非一个孤立的概念，它是与智慧地球、智慧城市、智慧社区的概念相通的，也与智能居家养老服务、智能社区养老服务、智能机构养老服务的概念密不可分。

1. 智慧地球、智慧城市、智慧社区

智慧地球、智慧城市、智慧社区的概念是一脉相承的，智慧城市是智慧地球的实践形式，智慧社区是智慧城市的实践形式，三者形成了以智慧地球作为引领，以智慧社区作为落脚点的"智慧地球—智慧城市—智慧社区"的三级实践体系。

"智慧地球"的概念是 IBM 公司率先提出来的，其概念包括物联化、互联化、智能化三个要素，指把新一代的信息技术运用到各行各业，把感应器装到各个物体，形成"物联网"；通过超级计算机和云计算，提升人们的"智慧水平"，最终形成"互联网 + 物联网 = 智慧地球"。IBM 构想世界将更加智能化、人性化，世界中的个体、群体能够实现有效沟通，人们的生活将更加便利。

"智慧城市"的概念也是 IBM 公司继"智慧地球"的概念之后率先提出的，是指运用信息和通信技术手段感测、分析、整合城市运行核心系统的各项关键信息，从而对包括民生、环保、公共安全、城市服务、工商业活动在内的各种需求做出智能响应。智慧城市的理念是促进城市建设、管理与运营的创新策略与方法，其实质是为了提高城市管理的效率，充分利用各类资源，为人们打造和谐、美好、可持续的城市环境，是城市发展的新思路、新思维。

智慧城市、智慧社区都是智慧地球战略的重要组成部分，是智慧地球战略应用于城市、社区，以解决城市、社区目前面临的复杂问题的有效方案。智能养老服务是智慧城市、智慧社区的重要实践形式，充分体现了智能化信息技术在养老服务领域的应用。

2. 智能居家养老服务、智能社区养老服务、智能机构养老服务

智能养老服务最初起源于智能居家养老服务，事实上，随着现代科技的发展，智能养老服务已经广泛应用于老年人生活的方方面面，包括社区养老和机构养老。可以说，智能居家养老服务、智能社区养老服务、智能机构

养老服务均是智能养老服务的实现场域。

智能居家养老服务是在传统居家养老的基础上，充分运用现代化的科技手段，为老年人提供"线上＋线下"的居家养老服务，使得老年人不受时间和地理的限制，在家中就能够享受到各项居家养老服务，构造"没有围墙的养老院"。

智能社区养老服务是在传统社区养老的基础上，充分运用现代化的科技手段，把老年人及其家庭与社区、政府、医疗机构、养老服务供应商等养老服务供给主体联系起来，整合多方资源，发挥规模效应的作用，为老年人提供质优价廉的社区养老服务。

智能机构养老服务是在传统机构养老的基础上，充分运用现代化的科技手段，对养老机构的软件及硬件进行改造，针对养老机构的服务要求和老年人的服务需求，把老年人与子女、养老机构与医疗机构等专业服务机构联系起来，实现院内与院外的互联互通，为老年人打造一个温馨如家、管理高效、服务专业的"智能"化养老机构。

智能居家养老服务、智能社区养老服务、智能机构养老服务均是智能养老服务的组成部分，是智能养老服务在居家养老、社区养老和机构养老的实践形式，是传统的居家养老服务、社区养老服务以及机构养老服务的转型升级。可以说，未来的居家养老服务、社区养老服务和机构养老服务均是智能化的养老服务。

### 三、智能养老服务的特征及本质

随着科技的发展，智能养老服务的内容将不断扩充，应用范围将不断扩大，使用领域将不断拓展，其概念的内涵和外延将逐步丰富和深化，但无论如何，其所具备的基本特征与本质不会发生根本性变化。

（一）智能养老服务的特征

智能养老服务是现代科技发展的产物，是养老服务发展的新趋势，具有跨时代的意义，其基本特征主要体现在以下几个方面。

1.技术性

智能养老服务依托于现代科学技术，融网络、通信、智能等技术为一体，靠技术的运用为老年人提供服务，与传统的纯粹依托人工进行服务的方式截然不同，是养老服务跨时代的革命与创新。只要是能够为老年人提供服务和能够提高老年人生活品质的新技术、新方法、新产品，都是智能养老服务的必备要素。

2. 智能化

智能养老服务采用当下以智能化为核心的最先进的技术手段，例如精密传感技术、GPS定位技术等，借助于各种智能化设备，例如血糖血压监控器、自助式综合体检机、地面传感器、智能床垫、智能鞋等，实时监测老年人的数据，并根据实际情况，智能化地识别老年人的需求，智能化地提供老年人所需的服务。在智能养老服务的整个流程方面，无不体现着智能化的特征。

3. 交互性

智能养老服务的主体涉及多个方面，既有以老年人为主体的智能养老服务的需求方，又有以商家、社区、医院、社会组织等为主体的智能养老服务的供应方，还有以政府、养老机构等为主体的智能养老服务的管理方。在传统养老服务模式下，三方的交互是单向的、延时的，在现代智能养老服务模式下，三方均可通过智能养老服务的平台或系统进行智能化的联结，实现实时性的交互，使得各方的需求均能在最短时间内得到响应及满足，实现多方合作与共赢。

4. 多样性

智能养老服务为老年人提供的服务是多样的，这既表现在服务老年群体类型方面，也表现在提供的服务类型方面。在服务老年群体类型方面，不同身体状况，不同年龄、性别、民族、兴趣爱好的老年人都能够享受其所需的养老服务，体现出服务群体的多样性。在提供的服务类型方面，智能养老服务不仅能为老年人提供基本的照料与安全方面的服务，还能为老年人提供康健与精神方面的服务，体现出服务的多样性。

5. 综合性

智能养老服务是一个综合性的系统工程，其不仅涉及养老服务的提供，还涉及围绕服务所形成的一系列支撑系统。例如，智能养老产品的研发与使用、智能养老服务平台的开发与运营、智能养老服务的管理与评价等。因此，智能养老服务不仅仅是提供服务，还包括服务提供的方方面面，是一个综合性的复杂系统。

## 6. 有效性

智能养老服务是个性化的服务，也是即时性的高质量服务，因此是有效的。智能养老服务借助于大数据技术，能够精准掌握老年人的状况并提供精准服务。无论什么类型的老年人，需要什么类型的服务，都能通过智能养老进行识别并提供，因此可以满足老年人个性化的服务需求，实现养老服务的私人定制，与传统养老模式中"千篇一律"的服务完全不同。此外，先进技术的使用，使各主体之间的交互具有即时性，效率更高，服务人员的劳动压力与强度相应减小，养老服务的质量也有很大提升。

## 7. 产业化

传统养老服务产业多局限于生活照料、医疗护理、精神慰藉等方面，比较单一。智能养老服务产业不仅立足于传统产业，而且围绕老年人的需求，向各个领域进行拓展。老年地产、老年旅游、老年金融、老年康健等项目层出不穷，智能养老产业链基本形成且正朝着更加多元化的方向发展。

## 8. 一体化

智能养老服务能够有效整合养老服务资源，即时联通相关主体，实现养老服务的一体化。传统养老服务模式中，各主体之间缺乏有效的交流与沟通，政府各部门之间也存在各自为政、信息壁垒等问题。智能养老服务通过数据收集、处理等技术，能够充分挖掘相关资源，并进行有效整合，使之更好地服务于老年人，实现资源的一体化。通过服务平台或系统，政府、企业、社会、社区、家庭、老人等主体间的交互性增强，力量实现整合，服务的提供更加便捷，监督更加公开、透明，从而把各主体更好地联结在一起，共同致力于养老服务事业，实现相关主体的一体化。

## 9. 绿色环保

智能养老服务通过为老年人营造绿色环保的生活环境，提供绿色环保的服务及产品，从而体现智能养老服务的绿色环保。一方面，绿色建筑与智能建筑的结合，打破了建筑的传统设计范式，为老年人提供符合中国实际情况的低成本、无污染、舒适的养老生活环境。另一方面，通过打造先进的产品和服务，节能减排，提高效率，共创绿色环保智能养老。

## 10. 以人为本

以人为本是科学发展观的本质和核心，也是智能养老服务的一个重要特征。通过技术的运用，人在智能养老服务中处于中枢地位，既能够在服务的提供中以老年人为本，把老年人的需求作为出发点，又能够在服务管理中提供人性化的设施与设备，实现科学、人性化管理，以最少的资源最大化地满足老年人的需求。还能把老年人当作一种重要的人力资源进行开发与利用，充分实现老年人的价值，体现对老年人的尊重。因此，智慧养老服务是依托现代信息技术实施的以人为本的新型养老服务模式。

（二）智能养老服务的本质

智能养老服务的本质是对传统养老服务的变革，就是以老年人为中心，充分运用大数据、云计算、5G 技术等最先进的科学技术为老年人提供全方位、方便、灵活、低成本的养老服务，从而满足老年人的各种养老服务需求，使老年人过上有品质、有尊严的生活。具体而言，智能养老服务实现了养老服务从"C2C"（Consumer To Consumer，个人对个人）到"B2C"（Business To Group，机构对个人）再到"G2C"（Group To Consumer，团体对个人）的转变。

"C2C"服务主要表现为居家养老服务，属于"点对点"类型。即老年人在家里养老，聘请专门的保姆或者护工为其提供基本生活照料等方面的服务。该服务的优点主要在于能够提供个性化、有针对性的服务；缺点在于成本高，对保姆或者护工的要求高，护理难度大，双方往往存在相处困难的问题。该种服务模式常常仅适合于部分经济条件较好的退休老人选用。

"B2G"服务主要表现为机构养老服务，属于"机构对个人"类型。即老年人付费后集中居住到养老机构，由养老机构为老年人提供养老服务。该服务的优点主要在于减轻了老年人子女的负担，规模经营降低了一定的成本；缺点在于服务质量参差不齐，服务类型单一，难以提供多样化、个性化的养老服务且服务半径有限，难以满足不同区域老年人的养老需求。该种服务模式属于社会化养老方式，比起"C2C"服务模式有了一定的进步，但同样局限于具备一定经济基础且对服务质量要求不高的老年人选用。

"G2C"服务主要表现为智能养老服务，属于"团体对个人"的类型。即通过利用现代化的科技手段，把各方面的资源集合起来，准确把握老年人的服务需求，为老年人提供个性化、便捷、低成本的服务。该服务模式集合了"C2C"与"B2G"的优点，克服了两者的缺点，有效解决了养老服务资源不足、养老服务效率低下及养老服务质量不高的问题，是未来养老服务的发展新趋势。

## 第二节 智能养老服务的实现场域

### 一、居家养老智能化

随着信息技术和智能设备的发展与普及，以智能家具、智能电器等为代表的智能家居逐渐进入千家万户，极大地便利了人们的家庭生活。这一趋势不仅让一般民众的家庭生活更为高效便捷，也让老年人的晚年生活深受其益。尽管国内智能化居家养老的发展还处于初级阶段、远未成熟，但居家养老的智能化变革在很大程度上弥补了传统居家养老模式的缺陷，极大地提升了老年人的养老体验。

（一）传统居家养老模式的特点与优劣

居家养老智能化的重要意义在于弥补传统居家养老模式的缺陷并进一步发展该模式的优势，因此有必要首先对传统居家养老模式的特点进行考察，并指明其优势与固有的不足之处。

1. 传统居家养老的特点

传统居家养老模式的特点大致可以归纳为以下三点。

（1）以家庭为场域

居家养老顾名思义是指老年人在自己家中度过晚年生活，这是一种最为传统的养老方式，"养老不离家"是居家养老的核心特征。对选择居家养老的老年人来说，他们晚年生活的环境和生活方式与中年时期往往没有显著的区别，因此居家养老能够实现由中年生活向老年生活的平缓过渡，可以被视为老年人家庭生活的延续。

（2）由亲友和社区服务人员提供服务

一般来说，与老年人一同在家中生活的主要是其配偶、子女以及其他亲属，他们同时也与老年人为伴，为老年人的晚年生活提供服务和帮助。也就是说，他们在居家养老模式下是提供养老服务的主体。除了与老人有血缘关系的亲属之外，与老人邻近的朋友、邻里街坊也可能对老人进行帮助和照料。此外，老年人所在社区的养老服务人员、志愿者、社工也是重要的服务主体。总的来说，居家养老以老年人的亲友与所在社区服务人员为服务主体。

（3）以社区为依托

居家养老以家庭为养老的实现场域，而家庭作为社会的细胞，在地理空间和管辖归属层面又位于城乡社区之中。因此，在家庭与家人提供养老服务、链接外部养老资源的能力较为有限的情况下，居家养老更多地依托于社区。一方面，社区为居家老年人提供多种公共服务并链接多种外部的养老资源，为居家养老提供了重要的外部保障；另一方面，老人所在城乡社区的管理者与工作人员、进驻当地的社会工作者等人群依据各自职责与能力为老人提供养老服务与帮助，弥补了家庭成员及亲友在老年人日常生活照料方面的不足。

2. 传统居家养老的优势

传统居家养老作为一种以家庭为核心的养老模式，本身相对于机构养老而言具有一些显著的优势。

（1）居家养老有利于形成熟悉、稳定的环境

以家庭为养老场域意味着老年人能够在自己最为熟悉也最为适应的环境中养老，而不需要去被动地适应新环境，而这种被动适应往往会给老人带来生理或心理层面的多种不适，在现实生活中体现为许多老年人不愿意进养老院。反过来说，相对熟悉和稳定的养老环境更能给老人带来安全感、稳定感和满足感，这种正面的感受与体验对于老年人保持良好的身心状态无疑是十分有意义的。因此，居家养老形成的熟悉、稳定的养老环境是这种养老模式的一个显著优势。

（2）居家养老有利于保持原本的生活习惯与偏好

以家庭为养老场域不仅意味着老年人养老环境的稳定性，同时也意味着老年人能够在养老过程中保持自己原本的生活习惯和生活偏好。一般来说，一个人生活环境的改变也意味着其生活方式和生活习惯的变化。老年人相对于中青年人总体上更为怀旧，他们的生活习惯、生活方式和生活偏好也更难以改变，在这类改变的过程中往往要付出比中青年人更大的成本和代价。居家养老能够在生活层面帮助老年人实现由中年生活向老年生活的平稳过渡，中间几乎不存在生活习惯与偏好的变化，这有利于老年人适应晚年生活。

（3）居家养老有利于亲密情感的维系

对老年人来说，晚年生活不只有吃饱穿暖和有人照料，丰富的精神生活、与亲友间交流及情感维系同样十分重要。居家养老使老人能够生活在"熟人社会"中，每天围绕在周围的都是自己的配偶、子女、其他亲属以及好友、邻里街坊等，老年人能够不费力地与他们沟通、互动、交流，从而保持良好的人际关系和情感维系，这种亲密情感的维系对老年人的身心健康无疑大有裨益。

3. 传统居家养老的不足

传统居家养老模式具有许多优点，这并不意味着该模式适合所有的老年人，其缺点也比较明显，主要体现在以下三个方面。

（1）养老服务流程缺乏专业性、科学性

在传统居家养老环境中，自理能力较强的老年人往往不需要他人照顾，生活难以自理的老年人则多由其配偶、子女等亲属负责照料。不论是老人自己还是亲属，他们大多凭生活经验和民间流传的知识去照顾老人，大多未接受过系统的护理、日间照料等相关的专业培训，许多人缺乏营养学知识甚至是急救常识，更难以如专业人员那样为老年人提供专业化、科学化、系统化的服务。因此，居家养老的有关流程并未经过科学设计，照料老人的流程安排乃至照料细节容易流于粗糙，相对于机构养老而言，在养老服务设计的科学化、服务供给的专业化程度上存在明显不足。

（2）养老服务资源与信息获取碎片化

在传统居家养老模式下，老年人的配偶、子女等亲友不仅负责老年人的生活照料与情感交流，同时还要为老年人获取养老服务资源和信息，例如代替老年人与社区联系沟通，帮助老年人办理各种福利与保障，与助老社会组织联系以获取必要的信息等，在这一方面居家老年人能获取的资源与信息往往呈"碎片化"状态。

（3）多种趋势加剧家庭养老功能的弱化

随着经济社会的高速发展，呈现出了一系列不利于维持居家养老模式的趋势。一方面，中青年工薪、白领阶层常常面临着繁重的工作压力，以程序员"996"为代表的工作模式延长了劳动者的工作时长，进城务工者甚至一年仅能见年老的父母一面，他们都难以抽出足够的时间和精力去照顾老人，子女陪伴的减少使得居家养老的作用与效果大打折扣，甚至使"养儿防老"沦为一句空话；另一方面，从宏观层面来说，我国人口老龄化的加深与新生婴儿数量的减少趋势使居家养老的重要基础——子女的数量减少，从长远来看，进一步削弱了家庭的养老功能。

（二）智能化技术在居家养老中的实现与应用

居家养老智能化与传统的居家养老模式相比，最为显著的不同在于其在居家养老环境中引入了智能设备、智能家居等硬件设施与智能化平台等软件，将智能化技术运用于居家养老服务中。通过智能化、信息化技术的作用发挥，实现家庭养老的改进与进化。

1. 智能安全设备

智能安全设备在居家养老领域的应用主要体现为家庭安防、生理监测等方面的智能化，按功能和作用具体可以划分为呼叫定位类、安防类、健康监测类共三类。其中呼叫定位类设备用于老人紧急呼叫与地理定位，主要包括固定式一键呼叫设备、SOS 警报设备、"红绿键"等有线呼叫终端；无线呼叫器、无线双向通话设备等无线式、穿戴式呼叫终端；GPS、LBS 或北斗定位设备；以及集多种功能于一身，较前述各设备性能更为强大的智能手机、平板等无线终端。安防类设备用于防范非法入侵与人身安全风险，主要包括智能摄像头、防盗报警器、水泄漏报警器、燃气报警器、烟感报警器等设备，此类设备通过连入互联网、与手机配对等方式提高其智能化水平。健康监测类设备用于检测、监测老人的身心健康状况，主要包括心率监测仪、睡眠质量测量仪、计步器、血糖仪、血压计、血氧仪、体重计、体脂计、睡眠监测仪等，此类设备通过与手机 APP、互联网连接可实现数据实时记录、更新、从云端上传下载等功能。

2. 智能家居

智能家居是以住宅为平台，利用综合布线技术、网络通信技术、安全防范技术、自动控制技术和音视频技术将家居生活有关的设施集成，构建高效的住宅设施与家庭日程事务的管理系统。如果说智能安全设备是以老年人的人身安全与生理健康为中心的话，那么智能家居就更倾向于对居家环境的智能化改造升级。以华为、小米、腾讯等互联网巨头为代表的企业围绕智能手机、平板电脑、智能电视、智能路由器等智能化产品构筑智能家居生态链与生态圈，实现居家生活的体验升级。

以智能音响为例，智能音响虽然是一种面向全年龄群体的智能终端产品，但其具备的许多智能化功能尤其有助于老年人居家生活。例如有的老年人记性差、易忘事，智能音响的定时提醒功能能够替老人计时、备忘并在需要时提醒；而智能音响与互联网络连接的特性又决定了其能够为老年人提供时事新闻、天气预报、股市行情、生活资讯等丰富的信息以及音乐、有声书、相声评书等海量的影音内容，在智能性和便利性方面远远强于电视和收音机；在智能电视、智能窗帘、扫地机器人、智能照明设备等其他智能家居的配合下，智能音响还能变身无线控制中枢，通过语音控制调节电视、窗帘、扫地机器人和电灯等智能化家居的运行。这一切都使得家用电器的智能化和易用性水平有了飞跃式的提升，极大地优化了老年人的日常生活，促进了老年人生活品质的显著提升。

3. 云平台与物联网

智能安全设备与智能家居为老年人实现居家养老提供了多样化的功能与服务，这种服务直观地体现在硬件层面。而在软件层面，综合控制、管理、调度这些设备的系统主要是各个互联网企业建立的云数据平台，以及更为先进、智能的物联网。云平台不仅能够发挥类似于网盘的文件存储功能，更能将智能家居获取的信息、用户的个人设置等存储在"云端"，实现信息的无线即时同步和智能家居的统一调度。

物联网的高速发展可谓重新定义了"智能家居"这一概念，将智能家居从过去的"数字家庭"升级到了"智慧家居"这个新的层次。从概念上来说，物联网是"通过射频识别（RFID）、红外传感器、全球定位系统、激光扫描等信息传感设备，按约定的协议，把任意物品与互联网连接起来，进行信息交换和通信，以实现智能化识别、定位、监控和管理的一种网络"。物联网的支撑技术融合了多种高新技术，家居设备经过传感器联网技术遍及大部分子系统，很多智能家居的子系统可以被视为物联网形态。在物联网这一概念尚未正式提出之前，智能家居实际上仍以"数字家庭"为主导，即将多种家用电器通过计算机技术和互联网技术进行互联，以实现各类数据快速便捷地交换，这个时期的家居生活还处于对数据的获取阶段。而物联网兴起之后，其发展概念有了很大的飞跃，智能家居由被动的数据接收转为主动的控制与交互，通过多种信息传感设备，按约定的协议把任何物品与互联网连接起来进行信息交换和通信，以实现智能化识别、定位、跟踪、监控和联动报警管理，从而促进智能家居向更高层次发展。

云平台与物联网的高速发展让居家生活的方式特别是与家电、家具的交互方式发生显著进步，从而实现了居家养老的飞跃式发展。

（三）居家养老智能化的优势

传统居家养老模式具有其特定的优势，包括提供相对熟悉的环境，有利于保持一直以来的生活习惯以及维系亲密关系；也存在一定的不足和缺陷，包括养老流程不够专业化、科学化，养老服务资源与信息获取碎片化，以及人口老龄化等趋势造成的家庭养老功能弱化。居家养老的智能化发展在一定程度上缓解乃至解决了传统居家养老模式的不足与"痛点"，塑造了居家养老的新样态，具体体现在以下四个方面。

1. 促进居家养老专业化、科学化

传统的居家养老服务在专业性、科学性水平上有明显的不足，而智能化居家养老在一定程度上弥补了这一不足。如果说传统的居家养老服务流程是老人自己或其亲属安排的结果，因而缺乏科学性与专业性，那么智能化的居家养老服务则能够介入这一过程，提高居家养老的科学化水平。最典型的例子是智能健康检测设备能够在检测到老年人健康数据的同时在后台进行检索，并依据检索结果对照预设的服务方案就饮食、起居、医疗等方面提出建议，甚至为老年人设计养老规划。此类功能的背后往往有养老、医疗领域的专业知识的积累与专家团队的支持，从而使智能化居家养老较传统的居家养老模式有更强的专业性与科学性。

2. 促进居家养老设施设备的智能化与便利化

居家养老的智能化趋势的一个显著优势在于推动了居家养老设施设备的智能化与便利化，提高了家用电器、生活用品、安防设备等的便利性与易用性水平。这种便利性与易用性既让享受居家养老的老年人获益，也让为老年人提供养老服务的子女、亲友、医护人员、社工等获益。例如，智能安全设备在居家养老生活中的广泛应用，实现了安防设备、健康监测设备、呼叫定位设备等的智能化，一方面能够为老年人的养老生活提供更为全面的安全保障，实现设备响应的联动性、即时性，让智能安全设备成为老年人身边的

"守护神";另一方面也为老年人的子女、亲友、医护人员等人群监测老年人身心健康、关注老年人生活状态提供了便利化手段,因而在居家养老环境中具有显著的价值。再如,智能家居所具备的强大的数据运算与传输能力,结合语音控制、手势控制、面部识别、眼球识别等新技术能够为老年人带来更为时尚、新奇的生活体验,极大地便利了老年人的家庭生活,弥补了传统家用电器、生活用具使用不便、不够智能的缺陷,让老人解放双手、降低家务劳动的强度和频度,减轻了老年人对家人的依赖程度,甚至实现了"动动嘴""挥挥手"就能满足生活需要,这些对于行动不便、记忆力减退、生活自理不便的老年人无疑具有重要的实用价值。居家养老智能化意味着以智能设备与网络部分地代替人力,这种代替一方面体现在智能设备与智能家居的运作代替了老年人自己的行动,另一方面体现为智能设备部分替代了照顾老年人、为老年人提供居家养老服务的家属、亲友及社工的工作,让他们能够从智能设备涉及的工作中脱离出来,专注于从事智能设备无法取代的事务。

3. 促进养老服务信息与资源整合

居家养老智能化的另一显著优势在于促进了养老服务信息与资源的整合。居家养老的智能化发展将云技术、物联网、"互联网+"、5G网络、人工智能等高新技术融入居家养老服务中,提高了相关信息接收、发送、存储与传输速率,从而促进了养老服务信息的高效利用。同时,信息的高效传递又使其能够统合在云计算平台或信息中心,提高了信息的整合程度。养老服务信息不仅能够在家庭网络内部、家庭网络与互联网企业的信息库之间高效传输,也能被上传到社区的养老服务综合信息平台,实现居家养老的实时数据在社区层面的集中与整合,提高社区提供养老服务与保障的效率。

居家养老智能化不仅有助于实现养老服务信息的整合,还有助于养老服务资源的合理配置与整合。国务院于2019年8月21日召开国务院常务会议,决定部署扩大养老服务供给,促进养老服务消费。民政部也于2019年9月20日发布了《关于进一步扩大养老服务供给,促进养老服务消费的实施意见》,充分体现了国家对扩大养老服务供给的重视。在养老服务资源总量日益供不应求、优质养老资源严重稀缺的宏观背景下,实现养老服务资源的高效调配和合理配置,实现养老服务供求匹配,有助于缓解人口老龄化与资源有限性之间的矛盾。智能化居家养老在养老服务信息整合的基础上能够进一步推动养老服务资源——包括政府资金投入、社会捐助、社区服务项目收入的再投入等财力资源，老年人社区照料中心、社区娱乐场所、社区公共卫生资源等物力资源，专业养老服务人员、社工、志愿者等人力资源的有效整合、优化配置和充分利用。

### 4.提高养老服务质量与管理效率

居家养老智能化能够进一步提高养老服务质量与养老工作的管理效率。典型的传统居家养老服务流程主要按照以下流程进行：首先由老年人主动提出服务需求，之后由社区派人上门提供服务，最后服务人员返回社区并进行备案记录。这一服务流程的问题在于缺乏来自服务对象的评价和反馈，从而导致社区对养老服务质量和效果了解不全面甚至完全不了解，更不能正确、及时地把握老年人的后续需求，最终导致服务效率降低。智能化居家养老通过"互联网+"的引入，可以借助信息技术构建养老服务综合信息平台，通过数字化手段掌握老人的基本情况，将老人的基本信息、健康状况、服务需求录入系统，形成完整的居家养老服务数据库。政府和社区通过共享数据库，将老年人的服务需求和养老服务供给对接起来，从而有针对性地提供服务，实现养老服务资源有效配置，最终提高养老服务质量与养老资源管理效率。

### （四）居家养老智能化的阻碍与问题

居家养老智能化体现了传统居家养老模式与机构养老模式所不具备的优势，但当前这一新型养老模式在我国的发展总体上仍处于初级阶段，存在一定的局限性，智能化养老也面临着政策、观念、技术等层面的阻碍，需要进一步提升与改进。

### 1.体制机制、发展模式与技术尚不成熟

智能化居家养老模式作为对传统居家养老的智能化改革，作为一种新兴的养老方式，本身的发展仍处于早期阶段，在体制机制、发展模式、技术水平等方面还不够完善、成熟。

### （1）体制机制不完善

随着智能化养老产业的兴起与发展，近年来在该领域形成了一系列规范指导和要求。中国老龄产业协会、全国老龄办华龄中心联合发布《全国智能化养老试验基地智能化系统技术导则》（以下简称《技术导则》），从建设设施、物业管理、健康管理、生活服务、照护服务和文化娱乐六方面，提

出行业的智能化系统标准。《技术导则》等一系列文件的出台标志着我国智能化养老开始走向制度化与规范化，但相关法律法规和制度规范特别是针对智能化居家养老的法律规范尚不完善。

（2）发展模式不成熟

智能化居家养老所提供的智能化、信息化服务不仅需要法律法规和制度体系做保障，还需要有较为成熟的发展模式和一定的发展规模做基础。然而，我国的居家养老智能化发展时间较短、运作经验不足，发展模式尚不成熟，发展规模更为有限。同时，居家养老服务链中的各个环节缺乏有效衔接，一些社区及社区内的养老服务组织"各自为战"，导致居家养老服务碎片化严重，服务质量难以达到预期水平。

（3）技术水平较低

要实现居家养老智能化，在技术层面需要物联网、大数据、云平台等一系列高新科技与信息技术的支持。当前我国在智能家居与智能养老领域的技术积累还十分有限，有许多必要的技术还尚未在社区、家庭层面得到应用，仅在部分率先发展智能化养老的地域和社区进行了尝试，要在技术层面实现智能化居家养老模式的成熟仍然任重道远。

2. 受限于老年人的接纳程度

互联网和智能手机、平板电脑等智能终端对于90后、00后、10后等一批"互联网原住民"来说可谓"像呼吸一样自然"，但对于60岁以上的老年人来说却不是那么熟悉。许多老年人在面对智能化的居家养老服务时难免需要更长的时间去了解、接纳和适应，而老年人对养老智能化的接纳程度的高低无疑限制了居家养老的智能化发展。这种限制具体体现在以下两个方面。

（1）心理层面的接纳

许多老年人特别是"怀旧"心理较强的老年人往往不大愿意接纳智能化服务等"新东西"，特别是当这种新型的养老服务方式与老年人原有的认知习惯和生活习惯不一致甚至对其造成冲击时，老年人就更难安下心来去接纳。特别是一些老年人对于传统的生活方式产生了心理依赖，哪怕仅对其做细微的调整与改变也容易产生心理上的不适，这种心理层面的排斥是智能化居家养老在社区、家庭的普及的一个阻碍因素。

（2）能力层面的接纳

对于老年人来说，即便在心理和情感上愿意尝试、接受智能化的养老设备与服务，也依然需要付出一定的努力去学习与适应这种与过去不太一样的养老方式。一般来说，老年人不论在认知能力、学习能力还是反应能力方面都与青少年乃至中年人有一定的差距，他们对各种科技与技术应用的利用不如中青年群体那么得心应手，对于新设备的学习能力也较弱。智能化居家养老与互联网技术密不可分，而老年人通过互联网获取信息的意识、需求和能力也远远低于年轻人。上述情况都阻碍了老年人对智能化居家养老服务的认识与接受，也让智能居家养老服务的普及与推广存在一定的困难。

3. 社区与家居改造成本高、普及率低

要在社区和住户层面实现智能化居家养老，在社区层面就要建立社区养老服务信息中心，安装数据存储系统等专业设备，在住户层面就要进行智能设备和智能家居家电的安装、调试。因此，想要享受智能化养老服务带来的高效与便利，社区与家庭都需要付出较高的经济成本，对社区与家庭在养老领域的投入有一定的要求，从而在成本方面抑制了社区与家庭运用智能化居家养老服务，阻碍了居家养老智能化的普及率的提升。从调研的情况来看，智能化居家养老普及率较高、发展较好的往往是在建成之初就铺设智能化设备或以智能化养老服务为"卖点"和"亮点"的社区，而不是在中途进行智能化家居改造的社区和家庭。

**二、机构养老智能化**

如果说智能化居家养老是一种以家庭和社区为养老活动实现场域的智能化养老模式的话，那么以专业化的养老机构为养老活动实现场域的智能化养老模式则可以被称为智能化的机构养老。在养老服务智能化的总体趋势下，实现场域的不同带来的是差异化的养老服务流程与方式，智能化机构养老也具有与智能化居家养老完全不同的特点。

（一）传统机构养老模式的特点与优劣

机构养老的智能化，其重要意义在于拓展了传统机构养老的优势，并弥补了该养老模式固有的不足。

1. 传统机构养老的特点

养老机构是为老年人提供饮食起居、清洁卫生、生活护理、健康管理和文体娱乐活动等综合性服务的机构。机构养老作为一种养老模式主要体现为老年人离开原本生活的家庭，进入养老院、福利院等养老机构，以养老机构为度过晚年、接受养老服务的场所。与居家养老模式相对应地，传统的机构养老模式的特点可以归纳为以下三个方面。

（1）以养老机构为场域

养老机构顾名思义指为老年人提供集中居住和照料服务的专门机构，包括敬老院、福利院、养老院、老年公寓、护老院等。以养老机构为养老服务实现场域，老年人统一在养老机构内享受晚年生活、接受养老服务，服务方式与流程受养老机构规章制度约束是机构养老的显著特征。

（2）由机构工作人员提供服务

与居家养老不同，在机构养老模式下，为老年人提供服务的群体不再是老年人的配偶、子女或其他亲友，也不是老年人所在社区的社区管理者、志愿者或社工，而是养老机构聘请的养老护理员、医护人员和相关专业技术人员，他们接受过系统培训，依照行业规范与所在机构的工作章程为老年人提供系统化的养老服务。

（3）以养老产业为依托

与居家养老相比，机构养老的行业特征更为突出。当前的机构养老模式是养老产业建立与发展的产物，其以养老产业为依托，通过整合养老产品与服务产业链的上下游资源，从而为老年客户提供优质便捷的服务，进而完成社会目标或实现盈利。

2. 传统机构养老的优势

机构养老相对于居家养老具有一些明显优势，主要包括以下三个方面。

（1）具有规范的规章制度与养老服务流程

绝大多数的养老机构，不论是非营利的福利机构还是以盈利为目标的民营养老院，相对于居家养老都更具专业性。这些机构一般都具有一套完整、规范的规章制度与成熟且行之有效的养老服务流程，以维持整个养老机构的有序运转，并有一定能力抵御各种可能出现的行业风险，最终使老年人得到较为集中的照顾和有秩序的生活，这些都是居家养老所不具备的。

（2）具有较高的服务效率

传统的机构养老模式具有较居家养老更高的服务效率，一方面，机构养老意味着在养老机构和养老服务场所的地理范围内集中供养老人，养老服务资源高度集中，这种养老资源的集约化有助于提高服务效率。另一方面，相对完善的制度安排与服务流程能够实现养老服务的规范化管理，从而进一步提高养老服务的效率并降低服务成本。可见，机构养老相对于居家养老能够为老年人提供更为高效、及时的服务，具有比较突出的效率优势。

（3）能够丰富老年人的晚年生活

与居家养老相比，选择机构养老在客观上能够减轻年轻人照顾老年人的压力，缓解家务劳动和家庭生活中产生的各种矛盾。此外，机构养老的集中供养模式使得老年人能够在养老机构中与同辈群体交流沟通。因为年龄相仿，老年人相互之间几乎不存在"代沟"，而是会有相似的成长经历以及共同的历史回忆，很容易让彼此找到共同话题并产生共鸣，形成相似的见解乃至成为知心朋友。在同龄人群体中，老年人也更容易找到拥有共同兴趣爱好的人，或者与好友一同发展新的兴趣爱好，这一切都有助于丰富老年人的晚年生活，减轻老年人的孤独感。此外，许多养老机构都配备了较为完善的文化娱乐设施与设备，例如棋牌室、活动室、读书室甚至老年培训班，以满足老年人日常文化娱乐活动需要。与在家中养老相比，养老机构中更加完备的设施不仅让老年人的生活更加丰富，还帮助老年人愉悦身心，促进老年人的身心健康。

3. 传统机构养老的不足

机构养老相对于居家养老具有一些显著的优势，但也存在一些不可忽视的问题与不足，主要体现在以下三个方面。

（1）养老资源日趋紧张

在我国人口老龄化趋势加快的宏观背景下，养老机构普遍呈现出养老服务资源紧张的趋势。许多养老院特别是公办养老院的床位高度紧张，这一现象背后反映出的是高品质养老机构稀缺的现实问题。养老服务资源分布不均衡的情况比较严重，位于中心城区的公办养老院往往床位紧张，而地理位置相对较偏的民办养老院的入住率则较低，呈现出"一床难求"与"床位闲置"并存的现象。养老资源紧张的问题在规模较小、养老服务能力较弱的基层养老院表现得更为明显，基层养老院普遍存在服务条件有限、医疗资源缺乏、就医不方便、护理措施不健全等问题，因而此类养老院在床位配比较低的同时空床率却很高。

（2）专业人才缺乏与流失

在实地调查中我们发现，专业人才缺乏与流失问题在养老机构中普遍存在。从整个行业来看，在养老机构从事老年人护理与服务工作往往被视为"脏活""累活"，难以吸引到年轻力壮的中青年群体进入这一行业。从养老机构本身的情况来看，一方面许多机构现有工作人员的素质与技能难以满足老年人日益提高的养老需求，另一方面又面临着工作能力强、业务素养高的专业人才流失的问题，从而加剧了养老机构特别是基层、民营养老院的运营与生存困境。

（3）老年人享受机构养老服务成本高

在过去的实地调查中我们发现，养老院普遍被调查对象视为"有钱的老人才去得起的地方"，这一观念反映了在养老机构享受养老服务是一件"门槛"较高的事情，想要进入养老院需要付出一定的经济代价。一方面，养老资源紧张的整体环境在无形中进一步推高了老年人享受机构养老服务的经济成本。另一方面，许多家庭普遍存在"资源向下流动"的现象，老年人倾向于将自己积累的财富拿出来供子女、孙辈读书、就业、结婚、买房，留给自己的养老钱相对较少，这从另一个侧面增大了老年人享受机构养老服务的成本。

（二）机构养老发展方向与智能化趋势

传统的机构养老模式存在的突出问题反映出机构养老改革与转型的现实需要，随着老龄化社会的逐渐深化与养老政策的不断完善，当前在机构养老领域开始出现一系列的新变化，这些发展与变革最终都要依靠机构养老的智能化来实现。

1.机构养老的发展方向

（1）经营模式更加连锁化、集团化

机构养老服务模式的另一个主要发展方向为经营模式的连锁化与集团化，这一趋势同时也是机构运营标准化、规范化的产物。在人口老龄化、建国后第二次"婴儿潮"人口进入老年的宏观背景下，小规模、分散式的养老机构越来越难以满足不断增长的养老需求，机构养老在经营层面开始呈现出集团化、连锁化的发展趋势，通过壮大养老机构的规模，发挥规模效应以进一步提高经营效率、降低经营成本。

（2）养老服务更加亲情化、人性化

服务机制过于刚性，养老服务专业化有余而人性化不足，是养老机构普遍存在的问题。让养老机构提供的服务向着更加亲情化、人性化的方向发展，是机构养老发展的又一方向。随着政府对于养老服务业的重视程度不断加深，民间力量对养老服务业不断介入，养老服务市场竞争不断加剧，养老机构发展的模式将逐步走向"集约型"。在这一发展趋势的影响下，养老机构会更加注重养老服务质量的提升，特别是注重服务的人性化和亲情化，通过提高服务质量扩大市场占有率、占领市场，同时通过亲情化、人性化的服务提高知名度、树立品牌。

2.机构养老的智能化趋势

不论是机构运营的标准化、经营模式的集团化还是养老服务的人性化，最终都需要以互联网技术为代表的信息技术来实现，需要大数据、云计算等新式科技的加持以完成海量数据信息的计算、存储与传输。养老机构的智能化建设，正是顺应"供给侧"改革总思路，依托物联网、大数据、互联网等信息技术，对养老服务供给方式进行的技术革新与创新性尝试。机构养老的发展最终必然走向智能化与智慧化，机构养老智能化将会融入养老的主流模式，主要体现在以下三个方面。

（1）机构养老智能化保障机构运营规范化

机构养老的智能化使得机构运营的统一标准与规范能够预先内置于自动化的机构管理系统，让机构养老的有关规章制度得到系统层级的保障，提高养老机构运营管理的透明度，进而保障养老机构的标准化、规范化运营。

（2）机构养老智能化推动经营模式集团化

连锁化、集团化经营的大型养老机构较一般的养老机构对运营管理的要求更高，集中体现在需要管理海量的客户健康数据与个人信息、管理为数众多的工作人员、维护运作同样众多的专业设备。上述要求依靠传统的养老机构管理方式显然难以持续，这就要求在养老机构运营与管理层面实现智能化，以机构养老的智能化发展推动养老机构经营模式连锁化、集团化。

（3）机构养老智能化推动养老服务人性化

一般来说，机构养老服务的人性化一方面体现在工作人员向老年人提供细致入微的服务并展现优良的服务态度，另一方面体现为工作人员能够对老年人的个性化生活需求进行考察与记录，有针对性地提供细致入微的服务。机构养老通过智能化运营能够在养老服务信息系统中详细地录入每位老年人的健康状况、生活习惯以及其他个性化需求，并有针对性地向老年人提供专门化服务，从而提高养老服务的人性化水平。

（三）机构养老智能化的优势

智能化对于机构养老的发展具有明显的助益，机构养老的智能化不论与传统的机构养老模式还是社区居家养老相比，都呈现出一系列显著的优势，具体体现在以下四个方面。

1. 提高养老机构运作效率

将智能化技术融入机构养老服务体系中，能够进一步发挥机构养老的效率优势，显著提高养老机构为老年人提供服务的效率和效果。

（1）提高养老机构的管理效率

通过机构养老的智能化将智能化技术运用于养老机构的管理与运营中，有助于实现养老机构管理与养老服务流程的自动化、信息化，实现养老服务产业的管理创新。

（2）以智能化技术代替人力

智能化机构养老在微观的操作层面体现为用信息技术、互联网技术作为人力的有力补充乃至部分地代替人工服务，在智能化技术的加持下，养老机构能够在不扩充甚至缩减人力成本的基础上提高养老服务效率。

（3）以智能化设备提高服务效率

养老机构的智能化建设通过智能终端、可穿戴设备等智能化工具的利用，以及对养老院房间的智能化建设或改造，将指纹识别、眼球（虹膜）识别、面部识别、手势操作、体感操控等尖端技术融入日常养老服务流程中，从而实现为老年人提供更加高效快捷的服务，这对于老年人来说意味着能够更为快速、及时、便捷地获取所需的资源与服务。

2. 降低养老机构运营成本

机构养老的智能化不仅能够显著提高养老机构的运营与服务效率，还能有效降低养老机构的运营成本。首先，在人力资源投入方面，养老机构通过智能化的技术手段，可以实现对机构内老年人全天候、自动化的有效监控与服务，从而以智能设备代替人的脑力和体力，极大地减轻了护理人员的负担。在人力资源成本不断攀升的宏观背景下，智能化养老的实现在人力层面上有效降低了养老机构的运营成本。其次，在运营成本方面，智能化机构养老让集团化、连锁化的机构养老经营模式能够实现，从而以统一、集中的经营机制降低前置性投入的边际成本，摊薄养老机构的经营成本，最大限度地发挥规模效应，最终在整体上降低养老机构的运营成本。最后，在风险事故防控方面，机构养老智能化程度的提高，能够做到在需要精密操作的部分以智能系统代替人力，提高养老服务流程及各项服务实施的精准性和稳定性，同时提高安全防范能力，减少出现事故的可能性，有效控制机构运营中的风险，在风险防控方面降低养老机构的管理成本。

3. 满足老年人的个性化需求

从机构养老的智能化发展中获益的不仅是养老机构，更是生活在各种养老机构中的老年人。养老机构的智能化建设通过智能终端、监护平台、大数据云平台等智能化系统建立健康档案、电子病历、电子围栏等综合信息库，可以对每一位老人的身体状况、兴趣爱好、生活习惯等多种情况进行全面了解，并对上述信息及时更新，进而改善过去的养老机构所实行的"一刀切"式的服务方式，为老人提供定制性、个性化的服务，最终实现老年人满意度和幸福感的提高。

4. 丰富老年人的精神生活

在养老机构中生活的老年人不仅需要基本的物质需求和日常生活照料，他们还有情感慰藉与精神生活的需求，而这些主观层面的需求显然无法通过传统养老模式粗糙的"一刀切"式的服务方式来实现，而需要更为精细化、人性化的服务。老年人的个性化需求在其精神生活方面体现得较为突出，智能化机构养老以其在信息搜集传输、对需求的智能化识别等方面的优势，能够在丰富老年人精神生活方面发挥积极作用。一方面，网络终端与智能设备的运用让老年人能够通过互联网便捷地获取其需要的或是感兴趣的信息，也能更便捷地为老人提供文化娱乐资源，从而极大地丰富老年人的精神文化生活；另一方面，智能化技术能够通过大数据分析，从老年人的日常浏览中更为精确地捕捉到老年人的信息需求和精神需要，并有针对性地推送老人感兴趣的内容，提供个性化的文化娱乐服务。可见，智能化机构养老服务在满足老年人的精神生活需求和丰富老年人的精神生活方面天然具有显著优势。

（四）机构养老智能化的局限与挑战

与智能化居家养老一样，智能化机构养老也处于该领域的早期发展阶段，因而其本身具有一定的局限性与不完善之处，同时机构养老的智能化发展所面临的一系列问题也严重阻碍了智能化机构养老的推广与拓展，这对于智能化养老产业的发展是一个重大挑战。具体来说，机构养老智能化存在的局限与面临的挑战如下。

1. 养老机构智能化的发展程度有限

智能化机构养老得以实现的一个重要前提是养老机构本身实现智能化。智慧养老机构的建设应当包括养老专用系统、信息化应用系统、信息设施系统、设备管理系统、公共安全系统、养老综合管理系统。但就养老机构智能化的普及程度来看，当前的整体情况并不容乐观。大多数机构倾向于从外部购买智慧信息管理系统，主要运用于电子登记、监控、财务系统方面。当前我国养老机构不仅智能化和信息化水平较低，且养老服务系统的研发能力弱，自主研发占比较低，并未掌握机构养老智能化的核心技术。

养老机构较低的智能化水平在养老服务设备层面主要体现为智能化设备的使用率不高。中国社科院社会学研究所青少年与社会问题研究室副主任田丰指出，在我国多数养老机构中，智能养老设备的使用主要存在"一高三低"的现状，即"设备安装、普及成本较高；设备普及率较低、利用率较低、政府和公众对智能化认识较低"。可见，智能化设备的普及程度与利用水平有限，是阻碍机构养老实现智能化的重要因素。

2. 机构养老智能化受限于养老机构的认知与接纳程度

与设备方面的滞后相比，智能化机构养老模式发展面临的更严重的问题体现在"人"的层面特别是人的认知层面。目前养老机构展现出的智能化水平主要还停留在信息平台建设的阶段，而养老服务设备、安防设备的智能化，物联网等新兴技术的利用等方面仍处于较低水平。部分养老机构的管理者自身缺乏智能化养老的相关知识，利用智能化技术的能力不足，对于智能化对机构的作用与价值也缺乏基本的认识。田丰指出传统养老机构对于智能养老的认识程度相对落后，他们普遍将智能养老简单地理解为"无非就是购买一些智能设备，并把这些智能设备应用到养老服务中"。应当明确的是，智能养老的本质应该在服务而不是产品，传统智能产品的设计仅仅实现了功能，未能结合专业服务，因而停留在了"伪"智能的阶段，而这种认识恰恰是多数养老机构管理者所不具备的。此外，多数养老机构也缺乏智能化养老相关领域的专门人才，缺乏有力的技术支持，难以在认知层面加强对智能化养老的重视程度，难以认识到对机构养老模式进行智能化改革的意义与价值。

除了认识层面的阻碍之外，养老机构还需打破一些其他的阻碍才会真正接纳智能化的养老服务模式。即便养老机构的管理者认可了智能化养老的作用与价值，他仍会产生一系列顾虑。具体来说，养老机构要接受智能终端的进驻，甚至全面采用云平台等智能化管理平台来监测老人的身体状况，还有成本方面的忧虑。例如具有盈利导向的民营养老机构会担心投资智能化养老产业或对现有的养老机构进行智能化改造需要投入的成本过高，而获得的收益难以覆盖成本，更难以实现盈利，因而出于经济理性的考虑而拒绝发展智能化养老模式。

## 第三节 智能养老服务的平台构建

### 一、老年人的服务现状与困境

智能养老服务平台的构建必须首先以满足老年人的服务需求为前提，必须首先了解老年人的服务现状与困境。随着年龄的增加，老年人面临较为严重的老化困境，不仅面临身体机能不断退化的困境，也面临日益突出的心理健康问题。针对不同的老化程度，非常有必要对老年人开展专业评估和分级护理服务。构建智能养老服务平台不仅是要更替传统的服务方式，更要解决传统养老服务中难以解决的困境。在传统的养老服务中，失能老年人的护理需求最多且最复杂，这将是智能养老服务平台需着重考虑的内容。

（一）老化的困境

小时盼望长大，对于小孩来说，年龄的增长无疑是一件快乐并值得期待的事情。但对于老年人来说，情况并非如此，他们需要面对生理、心理、社会等各方面"老化"所带来的一系列巨变。老化是每个人都必须经历的一个过程，一味回避不仅无法改变老化的客观现实，反而会加速我们对老化的担忧与恐惧。反之，如果我们能积极面对老化，充分利用现代信息技术，采用智能设备多途径收集老年人在老化过程中呈现出来的各类变化，归纳总结出老化的生理和心理变化特征，那么老化也就并不可怕，我们还能提前为必将面临的老化做好准备。

1. 身体机能的老化

老化是指随着年龄的不断增加，老年人的各项机能不可避免地发生相应的退化。一般来说，老化可分为生理性老化和病理性老化两种主要类型。其中，生理性老化是指老年人在未患有疾病前提下的一种自然老化，是大部分老年人共有的一种老化现象。病理性老化是指老年人在患有某种疾病的情况下，各项机能发生较为显著的退化，是部分患病老年人具有的一种老化现象。生理性老化是一种不可逆的现象，而病理性老化是可以进行有效预防和治愈的。随着年龄的增加，老年人的各项身体机能将呈直线下降趋势，但各器官退化的速度不尽相同，在所有器官中，肾、肺功能的下降速度最为显著。具体而言，老年人身体机能的老化主要体现在以下几个系统中。

（1）泌尿系统

作为血液过滤器的肾小球，是肾脏的主要组成部分，其数量会随着老年人年龄的增加而逐渐减少，此时，肾脏器官的过滤值（指单位时间内两肾生产的滤液量）也会随之降低，导致肾脏功能明显减退。肾脏是泌尿系统的重要组成部分，一旦发生明显减退，会引起整个泌尿系统功能的衰退，最终导致老年人的抵抗力和免疫力逐年下降。

（2）呼吸系统

肺是呼吸系统中最重要的组成部分，随着年龄的增加，老年人的肺部组织会逐渐失去弹性。老年人常见的呼吸系统疾病为肺活量降低、肺功能残气量增加，导致通气功能减弱。此外，老化还会引起肺泡壁（肺部的重要组成部分）逐年变薄，导致肺部排除进入气管异物的功能减弱，极易引发各类呼吸系统炎症。

（3）脑神经系统

脑神经系统主要由中枢神经系统和周围神经系统构成，其中，中枢神经主要包括大脑和脊髓，周围神经系统主要包括脑神经、脊神经、自主神经，负责支配大脑和各身体部位的运转。随着年龄的增长，老年人的脑神经系统也会逐渐衰退，如中枢神经功能衰退或者紊乱，使老年人的睡眠质量明显下降，容易出现睡眠时间短、睡眠浅等情况。受脑神经支配的各项身体运动功能也会明显下降，表现为反应迟钝、操作能力差等。此外，老年人的视觉、听觉和味觉功能也会逐渐衰退，大部分老年人都具有视觉、听觉或者味觉上的障碍。

（4）免疫系统

随着年龄的增加，老年人的免疫系统会逐渐下降，导致老年人抵抗细菌和病毒的能力变弱。对于一般年轻人来说，感冒咳嗽等小病可在很短的时间内治愈，并使身体恢复到生病前的状态，但对于老年人来说，往往需要一个较长的时间才能治愈，即使治愈了，身体可能也无法恢复到病前的状态，因为老年人的各项身体器官都出现了不同程度的衰退，一旦出现新问题，很难恢复到正常水平。

2. 心理健康问题突出

对于老年人来说，年龄的增加不仅会带来生理机能的显著变化，也会产生一系列心理上的变化。俗话说"家有一老，如有一宝"，老年人本该因具有丰富的人生经验而拥有很强的"人生成就感"，但事实并非如此，感到寂寞孤独、悲观失望已成为越来越多老年人的"常态"，有不少老年人患上不同程度的抑郁症，更有甚者走向极端。

（1）工作生活模式的转化不顺

除了少部分自主经营的老年人可在 60 岁后继续工作外，大部分老年人都必须面临"退休"这一社会事实。退休固然能让老年人获得更多的休息时间，但同样也会带来工作生活模式的剧变。工作时间的骤减和自由时间的大幅度增加，会直接改变老年人的生活模式，与退休前相比，其花费在睡觉、吃饭和休闲娱乐上的时间变得非常长。在处理工作生活模式转化上，只有少部分老年人实现成功转化，在退休后享受积极健康的老年生活；大部分老年人在转化上存在不同程度的障碍。工作生活模式转化不顺容易产生意志消沉、缺乏活力、自信心减弱等轻度心理健康问题，严重时会导致老年人出现性格封闭、长期不出门等极端情况。

（2）家庭成员的关怀不够

在当下的中国社会，大部分年轻人面临较大的工作和生活压力，直接导致其陪伴老年人的时间非常少。特别是在年轻人组建自己独立的家庭并生育小孩后，其难免将更多的精力放在自己的小家庭和孩子上，更无暇顾及家里年迈的父母。老年人在离开原来的工作场所后，其日常活动范围会随之缩小，社交圈也会显著缩小，家庭自然就成为其最重要的活动场所，其会把大部分时间和精力都花费在家庭成员上，而家庭关怀的缺失，必然使老年人产生巨大的心理落差，极易悲观失望。

（二）老年人分级护理的现状与困境

在养老服务中，护理服务是非常重要的组成部分，特别是在为半失能、失能、失智老人提供服务中表现得尤为重要。由于身体机能与心理状况的老化程度不同，老年人希望智能平台提供的服务也不尽相同。因此，构建智能养老服务平台，首先要详细了解不同老年人的护理需求。在护理服务中，分级护理至关重要，分级护理有利于机构和护理人员为老年人提供更加细致舒心的护理服务。如果没有分级护理服务，养老服务机构和个人无法做到有备而来，难以开展针对性强的个性服务，养老护理服务难免陷入"眉毛胡子一把抓"的困境。

1. 老年人分级护理的现状

中国的老龄化程度持续加深，老龄化趋势不可逆转。2020年中国65岁及以上的老年人约有1.8亿，约占总人口的13%；2025年"十四五"规划完成时，65岁及以上的老年人将超过2.1亿，占总人口数的约15%；2035年和2050年时，中国65岁及以上的老年人将达到3.1亿和接近3.8亿，占总人口比例则分别达到22.3%和27.9%。如果以60岁及以上作为划定老年人口的标准，2050年中国的老年人口将接近5亿。老年人照料需求巨大，分类护理服务更是势在必行。面对规模如此庞大的老年人群体，特别是失能老人群体，国家正在积极推动老年护理服务分级化，以精准满足不同类型老年人的需求。国家卫健委已联合多部门发布了《关于开展老年护理需求评估和规范服务工作的通知》和《关于加强医疗护理员培训和规范管理的有关工作的通知》，计划对老年人开展分级需求评估，提供精细化的养老护理服务。

2. 老年人分级护理的困境

虽然目前我国正在积极推动老年人分类服务政策的制定与实施，但还处于起步阶段，很难在短时间内惠及较大范围内的老年群体，针对老年人的专属评估和分级服务依旧非常缺乏。

（1）分级护理限于医疗机构，范围太窄

目前，在医院范围内，医生会对老年人的病情和生活自理能力进行一个综合评估，依据评估结果为老年人提供不同的护理服务，一般按照特级护理、一级护理、二级护理、三级护理四种不同级别的护理提供服务。在医院范围外，暂时没有针对老年人的综合评估和分级护理服务。这种仅限于医疗机构的分级护理服务范围太窄，绝大部分老年人居住在家庭、社区、养老机构内，这些分级护理空白急需填补。此外，医院内的评估和分级服务主要围绕诊疗展开，为诊疗服务。对老年人来说，开展量血压、测脉搏等医疗服务固然重要，但喂饭、换衣、洗澡、陪聊等生活照料同样重要，但这些生活照料往往没有纳入分级护理之内。

（2）分级护理缺乏专属性，范围太广

即使在医院内开展的分级护理评估与服务，也并非只针对老年群体，而是针对各年龄段病人。从上文的分析中可以看出，老年人不管是在身体机能上，还是心理承受能力上，都与其他年龄段群体不同。老年人的情况更为复杂、差异性更大，存在身体活动不便、记忆力减退、失能或半失能、失智或半失智等多种情况。因此，如果没有针对老年人的分级评估与护理服务，就会导致老年人的需求得不到充分满足，甚至发生服务与需求错位的现象。

（三）失能老人的服务需求与困境

在老年群体中，失能老人的护理服务需求最多、护理难度最大、护理人员最紧缺，迫切需要智能养老服务平台提供全面、及时的养老服务。近年来，失能老人的长期照护问题也逐渐成为严重的社会问题之一，为失能老人提供长期稳定的照护服务，不仅是老年人家庭和个人的迫切需要，也是一个普遍而紧迫的社会问题。

1. 失能老人的界定

失能老人是指部分丧失或完全丧失生活自理能力的老年人，根据老年人生活自理能力的差异，失能可分为轻度失能、中度失能和重度失能。一般来说，社会上通常按照国际通行的日常生活活动能力量表（ADLS）来测量老年人的失能程度。日常生活活动能力量表（ADLS）包括吃饭、穿衣、上下床、上厕所、室内移动和洗澡六项核心指标，只要有一项或几项需要别人提供帮助，即可界定为失能老人。具体而言，如果有1~2项老人无法自己独立完成，则可界定为轻度失能（也称部分失能）；如果有 3 ~ 4 项老人无法自己独立完成，则可界定为中度失能（也称部分失能）；如果有 5 ~ 6 项老人无法自己独立完成，则可界定为重度失能（也称完全失能）。由于部分丧失或完全丧失生活自理能力，失能老人需要为其提供长期的护理服务，需要社会、家庭付出大量的人力物力财力，对社会和家庭来说都是巨大的压力。随着中国老龄化程度的不断加剧，人口红利时代正在消退，劳动力逐渐成为较为稀缺的资源，劳动力市场的人力成本也逐渐增加，直接导致为失能老人提供长期护理服务的专业人员短缺问题突出。在家庭规模小型化背景下，绝大部分家庭缺少能长期照顾失能老人的人力。如何解决失能老人的护理需求旺盛与护理人员短缺的矛盾，已成为当下中国迫切需要解决的问题。在有限的人力物力财力前提下，如何有效组织协调失能老人的护理服务，智能养老服务平台大有可为。基于此，在构建智能养老服务平台时，需着重分析掌握失能老人的护理服务需求。

2. 失能老人的服务需求

我国失能老人具有绝对数量大、增长速度快的特点，失能老人的服务需求将出现井喷式增长。对于老年人来说，日常生活照料与护理服务是最基本最重要的需求，失能老人更是如此，以下将主要从这两个方面分析失能老人的服务需求。

（1）对生活照料的需求

我国的失能老人中，日常生活能力欠缺的占比非常大，在家庭照护人力日趋吃紧的社会背景下，其需要智能养老服务平台提供更多的社会化生活照料服务。随着部分或者全部丧失生活自理能力的老年人数量的增加，日常生活照料需求也会显著增长。当失能老人在生活自理上遇到障碍的时候，首先会希望家庭或者社会提供生活照料服务，帮助其不同程度地弥补丧失的生理机能，然后才是希望获得更进一步的医疗护理和心理慰藉。基于此，智能养老服务平台在为失能老人提供服务的时候，应优先考虑满足"吃饭、穿衣、上下床、上厕所、室内移动和洗澡"六项核心需求，把失能老人的这些核心需求与政府、企业和社会组织等进行及时对接，方便失能老人及时并长期稳定地享受到与之相符的生活照料服务，切实提升失能老人的幸福感。

（2）对护理服务的需求

随着年龄的增长，老年人的患病概率也会随之增加。特别是对于失能老人来说，生理机能的显著退化会导致其健康状况的不断下降，使其对专业的护理需求更为迫切。据中国老龄科学研究中心调查数据，失能老人的患病率远高于普通老人，患病率高达96.3%。在患病的失能老人当中，患一种疾病的比例为43.1%，患两种疾病的比例为35%，患三种及以上疾病的比例为18.2%。这表明对患病的失能老人来说，除了需要日常的生活照料，还迫切需要专业的护理服务和不同程度的专业治疗。除了患病率显著上升外，失能老人的残疾风险也较高。以往学者的相关调查数据显示，在失能老人中，60～69岁失能残疾老人占比为33.92%，70～79岁失能残疾老人占比为43.73%，80岁以上失能残疾老人占比为22.35%，由此可知，失能残疾老人的占比非常高，尤其是在70～79岁之间的比例非常高。基于此，高患病率和高残疾率，决定了失能老人除了需要一般的生活照料外，还需要专业的护理和治疗。要求智能养老服务平台除了对接普通的养老服务组织与机构外，还需要把失能老人的专业护理需求与专业护理机构进行有效对接。

3. 失能老人面临的护理困境

虽然失能老人的需求呈现上升态势，但我国满足失能老人生活照料与专业护理需求的服务较为滞后，存在制度缺失、资源短缺、质量不高等诸多问题。在保证失能老人获得长久稳定的照料与护理服务方面，主要还存在以下问题。

（1）沉重的经济压力

失能老人由于部分丧失或完全丧失生活自理能力，需要长期获得生活照料或专业护理服务，对绝大部分家庭来说，都是一笔不小的开支。对有固定收入的失能老人来说，获得长期的照护服务尚且压力较大，对那些没有收入的失能老人来说，更是负担沉重。对于以小型家庭、核心家庭为主的中国社会来说，护理支出无疑会给失能老人家庭带来沉重的经济压力。

（2）护理从业人员数量少、素质低

我国的护理从业人员数量严重不足，人员构成复杂，缺乏专业技能培训。从事养老护理的从业人员多为50岁左右的农村进城务工妇女，她们学历普遍较低，有不少甚至是半文盲，这些护理人员非常缺乏专业的护理知识与技能。在智能养老服务时代，护理从业人员不仅需要一定的专业知识与技能，还需懂得操作一些智能健康设备，并把相关数据传输到手机 APP 或者智能服务平台上，这对目前大部分从业人员来说，难度非常大。

（3）无人照料、无处养老

由于身体机能和生活自理能力的显著下降，失能老人需要长期不间断的护理服务。高昂的护理服务支出迫使大部分家庭无法长期聘请专业护理人员，而主要由家庭成员提供护理服务，但是在家庭核心化与小型化的大背景下，疲于应付工作的子女基本没有时间照顾家中的失能老人。就目前来看，子女依旧是失能老人的主要照顾者，如苏群等学者通过调查发现，儿子与儿媳是残疾老年人的主要照顾者。单独聘请护理人员费用太高，由家庭成员提供护理服务的时间和精力不够，是否可以选择养老机构呢？答案也是否定的，不管是公办养老机构，还是民办养老机构，收养的更多是身体较为健康的老年人、生活基本可以自理的老年人。在老年人这个弱势群体中，失能老人更是弱势中的弱势，长期护理存在政府投入不足、市场介入不够的困境。

## 二、智能养老服务平台构建面临的挑战

智能养老服务平台是一种面向居家养老、社区养老和机构养老的综合信息服务平台，它能利用先进的信息设备与技术为老年人提供实时、便捷、高效和低成本的服务。利用智能养老服务平台开展智能养老服务是未来养老事业发展的大势所趋，但作为一种新型业态，智能养老服务平台还处于起步阶段，其培育和发展面临着诸多挑战，比如标准不统一，信息难共享；过度注重技术，缺乏人文关怀；平台监管不力，服务质量不高；功能千篇一律，缺乏个性定制。

（一）标准不统一，信息难共享

数据的整合与共享是智能养老服务平台发挥作用的关键。目前，我国智能养老服务平台虽然不少，但各平台之间信息不联通，无法共享，导致养老服务信息孤岛林立，与养老相关的信息散落在各区，甚至是街道层面的不同平台上。平台林立，养老信息接入标准不统一，不仅造成了相关资源的极大浪费，也不利于成功经验的总结与推广，严重制约了智能养老服务平台的发展。

不同地区的养老环境必然存在不同程度的差异，但在一定层面上统一

标准进而实现信息共享也非常必要。本文认为必须首先做好智能养老服务平台的顶层设计，探索在城市级别层次建立养老服务大数据服务数据中心平台，统一数据接入标准，实现同城信息共享，这一点将在后文中详细论述。统一标准与共享数据的关键在于消除分散的小平台，建立一定区域范围内的综合智能养老服务平台。此类平台可促进辖区内养老服务数据的共享，提升养老服务的配置效率，能有效缓解养老服务信息不对称的问题。

（二）过度注重技术，缺乏人文关怀

随着大数据、互联网、物联网技术的不断发展与普及，以智能养老服务平台（有的也称之为中心）为核心的"互联网＋"模式极大地提高了养老的便利性和效率。与老年人生活起居和医疗护理相关的智能产品也随之纷纷面世，智能设备逐渐成为不少老年人健康生活的必备帮手。在追求便利性与效率的同时，一些智能养老服务供应商过度注重技术和设备，忘记了智能养老服务的"初心"是更好地满足老年人的需求。对于养老服务而言，任何技术和设备都只是手段，最终目的是回归人文关怀，有针对性地满足不同老年人的真实需求。技术和设备是"冰冷的"，但提供技术和设备的人是"温暖的"，现代信息技术固然是智能养老服务平台构建的基础，人的爱心与付出更是平台持续运转的关键。

在设计智能养老设备和提供智能养老服务时，除了考虑老年人的生理特征外，还需考虑其心理需求；除了追求效率外，还需考虑简单和可操作性。在物质生活条件得到显著改善的前提下，越来越多的老年人将追求精神层面的需求，当下老年人大学、老年人合唱团、老年广场舞等火爆就是最好的证明。可喜的是，不少平台已经开始对智能养老产品和服务进行了"适老化"设计，受到了老年人的欢迎。例如：为满足老年人在退休后想继续学习新知识技能和发挥余热的需求，一些平台录制了一些老年人感兴趣的知识技能教学视频，老年人足不出户就能学习自己感兴趣的知识，同时也鼓励老年人自己录制教学视频上传至平台。书法艺术是中国的传统艺术之一，也是许多老年人的兴趣爱好。针对这一需求，一些平台充分利用互联网和物联网技术，线上线下有机结合，利用智能设备及时清晰地获取老年人的书法艺术作品，在平台上开设"网络展览厅"，为有需求的老年人提供相互学习和欣赏的机会。这些体现人文关怀的技术与设备，不仅提高了养老服务的便利性和效率，也极大地满足了老年人的情感需求。

（三）平台监管不力，服务质量不高

政府监管是保障智能养老服务平台持续运转的根本保障。对于政府部门来说，如果所有问题一把抓，既无力承担，也缺乏效率。在智能养老服务平台构建上，政府应坚持"有所为，有所不为"。一方面激发市场活力，让养老企业在平台上为老年人提供丰富多彩的服务；另一方面强化对平台的监管力度，构建包括服务质量标准、服务价格标准、服务反馈评价等在内的多元监管体系，确保养老服务的规范与质量。

近几年，全国各地的智能养老服务平台如雨后春笋般涌现，平台上链接的养老服务供应商也不断增加。在搭建好智能养老服务平台后，各地通常采用政府购买服务的形式为辖区内老年人提供服务。在这种养老服务提供模式下，政府往往侧重于养老服务供应商的选择，而忽视对供应商的服务质量的监管。

供应商的服务质量怎么样，那些享受服务的老年人最有发言权，他们知道哪家供应商提供的服务最适合自己。因此，政府在挑选好养老服务供应商之后，应着重制定智能养老服务标准与规范，建立完善的反馈评价机制，帮助老年人选择适合自己的养老服务供应商。在这方面，北京西城区的智慧养老服务运行较为成功。为提升养老服务的质量，北京西城区主要负责筛选符合条件的养老供应商，侧重于制定产品标准、服务规范等，对供应商进行服务质量把关。这些挑选出来的供应商必须在居民代表面前进行展示与答辩，并最终由代表投票决定。对于老年人最关心的服务价格问题，政府通过统一购买服务的方式，不断压低服务价格，显著降低了老年人及其家庭的经济负担。

（四）功能千篇一律，缺乏个性定制

在智能养老服务平台提供服务的过程中，平台必须面对的一个问题是服务的规范性和个性化矛盾。特别是在提供上门服务和专业护理服务时，服务人员的服务水平难以控制，是否针对不同老年人提供个性化服务是值得考虑的问题。与个性化相比，规范化服务相对较易实现，规范化的流程和服务不仅有利于确保质量，也有利于降低成本；但如果不能提供个性化服务，老年人的服务满意度也难以提升。

随着智能养老时代的到来，现在提供智能养老服务的综合平台非常多，但其功能基本大同小异，相似度非常高。当然，智能养老服务平台必须包含一些基本养老服务内容，但各地面临的老年群体不同、具备的养老优势不同，因而，应针对各自的实际情况，提供个性定制服务。在提供个性化服务方面，国内也不乏成功案例，如浙江乌镇就有运转非常成功的智能养老综合服务平台。乌镇采用政府购买、企业提供的模式，为老年人提供个性定制服务。在乌镇的智能养老服务平台上，相关监管人员能够及时查看包括智能呼叫手环在内的多款智能设备提供的数据，智能设备的主要功能包括紧急报警、红外线无人感应、电子围栏、GPS 定位等。此外，为提升平台的个性化服务能力，乌镇还探索"线上线下结合"模式。线上以平台为核心，组建会员管理、服务需求评估、照护服务管理、社区服务交互、服务数据分析五个子系统；线下以社区照料中心为依托，开展集中照料和上门个性服务。

### 三、智能养老服务平台的顶层设计

顶层设计源于系统工程，其核心思想是利用系统的观点建立系统设计对象的总体框架，使系统对象有着统一的架构参考和规范标准，实现资源共享、功能协调、标准统一和实施步调一致。就智能养老平台建设而言，顶层设计可理解为自上而下的总体规划。从理论上看，应该首先在国家层面做好智能养老平台的顶层设计，但智能养老平台建设还处于探索摸索阶段，无法在全国范围内制定统一的架构参考和规范标准。在宏观层面还无法实现顶层设计的时候，选择中观层面制定顶层设计就显得非常重要。城市不管是在地理界限上，还是行政界限上，都具有相对的独立性，符合中观层面制定顶层设计的要求。因此，可在城市层级上首先开展智能养老平台的设计。依据自上而下的设计理念，应清晰界定市、区、街道、社区、运营商等的职责和功能，理顺各组成部分之间的逻辑关系，最终实现智能养老平台有序而高效地为老年人提供各类服务。

（一）打造市级养老服务大数据中心平台

在一个城市范围内，涉及养老服务的部门与单位非常多，只有把涉及养老服务的数据整合起来，才能真正发挥 1+1 > 2 的协同作用。涉及养老服务的数据主要包括老年人的相关数据、养老机构数据、养老从业人员数据、养老服务提供商数据、养老服务交易数据、全程监控与评价数据等。数据中心是智能养老平台的重要基石，在制定城市智能养老平台的顶层设计时，必须首选打造市级养老大数据中心。市级养老大数据中心的建立，不仅有利于辖区内老年人自由流动，也有利于养老服务提供商开展跨区运营，更有利于政府部门实现全区监管。城市建立统一的养老大数据中心，能够把全市的养老服务需求与养老服务资源进行有效对接，实现资源充分利用和高效整合，为老年人提供周到而及时的服务。

市级养老大数据中心的工作重点是实现养老服务的数据治理、服务匹配和运行监管等功能，使市、区、街道能够在安全的前提下高效共享有关数据资源。具体而言，市级养老大数据中心应该包括以下几个核心功能：①政策规范共享中心，不仅涉及养老服务的法规政策可以在这个中心查询到，还能获取养老数据的接口、交换、共享标准或规范，为全市开展智能养老服务提供政策和规范依据。②养老服务供应商认证中心，在本市开展养老服务的供应商都必须在这个中心平台上进行资格认证，在网上提交证明自己资质的材料，相关部门在网上开展联合审核，审核通过后颁发相应的等级服务认证书。③养老服务供应商监管中心，在本市开展养老服务的供应商都必须定期在这个中心平台上上传养老服务的静态或者动态音频、视频材料，方便相关监管部门随时调取相关材料进行监控管理。④养老服务测评中心，在这个中心，不仅老年人可以对为其提供服务的供应商打分测评，还可以委托专业的第三方评价研究中心对全市的养老服务工作进行测评。

（二）打造区级养老服务监管平台

在同一城市内，各城区的资源禀赋不尽相同，导致其在统一执行市级养老服务政策的同时，拥有较大的自主权。与市级养老服务平台一样，区级养老服务平台也不直接面对老年人，不负责直接提供养老服务，而是主要负责对具体的养老服务进行指导和监管。虽然本文认为区级养老服务平台的主要职责应该为监管，而并非参与实际运营，但在实际中，仍有部分城区在探索建立区级养老服务运营平台。这些城区虽然建立了区级养老服务运营平台，但平台的实际运营依旧掌握在养老服务供应商手中，政府的实际参与度不高，效果并不理想。区级养老服务平台在发挥监管作用之前，必须首先完成市级养老服务大数据中心要求的相关数据采集工作，必须把辖区内老年人的相关数据、养老机构的数据、养老服务运营商的数据、养老服务交易的数据、养老服务从业人员的数据等如实采集上报。

区级养老服务监督平台主要包括以下几个核心功能模块：①要了解相关养老政策的落实情况，监督养老政策在区一级落实，使不同类型的老年人都能享受到应有的养老服务。②对养老服务供应商的资质进行实时监管，及时发现并清除那些不具备资质的供应商。③对养老服务的从业人员进行资质监管，确保每一位养老服务从业人员都持证上岗。④对养老服务的价格进行监管，防止养老服务的恶性竞争和无端提价，确保老年人特别是失能老年人能够长久地购买养老服务。⑤对养老服务的质量进行监管，确保养老服务的开展能够满足不同类型老年人的需求。

（三）打造街道 / 社区养老服务整合平台

与其他行业不同，养老服务行业除了由市场提供服务外，还存在由各级政府部门提供的兜底性养老服务。街道 / 社区在收集到老年人的相关数据后，不仅要整合各部门涉及老年人服务的资源，还要整合辖区内各类为老服务的资源，并在此基础上为老年人提供服务。因此，街道 / 社区养老服务平台的核心功能为资源整合功能，必须整合各类资源，为辖区内老年人享受养老服务提供保障和监管。

街道 / 社区养老服务整合平台与区级养老服务平台存在相似之处，也存在不同之处。相似之处为同样具备监管功能，街道 / 社区一级也需要对相关数据的采集情况、政策落实情况、供应商资质情况、从业人员资质情况等进行监管。不同之处为各街道特色各异，除了完成上级部门要求的"规定动作"外，还需针对辖区特色开展"自选动作"。与区一级不同，街道 / 社区一级直接面对老年人的服务需求，应依据辖区内的养老服务资源，及时调整养老服务的监管措施和保障手段。

（四）打造供应商养老服务运营平台

虽然政府部门和供应商都在为老年人提供服务，但供应商是养老服务的主要提供者。在智能养老服务方兴未艾的当下，出现了许多提供智能养老服务的供应商，它们之中不少都会进行连锁经营，同一智能养老服务平台可能服务不同的社区、街道和城区，甚至可能服务不同的城市。供应商养老服务运营平台的建设，既可以采用以供应商自身服务资源为主体的平台运营模式，也可以采用以整合社会养老服务资源为主的平台运营模式。像当下火爆的月嫂服务平台、家政服务平台一样，那些能形成自己特色的智能养老服务平台，也将会逐渐形成良好的社会声誉。养老服务运营平台是否运转有效，关键在于是否满足老年人的需求。就目前来说，我国老年人的需要主要集中在三个方面。第一是日常基本生活需求。平台必须满足老年人的日常基本生活需求，提供助洁、助餐、助医、助急、助浴、助行"六助"服务，使老年人像其他正常人一样生活。第二是专业护理需求。随着年龄的增长，老年人的身体机能会出现不同程度的退化，变成失能或者半失能老人。这些老年人除了日常基本生活需求外，还需要不同程度的专业医疗护理。第三是社交娱乐需求。随着越来越多的高学历、高素质、高收入群体加入老年人大军，老年人的精神需求也会与日俱增。老年人虽然出门行动多有不便，但其社交娱乐的需求不会消失。针对这些需求，养老服务运营平台必须整合各类资源，为老年人提供足不出户的社交和娱乐服务。

## 四、智能养老服务平台的框架与实施模式

在理顺智能养老服务平台的顶层设计后，平台的框架与实施模式也就顺理成章地应该被提上日程。平台不仅具有强大的数据存储功能，能为老年人建立标准统一的健康信息档案，实现养老信息在各类组织与个人中的信息共享，还具有功能多样的信息发布平台、调度平台、各类机构管理平台、监督平台等，能为老年人提供生活照料、政策咨询、心理健康服务、医疗卫生服务、交流互动服务等个性化、定制化的服务。

（一）智能养老服务平台的构架及功能

智能养老服务平台是一个系统性集成平台，由诸多子系统、子平台构成，根据老年人的不同服务需求，各子平台整合相关信息、数据和资源，提供全面而具有针对性的服务。具体而言，智能养老服务平台的基本构架和主要功能如下。

1. 信息发布平台

对智能养老服务平台来说，各类信息的发布与查询是最基本的功能，可以通过养老服务网站、微信互动平台等发布与养老相关的信息与数据，向老年人展示与平台联通的养老机构、社区、照料中心的基本信息。信息发布查询子平台主要包括网站和微信两大平台。

（1）养老服务网站平台

这是发布养老服务信息的公开窗口，一方面为政府、企业、社会组织等发布相关养老服务信息提供便利，为老年人提供各类养老政策、医疗保险、健康养生、休闲娱乐、热点新闻等多样化涉老信息；另一方面也便于老年人进行基本的信息查询，如可以查询养老服务机构/场所的基本条件，可以查询养老服务机构的床位排队情况，还可以在线申请政府补贴和床位预约等。

（2）微信互动平台

随着微信普及率的不断提升，其在养老服务中发挥的作用也越来越重要。基于微信互动平台，老年人可以自助实现诸多自我服务。老年人可以通过微信进行个人信息的录入、认证和更新，方便随时查询个人基本信息；进行养老服务照料中心、养老服务机构申请预约；还可以随时管理使用自己的个人电子账户、虚拟账户等。微信平台具有较强的互动性，老年人或者其亲属可以随时通过微信咨询相关政策与服务，可以与人工客服及时互动沟通。

2.智能呼叫与服务热线平台

智能呼叫与服务热线平台是老年人与平台开展互动的一个重要服务窗口，能及时调度各类养老服务资源为有需要的老年人提供生活帮扶和紧急救助等服务。

（1）智能呼叫中心

智能呼叫中心是满足老年人日常生活需求、解决老年人突发情况的重要平台。与传统呼叫中心不同，智能呼叫中心借助现代信息技术，实现了户内户外随时呼叫，实现了呼叫服务与提供服务无缝对接等以往无法实现的功能。当老年人通过固定电话、手机、终端呼叫器等设备呼人时，智能呼叫中心能够实现自动弹屏、电话录音、服务受理、服务对接分配、服务评估与回访等功能。智能呼叫中心还有一个重要的功能，就是主动分析老年人的基本信息与以往服务需求，定期为老年人推送家政服务、医疗护理等内容，根据大数据分析结果主动为老年人提供服务。在防止失能、失智老人迷路走失方面，智能呼叫中心也能发挥重要作用，一旦失能、失智老人走出预设的范围，通过智能定位功能，不仅可以及时向平台与亲属报警，还能实时显示老人的具体位置。

（2）服务热线平台

打造开放式的养老服务热线中心，通过统一的号码受理各类老年人的服务诉求，提供在线解答、需求登记、服务匹配分派、评估反馈、投诉受理等多种服务。对那些电脑使用较为熟练的老年人来说，不仅可以自己通过网站或微信获取与养老相关的政策和养老机构的基本情况，还可以自助提交自己的服务诉求。虽然近年来老年人的互联网普及率逐年上升，但几乎不使用互联网的老年人依旧占绝大多数。面对大规模的不上网老年群体，如何让智能养老服务平台发挥实际作用成为头等大事。在满足不上网老年群体的需求上，养老服务热线必不可少。通过服务热线，老年人无须自己上网就能咨询相关养老政策和养老服务机构的基本信息，提出自己的服务需求。在受理了老年人的服务需求后，热线中心需及时登记，并通过智能养老服务平台在线安排相关机构或从业人员上门为老年人提供服务。养老服务热线同样需进行服务的后续评估与回访工作，对安排的各项工作进行及时跟踪回访，记录养老服务的质量和满意度。

3. 社区居家养老管理平台

虽然养老的途径和模式很多，但就目前来说，居家养老依旧是最受老年人欢迎的养老方式。居家养老的模式决定了老年人大多数时间待在自己的家里，如何准确定位并识别社区内每一户老年人的需求至关重要。这一点可以借鉴目前主流的房屋销售搜索网站，这些网站可以在地图上准确显示出某一小区有多少房子在售、面积多大、价格多少等信息。社区居家养老管理平台也可在三维地图上准确显示出相关信息，不仅可以查询每一栋楼房中老年人的数量、服务诉求、享受的服务等信息，还可以显示为老年人提供服务的机构和从业人员的基本信息。

在建设社区居家养老管理平台时，需综合考虑纯粹居家养老和在社区居家养老服务照料中心养老两个方面的内容。一方面对社区内符合要求的老年人进行全面的信息采集，主要采集亲属子女信息、身体健康信息、主要服务诉求信息等，发放智能终端设备，为老年人提供专属的智能居家养老服务；另一方面强化社区居家养老服务照料中心的信息化建设，对在照料中心活动的老人进行全面的信息化管理。如可以对老年人进行签到签出管理，及时了解其活动轨迹；提供自助体检设备，建立老年人健康档案，实时了解其身体健康状况；提供互联网文化娱乐设备，让老年人不出社区就可以与外界进行交流与互动。

4. 机构养老管理平台

在我国社会养老服务体系建设中，养老机构是其中重要的组成部分。机构养老管理平台，是专门对接管理各类养老机构的信息化管理系统。与社区居家养老不同，机构养老具有集中式管理的特色，方便统一采用智能化设备、信息化系统提供形式多样的养老服务。机构养老管理平台，首先需要设立开放的数据接口，方便接入养老机构的信息和数据，对养老机构的床位数量、预订情况、收费标准进行统一管理，方便老年人随时查询。就目前来看，暂时无法对接大部分民办养老机构的数据，应尽可能公布民办养老机构的设施设备情况、床位建设情况、收费价格情况等信息。对大部分政府或集体投资建设的公办养老机构而言，平台可以实现数据接入，不仅可以公布相关信息，还可以开放床位预约等服务的出入口。

总体上来看，我国养老机构管理服务的质量不高，其管理模式和服务模式还存在诸多问题，急需加入智能化设备和信息化技术，利用智能养老服务平台实现机构养老服务的提档升级。机构养老管理平台主要实现三大服务突破：第一，降低人工成本，降低劳动强度。随着中国的人口红利时代接近尾声，各行各业均面临不同程度的劳动力缺乏问题，而工作任务非常繁重的养老机构护理人员更是尤为紧缺。因此急需提升机构养老的信息化水平，在越来越多领域内依靠智能设备开展养老服务，实现"智能设备替换人工"。同时，智能化的硬件设施与信息化的管理服务平台还可以显著降低护理人员的劳动强度，使其从生活照料、健康护理、医疗保健、文化娱乐等诸多繁重的工作中解脱出来。第二，深度挖掘数据，提升养老服务质量。全面收集入住老年人的生活起居数据、饮食数据、健康数据、医疗服务数据等，并建立模型开展实时的大数据分析与推荐服务。依据大数据分析结果，有利于更精准地为老年人提供服务。老年人的亲属和家人虽然不直接享受服务，但也是养老服务需要重视的对象，要让其放心地把老年人托管在养老机构，就必须为其提供全面而细致的数据和信息。第三，实现标准化、规范化服务。在中国，人们之所以不愿意把老年人送入养老机构中，一方面固然受到传统思想的影响，认为这样做是不孝；另一方面也受其不信任养老机构的影响，他们认为养老机构不透明、不规范，不能提供周到的养老服务。机构养老管理平台广泛采用信息化管理方法，做到公开透明，全面记录各项服务流程与效果，督促护理人员采用标准化、规范化的服务流程提供养老服务，一旦出现问题，可以随时从系统中调看数据。

5. 监督管理平台

监督管理是影响智能养老服务平台持续健康运转的关键因素，监管不力会直接影响平台提供服务的质量。为强化对平台的监管，必须在智能养老服务平台的框架中设立监督管理平台，加强对养老服务供应商、养老机构、服务组织与个人的考核与监管。建立养老服务质量信息数据库，实现养老服务全程可追溯，全程可监管。一方面收集老年人及其家人的反馈信息，可综合采用线上回访（主要包括电话回访、短信回访、网络回访、微信回访等）和线下回访（上门回访）的方式，对服务的时间、内容、质量、满意度等进行抽样考核；另一方面收集服务供应方的反馈信息，对养老服务供应商、养老机构、服务组织与个人进行回访。

具体来看，监督管理平台主要发挥以下几方面的功能。第一，实现养老服务需求的全面评估。以信息化技术为支撑，科学评估养老服务的需求状况，建立统一的养老服务评估体系和数据库，为公正合理地分配养老服务资源提供数据依据。老年人及其家人可以通过多种途径提交养老服务需求，由第三方专业评估机构上门对老年人的生活自理能力、经济条件、居住环境等进行综合评估，最终形成评估报告。第二，实现基本信息的及时上报。养老机构、社区日间照料中心等组织与监管平台实现接口互通，及时向监管平台上报各类信息数据，如服务老年人的基本信息、服务场所、服务人员数量、服务内容、服务资质、服务配套等，便于相关部门随时检查。第三，实现对服务组织的全程监管。通过多种途径对老年人及其家人进行回访调查，对整个养老服务的提供进行全程监管。主要包括对养老服务供应商提供的产品进行监管，对养老服务提供的质量进行监管，对养老服务从业人员进行监管。第四，实现对服务调度的监管。在智能养老服务平台中，服务调度是对接需求与服务的关键环节，服务调度有序，能极大地提高养老服务的工作效率。主要包括对调度中心人员的日常进行监督考核，对智能呼叫终端的呼叫速度、接通率、等待时间、通话时长等实施监控，对救助及时率进行监管等。

（二）智能养老服务平台的实施模式

基于不同的顶层设计和平台构架，智能养老服务平台的实施模式不尽相同。从近年来国内不同地区的探索经验来看，各类实施模式各有特色，都有其适用的领域与地区，也都有成功的应用。平台的实施模式可以多种多样，无须统一为一种或少数几种固定模式，应坚持适用原则，适用的就是最好的，也是最能发挥效用的。一般来说，可以从接入模式和建设模式两个方面来具体探索平台的实施模式。

1. 智能养老服务平台的接入模式

智能养老服务平台的接入模式非常多，既有线下很少使用信息技术的实体接入模式，也有充分利用各类智能设备的线上接入模式。针对不同养老条件和对象，不管是线上接入模式，还是线下接入模式，均能发挥积极作用。

（1）线下接入模式

虽然信息技术在养老服务领域的普及速度非常快，但依旧有不少地区和机构采用线下接入模式，这种模式还将在未来较长一段时间内存在。线下接入模式主要适用于那些网络信息技术意识和素养不高的人群。线下实体接入一般采用面对面交流模式，养老服务组织或个人从老年人的需求着手，通过问卷调查、个案访谈等方法收集老年人的个人信息与服务诉求，然后对收集到的数据进行整合，并相应地调整服务内容与手段，最终为老年人提供周到的服务。这种人人互动接入模式的人文关怀较高，养老服务人员与老年人每天都可以进行面对面的交流，还可以及时为老年人提供一些基本的护理服务，非常贴合老年人的需求。

（2）电话接入模式

电话接入模式是目前普遍使用的一种模式，是指老年人以电话为媒介与外界养老服务组织与个人进行沟通。一般来说，目前主要存在三种电话接入模式，分别为普通电话接入模式、三方电话接入模式、一键通电话接入模式。普通电话接入模式是指老年人可以通过拨打养老服务热线电话获取相关信息与服务，没什么特别之处。三方电话接入模式是在普通电话接入模式的基础上进行了一定的改良，把老年人、街道／社区和养老服务供应商链接在一起，一旦老年人拨打服务需求电话，街道／社区和养老服务供应商可以同时接听电话，不仅能为老年人提供更为全面周到的服务，也方便街道／社区对养老服务供应商进行监督管理。一键通电话接入模式是目前使用最为普遍的一种模式，是指专门为几个特殊按键预先设置好电话号码（一般为 2 ~ 3 个特殊按键），老年人只需按键即可轻松对接街道 / 社区、养老服务机构或家人。经过多年的发展，一键通电话接入模式发展较为成熟，老年人通过一键通不仅能随时获取生活起居方面的照料服务，在遇到危急情况时还可紧急求助，其在解决老年人生活不便的问题上能发挥重要作用。

（3）网页接入模式

网页接入模式是指老年人以网页为媒介，在互联网上获取相关养老服务信息与服务。这种模式对老年人的计算机使用能力有较高的要求，适合那些经常使用计算机的老年人。由于绝大部分养老服务供应商都会通过网络进行产品的宣传、推广与销售，老年人可以在网络上浏览自己需要的产品与服务，并可在网上下单获取养老服务。随着智能手机的普及，网页接入模式逐渐拓展到移动手机端，主要以 APP 为媒介，让老年人在移动端能够更便捷地查看信息和获取服务。移动手机端对老年人的要求更高，不仅要求其熟悉互联网，还要求其熟悉不断更新的智能手机操作，难度较大。总体而言，网页接入模式对老年人来说，操作要求和难度较高，就目前来说难以大面积推广。但是随着越来越多高学历、高素质人员加入老年人大军，网页接入模式未来必然具有较大的发展前景。

（4）微信接入模式

微信是当下中国最为流行的社交网络平台，也是广受老年人欢迎的社交平台。在老年人所有使用的社交软件当中，微信的比例最高。因此，完全可以充分利用微信构建为老年人提供服务的智能养老平台。一般来说，微信接入模式主要有三种形式，分别为微信群、微信订阅号和微信服务号。微信群模式是以微信群为媒介，主要依据兴趣、功能等对老年人进行分类、分级管理。老年人可根据自己的喜好自由加入功能多样的微信群，在微信群中，老年人之间可以就共同的话题随时互动交流，养老服务供应商可有针对性地为老年人提供服务，街道 / 社区可以便捷地对养老服务组织或个人进行监督管理。微信订阅号和微信服务号是微信公众号的两种具体模式，都是以微信公众号为媒介。其中，微信订阅号主要用于发布相关养老信息与服务，微信服务号除了发布信息外，还能设置一些菜单选项，方便养老服务组织与老年人之间进行一些简单的交互。总体来看，微信接入模式具有上手操作简单、覆盖范围广的优势，街道/社区、养老服务组织与个人、老年人及其家人等都可以通过微信录入信息、获取信息，其正成为不少地区重要的接入模式。

2.智能养老服务平台的建设模式

在弄清楚智能养老服务平台的构建与接入模式后，下面将简单介绍目前主流的几种平台建设模式。依据前文的分析，在建设平台的过程中，市、区、街道/社区是三个重要的层级，在不同层级上建立智能养老服务平台，平台开展养老服务的效率与效果将会存在显著差异。

（1）独立分散式建设模式

独立分散式建设模式是指某城市的养老信息化水平非常低，基本未开展起来，不仅各区对平台的构建无统一标准和要求，各街道/社区也是各自为政进行探索。在这种建设模式下，各街道/社区无须向区对接发送相关养老信息，区也无法对街道/社区进行监督管理。市、区、街道/社区各自根据自身需求建设智能养老服务平台，各平台不仅信息无法互通，还存在较为严重的功能重叠现象，最终导致各平台的运行效率较低。这种建设模式的效率低，但在不少养老服务信息程度较低的地区较为常见，随着智能养老服务的推进，这种各自为政的建设模式将会逐渐退出历史舞台。

（2）关联集中式建设模式

关联集中式建设模式与独立分散式建设模式恰好相反，其在平台建立之初就考虑到市、区、街道/社区的信息对接整合问题，各级平台之间可进行信息对接和数据共享。这种集中统一的建设模式能够有效规避信息孤岛、重复建设等问题，但也存在一些不足之处，主要体现在以下两个方面。一方面，虽然智能养老服务将成为未来主要的养老服务提供方式，但目前国内大部分地区的养老信息化程度还不高，养老领域的信息化基础设施建设较为薄弱。在这个前提下，即使在区这一层级建立集中统一的智能养老服务平台难度都非常大，更谈不上建立市级统一平台。另一方面，即使有能力建立市或者区级集中统一平台，但严格按照一套模式建立各街道/社区分平台，忽视了各街道/社区的特色与优势。这虽然凸显了集中统一性，但容易忽视差异性；虽然建设时省时省力，但运行实际效果往往不高。

（3）统一自选式建设模式

统一自选式建设模式是指全市/区在充分掌握各街道/社区的特色前提下，建立一个统一的智能养老服务系统，这个系统中既包括必选的统一功能模块，也包括自选的特色功能模块。这种建设模式是目前较为合理的模式，不仅规避了独立分散模式的重复建设问题，也解决了关联集中模式的个性缺乏问题。建立统一的智能养老服务系统，有利于实现信息对接共享和统一监督管理。各街道/社区自选建立特色功能模块，有利于突出各地优势与特色，更能满足老年人的差异化需求。总体来看，随着养老信息化的不断普及，这种建设模式将成为主流的平台建设模式。

# 第五章 社区居家养老服务的运作机制

## 第一节 社区居家养老服务体系的组织机构设置

### 一、老年人社会照顾体系

以老年人自身、亲属、朋友、政府、社会服务机构等各种支持力量构成的，可以在老年人的生活、精神等方面给予照护的体系，称为"老年人社会照顾体系"。要想对这一体系进行研究，我们可以借助国外学者提出的老年人系统照顾模型。这一模型是以老年人为核心的、半径由小至大的六个同心圆所组成的，其半径的大小主要是由其与老年人社会距离的远近来决定的。其中，亲属、邻居和朋友的距离比较近，这部分属于老年人的非正式照顾力量；中介支持的距离稍远，这部分社会照顾力量比非正式照顾力量要更为规范、正式，但其与正式照顾力量相比又略显不足，属于准正式照顾力量；志愿组织与政府服务组织、政治和经济制度的距离较远，这部分属于老年人的正式照顾力量。只有正式照顾力量、准正式照顾力量和非正式照顾力量协同合作，最终才能达到从个人到社会共同合作照顾老年人的目的。而且，随着生活节奏的加快，年青一代生活压力的加重，非正式照顾力量在老年人照护中发挥的作用会越来越小，准正式照顾力量和正式照顾力量会逐渐发挥越来越重要的作用。

### 二、社区居家养老服务资源

社区居家养老服务体系的发展需要多方面资源的支撑，不同的老年群体需要有适应其群体特点的资源。

（一）社区居家养老服务资源的定义

经济学和社会学对资源的定义是不同的，本书的研究重点是资源在社会学层面的定义。资源是能够满足人们需求和利益的商品、非商品（如信息等）和事件（如选举等）。社会资源是指个体在社会网络中通过直接或间接的社会关系获得的资源，以更好地满足其生存和发展的需要。

根据存在形式分类，社区居家养老服务资源可以划分为四类。一是物质资源，这部分资源决定着老年人生活问题的效用，是包括衣、食、住、行和福利设施在内的基本资源；二是资本资源，这部分资源用于保障老年人最基本和最普遍的资源，如养老金等；三是服务资源，这部分资源是满足老年人生活需要的软资源，主要通过提供养老服务等方式来达成；四是制度资源，这部分资源在重新分配其他资源方面发挥着重要的作用，如《中华人民共和国老年人权益保障法》。

综上所述，社区居家养老服务资源的定义是：能够为享受社区居家养老服务的老年人的物质和精神生活提供保障的各种社会福利服务资源，包括物力、人力、财力、技术、信息等。

（二）社区居家养老服务资源的分类

社区居家养老服务工作得以有序开展的前提是具备各种类型的社区居家养老服务资源。具体来说，社区居家养老服务资源可以根据服务对象、服务功能和主管部门的不同，进行细致的分类。

1. 按服务对象分类

根据服务对象的需求状况分类，社区居家养老服务资源可以分为满足生活基本不能完全自理老年人需求的服务资源、满足生活能自理老年人需求的服务资源以及满足所有老年人需求的服务资源三大类。

（1）生活基本不能完全自理老年人

老年日间护理中心（托老所）、社区居家养老服务中心、社区家政服务和紧急援助服务、家庭病床、老年护理院等。

（2）生活能自理老年人

社区服务中心、老年活动中心（老年活动室）、老年学校（老年分校）、社区文化中心（文化室）、图书馆（图书室）、健身点（健身馆）、退休职工活动室、社区老年志愿服务团体等。

（3）所有老年人

社区事务受理中心、社会救助管理所、社区服务信息网、老年婚介所、社区老年人法律咨询服务室、社区卫生服务中心、社区老年人基本信息网、有关老年人健康档案信息和家庭保健医生制度、街道社会保障服务中心、有关老年人领取基本养老金和享受基本医疗保险的制度、各专科医院和老年医院等。

**2. 按服务功能分类**

根据服务资源的功能分类，社区居家养老服务资源可以分为社区照料服务设施、社区学习教育设施、社区健康卫生设施和社区文体活动设施四种类型。

（1）社区照料服务设施

提供居家养老各类服务，社区服务中心、托老所、居家养老服务中心等。

（2）社区学习教育设施

提供老年人继续学习、更新知识服务，老年大学、社区文化中心、图书馆等。

（3）社区健康卫生设施

提供老年人医疗、预防、保健、康复、健康咨询等服务，社区卫生服务中心、老年护理院等。

（4）社区文体活动设施

提供老年人文体娱乐活动，老年活动室、社区文化活动中心等。

**3. 按主管部门分类**

根据服务资源主管部门分类，社区居家养老服务资源可以分为老年健康与护理、老年文化与教育、老年福利与救助等类型，分属不同部门管辖。

### 三、社区居家养老服务设施

养老服务设施不仅是社区居家养老服务事业的载体，而且是加快社区居家养老服务事业发展的重要基础和保障。为了给老年人提供日常护理、短期护理、日托、应急救援、娱乐服务、康复护理、精神慰藉等服务，近年来，我国政府在城镇范围内修建了许多养老服务设施，如社区居家养老服务设施和各类养老服务机构的服务设施等。

随着城镇化进程的加快和城镇老年人口的增长，我国城镇养老服务设施建设用地不足、数量不足、设施落后等问题逐渐凸显，这些问题已经成为制约我国社区居家养老服务行业发展的瓶颈。为此，各地政府要结合老年人口规模、养老服务需求，明确养老服务设施建设规划，并将其纳入城镇总体规划中，加强区域养老服务设施统筹协调，从而推进城乡养老服务一体化。

要充分发挥公办养老机构及公建民营养老机构兜底保障作用，在满足当前和今后一个时期特困人员集中供养需求的前提下，重点为经济困难失能（含失智，下同）老年人、计划生育特殊家庭老年人提供无偿或低收费托养服务；从老年人产品用品、康复辅助器具配置、营养均衡配餐、信息技术应用、家庭适老化改造等方面满足老年人个性化、多样化的需求；推动形成符合国情的长期护理保险制度框架，鼓励发展商业性长期护理保险产品；组织开展对老年人产品和服务消费领域侵权行为的专项整治行动；等等。

基于以上法律规定的颁布，社区居家养老服务设施在实际建设时具有了制度支持。为了便于读者理解，下面以社区居家养老服务中心（站）和社区老年人日间照料中心的建设为例，具体阐述如何建设社区居家养老服务设施。

（一）社区居家养老服务中心（站）

社区居家养老服务中心（站）是社区设置的为老年人提供居家养老服务的机构，其与老龄工作部门紧密联系，可以提供信息服务、生活照料服务、医疗保健服务、紧急救助服务、组织协调服务、老年维权服务、文化娱乐和精神慰藉服务等服务。

社区居家养老服务中心（站）基础设施的建设具体包括以下五个方面。

1. 建筑要求

社区居家养老服务中心（站）需要具备专门的养老护理服务场所和办公建筑，且其面积要满足一定要求。不同地区的地方政府对社区居家养老中心（站）的建筑面积有不同的规定。例如，武汉市要求社区居家养老服务中心的建筑面积不低于 300 m²。再如，南京市要求社区居家养老服务中心的建筑面积应符合评定标准：AA 级服务中心的面积应大约在 100 m²；AAA 级服务中心的面积应大于 120 m²，且环境应根据老年人的生理特点进行布置，配套设施和功能皆齐全；AAAA 级服务中心的面积应大于 400 m²，有相对独立的老年人休息室、日托室、餐厅、多功能活动室、图书馆阅览室等设施；AAAAA 级服务中心的面积应超过 600 m²，具备其他级别应设置的设施。

2. 信息平台

社区居家养老服务中心（站）要有专门用于开展社区居家养老服务的

信息平台，该平台有老年人身体状况等基础信息、需求信息，以及养老服务机构的信息，便于双方联络。目前，各大通信公司为抢夺社区居家养老服务市场的份额，纷纷建立了社区居家养老服务信息系统，有的还建立了"老年人一键呼叫—中心响应—服务机构、急救中心与社区联动"的一站式服务链，通过整合一键呼叫、呼叫中心、位置定位、TTS（Text To Speech，从文字到语音）、短信等技术，为老年人及时提供相应的服务，建立全方位、多功能"绿色通道"。在社区居家养老服务信息系统中，社区居家养老服务中心（站）发挥呼叫转接、紧急救助、服务转接等功能，该系统的运行流程为：老年人通过一键电话呼叫社区居家养老服务中心（站），中心接线人员根据老年人的需求进行资源协调，如老年人需要健康咨询则转接健康保健专家、需要家政服务则转接养老服务机构、需要医疗救助则转接医疗机构救援等。同时，该系统对老年人的位置进行定位后，可以通过短信提醒家属，进而及时发现安全隐患，保证老年人的生命安全。

3. 组织结构清晰

社区居家养老服务中心（站）的组织机构健全，可以实现前台窗口接待和后台协同办理相结合，有专职工作人员负责调查老年人照护需求、制订工作规划、组织协调服务资源、评估服务质量等工作，从而切实落实老年人各项优待、优惠政策。

4. 队伍专业化

通过政企合作、委托服务等方式，大部分社区居家养老服务中心（站）与专业的养老服务机构签订了协议，并进行了相关的培训和监督管理。这样一来，在社区服务老年人的服务人员都具有一定的专业能力和素质，保证了社区居家养老服务的服务质量。此外，社区居家养老服务中心（站）还可以在社区组织、建立养老服务志愿者服务队伍，借助专业的服务人员对志愿者服务队伍进行培训，从而提升志愿者服务队伍提供服务的专业性。

5. 明确工作流程及制度

社区居家养老服务中心（站）还具有公布社区居家养老服务的发展过程、服务项目、服务价格、服务机构及服务标准、服务质量监督以及投诉渠道等功能。

（二）社区老年人日间照料中心

社区老年人日间照料中心是指为生活不能自理、需要特殊照顾的半失能老人提供膳食、个人护理、保健、娱乐、交通等日常服务的设施。日托服务是介于机构养老和家庭养老之间的一种形式，一般由民政部牵头，由每条街道的管理处组织设置社区老年人日间照料中心，社区内设置服务站，并配备医疗、康复及部分生活用品。如此一来，老年人白天可以在社区老年人中心休息、娱乐，并参加一定的社会活动，晚上可以回家休息。

1. 发展背景

近年来，社区老年人日间照料中心发展迅速，主要有以下原因。首先，需求很大。目前，我国有近 2000 万半失能老人，他们的日常起居需要别人的照顾，但由于家庭规模缩小，家庭照顾资源有限，半失能老人白天的安全问题、生活照料问题难以解决。许多家庭对照料此类老年人的需求越发迫切，基于此，社区老年人日间照料中心应运而生。其次，政府推动。要在全国社区普及老年人日间照料中心。在该政策的引导下，各级政府加大了投资、建立社区老年人日间照料中心的力度，使其得以快速发展。

2. 特点

社区老年人日间照料中心具有以下特点。

第一，服务时间的短期性。社区老年人日间照料中心主要提供日间服务，老年人白天入托，接受专业照料服务，晚上回家享受天伦之乐。

第二，服务对象的选择性。由于需要社区老年人日间照料中心和家里的周转，服务对象主要为半失能老人，不适合失能老人。

第三，服务功能的全面性和多样性。社区老年人日间照料中心的主要功能包括：提供日常护理，包括日间休息、餐饮、洗浴等；提供简单的医疗服务，如紧急情况下的基本医疗服务、为身体有障碍的老年人提供基本康复训练服务等；还为老年人提供精神上的安慰，并在社区中为接受居家养老服务的老年人提供一定的娱乐场所，在中心设置一定的娱乐室供老年人享受和交流。

3. 建筑标准

社区老年人日间照料中心集中体现了养老服务以"社区为依托"的精神，是养老服务体系建设的重要环节之一。然而，目前社区老年人日间照料中心存在着面积小、设施缺乏、服务内容单一等问题，不利于其功能的发挥。社区老年人日间照料中心的建设内容包括房屋建筑、场地要求和基本配置，具体要求如下。

（1）房屋建筑

社区老年人日间照料中心的房屋建筑面积可以分为三类，需要根据社区居住人口的数量来设置。为了方便老年人的托管，社区老年人日间照料中心可以在社区内设立。对此，不同地区的政府有不同的标准。例如，辽宁省丹东市规定社区居家养老日间照料中心的使用面积要大于 50 $m^2$，设置的床位数量为 6 ~ 15 张。

（2）场地要求

社区老年人日间照料中心建设地点应位于服务对象相对集中、交通便利、水电供应良好、靠近医疗机构、环境相对安静的地方，并应设置一定的户外活动空间和绿地。社区老年人日间照料中心最好可以建在设置有独立出入口的低层建筑中，禁止使用地下楼层，高层部分应配备电梯或无障碍坡道，便于老年人上下楼。此外，社区老年人日间照料中心在设计时，应综合考虑多方面因素：应考虑抗震因素，采用钢筋混凝土结构；应考虑防火因素，且防火等级不能低于 2 级；应考虑良好的通风、采光效果，且窗地比不能低于 1 : 6；排水设施应符合国家卫生标准；应设置热水供应系统；寒冷地区应设置供暖设施；老年人休息室每间最少应容纳 4 ~ 6 人，室内通道与床之间的空间应允许轮椅通行，门净宽不应小于 90 cm，走廊净宽不应小于 180 cm。

（3）基本配置

社区老年人日间照料中心根据老年人的需求和各地的实际经济条件，可以设置不同的功能室，包括老年人起居室和服务室，如休息室、餐厅、浴室、理发店等；老年人保健康复室，如康复训练室、医疗保健室、心理咨询室等；老年娱乐室，如棋牌室、阅览室、网络房等；辅助室，如厨房、办公室、公厕等。此外，社区老年人日间照料中心建设标准中对社区老年人日间照料中心各类用房的使用面积比例和装备配置有一定的要求。

**四、社区居家养老服务流程**

要想享受社区居家养老服务，老年人必须遵循申请—评估—认定—签约—缴费—接受服务的流程。不同的社区居家养老服务机构根据其功能定位，对服务对象有不同的要求，一般要求60岁以上，无传染病和精神病史老年人，也有一些社区居家养老服务机构要求老年人能够自理、身体健康、没有阿尔茨海默病等。符合要求的老年人在主要家属同意的前提下，可以申请社区居家养老服务。然后，社区居家养老服务机构会对提出申请的老年人开展评估，以确定老年人的服务需求、签约费用及补贴等级。在老年人及其家属和社区居家养老服务机构双方无异议的情况下，签订社区居家养老服务协议书，老年人就可以享受相应的服务。此后，老年人或其家庭成员只需要按照协议约定的时间和费用按时缴纳一定的服务费即可。总的来说，在老年人接受社区居家养老服务的过程中，其服务需求会随着其身体状况的变化而变化，因此社区居家养老服务的过程是一个动态的、重复的过程。

在社区居家养老服务流程中需要重点指出的是评估环节，这是为科学确定老年人服务需求类型、照料护理等级以及明确养老服务补贴领取资格等，由专业人员依据相关标准，对老年人生理、心理、精神、经济条件和生活状况等情况进行的综合分析评价工作。总的来说，社区居家养老服务评估是确定老年人服务需求、制订个性化的养老服务方案、提高社区居家养老服务针对性和效率的前提和基础，也是落实各项养老服务补贴制度的重要依据。

## 第二节 社区居家养老服务体系的组织人员设置

### 一、养老护理员

养老护理员是与老年人关系最为密切、直接为老年人提供服务的人群，其个人素质、职业素养、技能水平、人力配备直接影响着社区居家养老服务的服务质量，是社区居家养老服务中的重点管理对象。

（一）养老护理员的定义

养老护理员是指对老年人生活进行照料、护理的服务人员，英国称其为"养老护理助手"，日本称其为"介护士"，美国称其为"老年护理助手"。养老护理员是社区居家养老服务工作中的一支重要队伍，是社区居家养老服务行业得以发展的主力军。本书所介绍的养老护理员特指专职上门为老年人提供社区居家养老服务的人员。

养老护理员与传统的保姆、家政服务员的工作内容有所区别。保姆未接受职业培训，工资由雇主支付，服务对象广，工作内容比较广泛。家政服务员是职业化的家庭工作者，其服务对象、服务内容及工资支付的方式与保姆相似，但其接受过一定的专业培训，具有一些专业知识与技能，是保姆的升级。与以上两者不同的是，养老护理员的服务对象是老年人，其工作形式与家政服务员有相似之处，但养老护理员提供的服务更具专业性，具有行业标准，需要进行职业技能鉴定，并且养老护理员所提供的服务属于社区服务，多与民政局或劳动局签订劳动合同，其工资由政府支付，其提供的服务具有一定的福利性。

（二）养老护理员的工作内容

养老护理员的工作内容可分为两个方面：一方面是生活护理，包括老年人清洁卫生、睡眠护理、饮食护理、排泄护理和安全防护等工作；另一方面是技术护理，包括老年人用药观察、消毒、冷热敷用、护理记录等工作。对于不同等级的养老护理员而言，行业标准中的技能要求是渐进的，高级别中包含低级别。

（三）国内养老护理员培训

为规范养老护理员培训，民政部印发了《养老护理员国家职业标准》《养老护理员培训大纲（试行）》，地方政府可以结合自身情况，制定地区养老护理培训规范。下面从培训现状、培训学时、培训内容、培训方法、培训师资要求、培训场地要求和培训模式七个方面对国内养老护理员培训进行分析。

1. 培训现状

我国尚未系统地建立养老护理员培训体系，养老护理员的培训缺乏政策引导和约束，监督管理不足，缺少评价体制。在培训内容和培训方式上，我国养老护理员的培训多集中在单一技能操作方面，缺乏对心理护理、护理风险等方面的培训。此外，我国养老护理员的分层级培训尚未展开，导致培训效率较低。

2. 培训学时

《养老护理员培训大纲（试行）》中对养老护理员的培训学时进行了明确的规定。根据养老护理员等级的不同，有不同的学时安排：高级不少于180个标准学时；中级不少于150个标准学时；初级不少于120个标准学时；

技师不少于 90 个标准学时。一个标准学时为 45 ~ 60 分钟。

3. 培训内容

我国对养老护理员的培训课程尚未统一，未形成规范化的培训体系。根据《养老护理员培训大纲（试行）》的要求，养老护理员的培训内容包括老年人日常清洁、饮食照料、排泄照料、安全防护、口服给药、病情观察、冷热应用、基本急救技能、常见病的康复锻炼方法、慢性病老年人护理要点、临终照顾等。

4. 培训方法

因为目前我国大部分养老护理员主要是下岗职工，其文化水平不高，如果只从理论学习方面入手进行培训，教学难度较大且教学效果不明显，所以培训机构需要采取多种教学方法，可以结合模拟培训、角色扮演等方式，注重对养老护理员实践能力的培养。此外，养老护理员的培训不能仅仅局限于课堂，需要借助现代化教育手段，如将每项技能操作和知识点设计成简短灵活、可反复播放的微课程，方便养老护理员随时查看和反复学习。

5. 培训师资要求

养老护理员的培训教师在职业素养、基础知识、专业背景、任职资格年限、教育经历等方面都需要达到一定的标准。培训初级养老护理员的教师应具有高级职业资格证书；培训中级养老护理员的教师应具有技师职业资格证书或相关专业中级以上专业技术职务任职资格；培训高级养老护理员和技师的教师应具有技师职业资格证书三年以上或相关专业高级专业技术职务任职资格。

6. 培训场地要求

国家规定养老护理员的培训机构应具备标准教室及必要的教学教具设备和实习场所。不同地区对养老护理员培训机构的规定不尽相同。例如，浙江省地方标准《养老护理员培训规范》中对培训场地要求是：理论培训场地人均使用面积不少于 3 m²，每间面积不小于 60 m²；技能操作场地人均使用面积不少于 6 m²，总面积不低于 120 m²。

国家规定养老护理员的培训场所中应配备多媒体教学设备；整个培训场所应整洁、干净、安全，便于开展互动式教学、演示、情景模拟等活动；应设置与培训规模相适应的服务办公场所、食宿场所，其中，食宿场所应符合公安、环保、安全、消防、卫生等有关部门的规定。

7. 培训模式

根据培训主体，可以将养老护理员的培训模式分为以下三种。

（1）学校学历教育模式

这种培训模式是各个大中专院校、高等职业技术学校、中等职业技术学校通过开设老年护理、养老服务与管理等专业的方式，以全日制或成人教育的形式培养养老护理员。虽然这种培训模式历时长，但能够从整体上提升养老护理员的素质。

（2）社会培训机构模式

这种培训模式由政府部门组织制定培训标准和要求，社会培训机构根据要求对养老护理员展开培训。此种培训模式灵活，符合市场的要求，能够在短期内出成效，但是，由于社会办学机构质量有高有低，政府需要加强培训质量监测。例如，上海市民政局与上海市劳动和社会保障局通过招标的形式，确定了一批社会办教育培训机构，由上海市社会福利行业协会负责编制社区居家养老服务人员、评估人员的教育培训大纲和教材，并且实施具体教育培训工作。养老护理员培训结束，且考试合格后，即可获得由上海市劳动和社会保障局统一印制的"岗位培训合格证书"，持有此证方可上岗。

（3）校企或校政合作模式

这种培训模式是指，高等院校和职业技术院校利用其养老护理师资、实训场地等优势，接受政府部门委托，开展集训式的、有针对性的、有规划的养老护理员培训。例如，浙江省民政厅与杭州师范大学医学院合作培训养老护理员，这种培训模式结合了前两种模式的优势，能够在短期内培养出较高素质的养老护理人员。

**二、社区居家养老社会工作者**

我国社区居家养老服务工作的发展时间不长，社会工作者在社区居家养老服务中的作用和定位仍处于探索阶段，政府、社会工作者、养老服务机构、老年人和家庭成员对于社区居家养老服务体系中社会工作者的角色和工作的认识还不够明确。事实上，此类人员的社会工作价值观和工作方法在社区居家养老服务体系中有着不可替代的作用。我国一些城市已正式将社会工作者纳入社区居家养老服务体系中，同时在各类养老服务机构和社区中，出现了一大批具有高中及以上学历的、专业的社区居家养老社会工作者。

（一）社区居家养老社会工作者的定义

社会工作者是在社会服务机构中从事专门性社会服务工作的专业性技术人员，其工作的过程和效果受职业素质、能力和经验的影响。社区居家养老社会工作者是指在职业价值观的指导下，根据我国老年社会保障制度和社会福利制度中的规定，结合社会工作中使用的理论和方法，通过专业的操作方法和流程，为老年人特别是不能自主生活的老年人提供服务的人。社区居家养老社会工作者为老年人提供的服务内容包括解决老年人日常生活中出现的各种问题，使其走出困境，维持其与社会的联系，保障其权利，提高其生活质量。

（二）服务对象

社区居家养老社会工作者的服务对象既包括老年人，也包括照顾老年人的家庭成员。根据不同老年人的具体状况，社区居家养老社会工作者的服务对象包括经济困难的老年人、由于长期患病或残疾等原因造成生活不能自理的老年人、人际关系不良的老年人、无法适应退休生活的老年人、丧亲的老年人以及临终老年人等。需要注意的是，社区居家养老社会工作者的服务对象并不是被动接受服务的人，而是互动的群体。

（三）工作内容

帮助有困难的老年人，满足其基本的日常生活需求，以及满足老年人更高级别的需求是社区居家养老社会工作者的主要工作内容。具体来说，社区居家养老社会工作者的工作内容包括以下九个方面。

第一，为老年人提供基本的生活照料。社区居家养老社会工作者需要运用专业知识，掌握老年医学和老年人行为科学等知识及其最新进展，了解老年人群体的特点和共同需求，尽可能地满足其切实需求。

第二，帮助保障老年人权益。社区居家养老社会工作者需要熟悉与老年人有关的法律法规，并能够运用个案工作法、小组工作法等技巧，为老年人提供专业的法律服务；能够通过与福利机构沟通，保障老年人的福利，保护老年人的合法权益。

第三，帮助老年人自尊、独立地生活。一方面，社区居家养老社会工作者要鼓励老年人积极参与社会活动，发挥其剩余价值；另一方面，社区居家养老社会工作者要搭建老年人与其子女沟通的桥梁，激发子女对父母进行的赡养行为，具体包括经济、生活和情感等全方位的赡养。

第四，帮助老年人转变角色。许多老年人不能适应退休后社会角色的变化，为此，社区居家养老社会工作者需要帮助老年人适应社会角色的转变。具体措施包括：帮助有余力的老年人参与社会建设，进行服务社会和自我发展等活动；为适应能力较差的老年人进行心理辅导。

第五，改善老年人的经济困难问题。社区居家养老社会工作者需要通过调动社会资源，协助解决老年人因丧失工作、长期患病等原因导致的经济困难。

第六，简化医疗卫生服务。多数老年人存在挂号买药、取药等医疗卫生服务需求，社区居家养老社会工作者可以通过建立互助小组的形式，发挥年轻老年人及志愿者作用，或者通过网络挂号等方式，简化老年人的就医、取药方式。

第七，协助照顾者照顾老年人。社区居家养老社会工作者需要及时与照顾者进行沟通，了解其所面临的困难，为其提供信息、物质和精神支持，使其获得照顾喘息的机会；协调家庭所有成员积极参与老年人的照护中来，调节可能存在的家庭矛盾；鼓励照顾者参与或成立互助团体，通过团体活动，帮助照顾者获得更多有关老年人照料、沟通等方面的知识与技巧，缓解其压力。

第八，建立和扩大老年人的社区支援网络。社区支援网络是个体与社会的联系体系，是个体获得情绪支持、物质支持、信息与服务的重要载体，可以分为个人网络（家庭成员、朋友等组成的支援网络）、志愿者联系网络、互助网络（同伴关系）、邻舍协助网络、社区授权网络等。社区居家养老社会工作者可以扩大老年人社区支援网络，包括推行老年人社区支援网络的理念，使社区成员成为潜在的支援提供者；积极维持老年人社区志愿网络，为志愿者提供培训，使其具备照顾老年人的能力。

第九，协助临终关怀服务。社区居家养老社会工作者需要疏导老年人对死亡的恐惧情绪，帮助老年人平和地面对死亡。同时，社会工作者还需为老年人的亲属提供支持，帮助亲属照顾老年人，为其提供相应的信息，争取应有的资源。当老年人离去时，社区居家养老社会工作者需要为其亲属提供慰藉，缓解其哀伤、悲痛等情绪，妥善处置善后事宜。

# 第三节 非营利组织参与社区居家养老服务的方式

## 一、非营利组织的定义

非营利组织，又称"非政府组织""慈善组织""第三部门""民间组织"或"社会组织"，是独立于政府和市场之外的社会组织，具有志愿性的特点，可以为社会提供公共服务。在我国，非营利组织的定义相对较广，主要是指从事公益活动，不以营利为目的，满足支援性和公益性特点的组织。其中，只有在民政部门登记并注册成功的非营利组织才是被政府认证的、正式的组织，主要包括社会团体、基金会和民办非企业单位三大类别。社会团体有行业性、专业性、学术性和联合性四种类型；基金会有公募型和非公募型两种类型；民办非企业单位包括公立学校、公立医院、社会服务和福利机构等。

此外，在研究非营利组织参与社区居家养老服务的过程中，首先要介绍一种非营利组织的特殊类型——老年社会组织。这一组织主要以老年人为服务主体，由社区的老年人及为老年人提供服务的组织发起或依法自愿成立，按照规定好的章程开展社区居家养老服务。所讨论的均是以这一类型为研究对象的非营利性的社会组织，其可以分为非学术团体、同人组织、社区组织、社会服务组织和老年人互助组织这五种类型。非学术团体是指，根据专业自愿组织的老年学术性组织，如中国（各省级）老龄科学研究中心、中国（各省级）老年学会等；同人组织是指，根据共同经历、兴趣、爱好自发组织的社会组织，如老年合唱团、老年秧歌队等；社区组织是指，同一个社区的老年人自愿组织的自我管理、自我教育、自娱自乐的民间群众团体，如社区老年协会等；社会服务组织是指，基于奉献精神而组成的、为社会提供公益和福利服务的组织，如起到维护社会治安、环境卫生、管理交通秩序等作用的各类老年人社会组织；老年人互助组织是指，老年人为捍卫自身利益而自愿组成的互助性组织，如退休教师协会、退休医师协会等。

## 二、非营利组织参与社区居家养老服务的方法

随着社会的发展，非营利组织不断发展和壮大，其参与社区居家养老服务的方式也呈现出多样化的趋势。根据定义可知，非营利组织参与居家养

老服务是指非营利组织依法通过相应途径，并以直接或间接的方式，参与居家养老服务管理并提供相关服务。由此可以从直接和间接两个角度对非营利组织参与社区居家养老服务的方式展开讨论。

（一）间接参与社区居家养老服务

非营利组织中的老年社会组织可以通过参加听证会和相关会议等方式，间接地影响养老保障政策的制定与修改，监督社区居家养老服务中的政府行为，推动各项养老服务政策的贯彻落实。限于篇幅原因，这里对非营利组织间接参与社区居家养老服务的方式不再展开讨论，有兴趣的读者可以查阅相关资料。

（二）直接参与社区居家养老服务

非营利组织可以通过与政府合作承担服务项目的方式，直接参与社区居家养老服务，具体的流程为：

首先，政府要根据老年人的需求制定社区居家养老服务项目；

其次，政府要审核参与招标的非营利组织的资质；

再次，在政府评审合格后双方签订合同；

最后，非营利组织向政府提供养老服务项目，政府根据其完成的数量和质量支付费用。

在这种"政府承担、定向委托、合同管理"的模式下，政府与非营利组织的关系是合作伙伴关系，不存在直接的隶属关系。政府的主要作用是规划社区居家养老服务的发展方向，动员社会资源，给予一定的资金投资，制定优惠政策，吸引非营利组织参与社区居家养老服务。非营利组织与政府签订运作协议后，其在服务内容、服务价格、服务方式、考核指标体系、人事权和规章制度的制定等方面享有自主权，成为推动社区居家养老服务事业发展的最直接动力。

**三、非营利组织参与社区居家养老服务的意义**

由于政府在社区居家养老服务中发挥着主导作用，其具有服务模式从上到下逐级推动发展的特点，这就决定了政府在提供服务方面不够灵活。而非营利组织在社区居家养老服务中表现出较强的灵活性，这是尊重老年人个性化服务需求的体现，是完善我国社区居家养老服务体系的必然选择，是推动和谐社会建设的必由之路。

具体而言，非营利组织参与社区居家养老服务的意义体现在以下四个方面。

（一）促进社区居家养老服务形式多样化

随着全球化时代的到来，人们的价值观趋于多样化，老年群体的需求也呈现出多样化的特点。非营利组织来源于民间，其特点是了解民间需求，了解老年人的需求，能够根据不同老年群体的特点，提供个性化的服务，运作方式灵活。

因此，非营利组织参与社区居家养老服务可以增加社区居家养老服务的服务项目，进而促进社区居家养老服务形式趋于多样化发展。

（二）整合社会资本，减轻政府财政负担

非营利性组织在参与社区居家养老服务的过程中，可以帮助一些愿意开展养老服务的企业和个人将资金投入社区居家养老服务中。这样做有利于整合社会资本，减轻政府财政压力，增加社区居家养老服务业的资金来源。

（三）推进社区居民互帮互助

非营利组织的工作人员来自社区，社区成员在为社区老年人服务时，这种互助精神会相互影响，从而增强社区的凝聚力，促进社区和谐氛围的形成，进一步推动社区居家养老服务体系的建立。从老年人的角度来看，他们的人际关系过于简单，以社会养老组织等非营利组织为载体展开各种活动，可以进一步拓展老年人的人际关系网，促进老年人相互了解、互帮互助，进而使老年人享受安详的晚年生活。

（四）有利于加强基层民主，加强与政府的沟通协调

大部分非营利组织产生于社区，应社区需求产生，其支持主要来自社区，是维护社区群众利益的一支重要队伍。非营利组织可以通过老年人座谈会、联席会议等形式，及时向政府传达老年人的需求、愿望、批评和建议。相对地，政府也可以通过非营利组织向老年人传达处理意见，共同促进和谐社会的建设。

由此可见，非营利组织参与社区居家养老服务有利于加强基层民主，加强与政府的沟通协调。

# 第四节 社区居家养老服务中市场化运作机制研究

## 一、政府与市场机制在社区居家养老服务体系中的定位

（一）政府在社区居家养老服务体系中的定位

1. 政府在社区居家养老服务体系中的主导作用和主体地位

政府作为保证社区居家养老服务正常运行的基本准线，通过颁布法规和政策对市场机制形成一定的约束力，以此监督和管理社区居家养老服务的运行，使社会中部分老年群体的需求能够得到基本满足。根据前文分析可知，政府在社区居家养老服务中发挥的主体地位主要表现在以下三个层面：首先，政府负责监督和检测各项与社区居家养老服务相关的政策，以确保社区居家养老服务的实施。其次，政府负责检查和监督政府资助的社区居家养老基金的具体用途，以防止滥用资金现象的产生。最后，政府负责有效监督和管理社区居家养老服务机构和服务人员，并为其制定一套完整的规章制度和相关评估标准，以确保社区居家养老服务的质量。

2. 政府如何在社区居家养老服务体系中发挥主导作用

第一，政府通过相关法律法规和政策引导建立家庭养老保险制度，明确规定了服务对象的基本内容，这是顺利经营和发展社区居家养老服务的基础和前提。

第二，政府在经济与财政支持上做到了持续有力的供应，发挥了巨大的作用。武汉市各级政府提供的社区居家养老服务资金主要分为以下几类：①为社区家庭护理服务站等社区居家养老服务设施的建设工作提供资金；②为优秀的基层社区居家养老服务机构和服务人员提供奖励基金；③为辖区内真正有需要的老年人提供经济支持。

第三，政府的主导作用体现在社区居家养老服务体系的协调、组织、管理和监督方面，包括相关的非政府组织、社区居家养老服务机构和服务人员、社区居委会等机构，以及志愿者和其他组成部分。可以说，在政府的领导下，武汉市建立了比较完善的社区居家养老服务体系

通过上述讨论，我们能够清晰地辨别出政府在社区居家养老服务中所

发挥的作用，特别是政府相关政策的实施在社区居家养老服务的发展与协调过程中起到了巨大的能动作用，它不仅平衡了家庭与社会之间的关系，而且决定了社区居家养老服务公共产品的性质。

（二）市场在社区居家养老服务体系中的定位

1.市场机制的定义和功能特性

社区居家养老服务还涉及一个较为重要的层面，即市场机制。市场机制的定义是通过市场运作的相关内容，进一步使市场的资源配置更加完善。简单来说，市场机制就是通过市场的发展与良性竞争来激发市场深层的经济体制作用，从而带动市场经济的发展。市场机制的影响因素主要包括竞争机制、价格机制和供需机制这三大方面。如今，在政府的引导下，市场机制在社区居家养老服务模式中的有效发挥已经成为一种必要前提，市场机制这种独特的功能和作用为政府和社会带来了广阔的发展前景。市场机制的功能作用主要包括四点。第一，效率功能。各微观经济主体为了自己的经济利益而在市场中相互联系、相互竞争与相互制约，在趋利避害的过程中，经济主体的行为符合效率原则。第二，分配功能。市场机制尤其是价格机制直接涉及各经济主体的经济利益，同时价格的变动会引起社会财富的再分配。第三，配置功能。市场机制会使资源不断地流动，实现资源的优化配置。第四，选择功能。市场机制能够对经济主体尤其是企业的行为进行评测，从而实现市场的优胜劣汰。

2.市场机制在社区居家养老服务体系中的作用

在分析了市场机制的定义和功能特征后，将具体探讨市场机制在社区居家养老服务体系中的作用。可以说，市场机制在社区居家养老服务体系中的作用主要体现在政府购买公共服务方面。按照新的公共管理理论分析，政府应该回归政策制定、财政支持和政策监督的本职，有必要赋予市场特定的执行功能，并充分利用市场机制的效率、资源配置和选择功能的主要作用。同时，政府应该采用企业管理模式和相应的现代技术进行公共管理，将公共服务对象视为同类企业的客户。可以说，社区居家养老服务系统的市场化运作是最有效的资源分配方法，也最能体现市场的成本效益原则。

（三）社区居家养老服务体系中政府与市场机制的关系

为了厘清政府与社区居家养老服务市场机制的关系，我们可以通过武汉市、青岛市和宁波市的社区居家养老服务的运作机制进行探索。

首先，这三个城市在社区居家养老服务的实践中始终坚持政府领导的原则，政府在社区居家养老服务体系中发挥了主导作用。例如，武汉市坚持"政府是家庭养老服务社会化的第一推动力"的理念，在充分有效发挥政府主导作用的过程中，推动了武汉市社区居家养老服务的发展，从各级城市、地区和街道实现了政府的宏观规划、协调和联系工作模式，使武汉市各级政府职能够集中在一起，形成了一种良好的凝聚力，使其能够在社区居家养老服务中发挥有效的主导作用。作为社区居家养老服务市场相对成熟的地区，青岛市和宁波市也非常重视政府的主导作用。这两个城市的政府坚信只有发挥自身管理和强制权威的主导作用，才能为社区居家养老服务体系的健康有序运行和发展提供坚实的保障，从而确保家庭护理服务的公平性。

其次，这三个城市的政府都高度重视通过各种途径充分发挥市场机制的作用。例如，武汉市、青岛市和宁波市政府都大力推进老年人家庭护理社会化工作的开展。政府通过招标等市场机制，从相关的非政府组织（如社区居家养老服务机构）购买养老服务。此外，这三个城市的政府还鼓励和引导社会资本，特别是企业资本通过相关优惠政策进入养老服务市场，并积极推动社区居家养老服务机构的产生和发展。实践证明，面向市场的社区居家养老服务运作模式是一种高效、快速的经济运作模式。

综上所述，社区居家养老服务的公共性质客观地决定了政府与社区居家养老服务系统的市场机制之间的关系，二者最本质的区别就在于政府具有强制性的法治手段，而市场则没有。政府在制定与社区居家养老服务相关的政策和法规时，就决定了政府在社区居家养老服务的财政支持及服务操作过程的监督和管理方面发挥着不可替代的主导作用。也就是说，在社区居家养老服务系统的运作和发展中，政府一直处于主导地位，这是因为社区居家养老服务的公共产品的性质和法律具有的强制性。市场机制是提高社区居家养老服务机构和服务人员服务效率与质量的主要方式，是社区居家养老服务体系在运行过程中得以不断优化完善的主动力。总的来看，只有依靠政府的强制性公共权力，才能在社区居家养老服务体系中合理、有效地引入市场机制，充分发挥市场机制的作用，实现公平与效率的有机结合。

通过以上分析，我们阐明了社区居家养老服务体系中政府与市场机制的关系，在界定了社区居家养老服务体系中政府与市场机制的关系的基础上，后续的章节将会具体分析政府与市场机制的整合。

## 二、政府和市场机制在社区居家养老服务体系中的整合

### （一）社区居家养老服务体系中坚持政府主导的原因分析

从经济市场理论的角度来看，自由竞争的市场机制和结构无疑是分配资源的最佳途径，但其在现实理论中具有不同的表现。换句话说，只有在完全竞争的市场环境中，市场机制才能充分发挥其在资源配置中的作用，如果在不完全竞争市场的背景下，市场机制并不能充分发挥其在资源配置中的作用。在经济理论条件中的市场实际上是一种假设的存在，现实生活中的市场不是一个完全竞争的市场，因此市场机制无法实现资源的最佳配置。产生这种现象的原因主要有以下几方面。首先，对于市场来说，其并不能很好地调节自身的失灵问题，必须依附在政府或是外力的影响下来调整自身的失灵问题。其次，从社区居家养老服务体系运行的角度考虑，其属于公共服务的类型，其发展不只依靠市场机制来统一和规范，而且，市场机制无法确保社区居家养老服务体系运行的公平和有效，一旦失效可能造成严重的经济危机，这要求政府在社区居家养老服务体系中必须发挥主导作用。

综上所述，在社区居家养老服务体系中坚持政府主导的原因有以下两点：一是因为社区居家养老服务属于一种公共服务，虽然其可以通过政府与市场机制进行调控，但是为了保证其运行过程中的民主与公平，社区居家养老服务体系需要在政府主导下进行，并受到政府和市场机制的相互作用；二是从经济学的角度出发，政府的调控能够使市场机制更加统一，也能够减少市场失灵时所造成的经济损害与不良影响。

### （二）社区居家养老服务体系中引入市场机制的原因分析

政府主导与市场机制在本质上是相同的，市场机制具有因素不可控和不能全面覆盖等缺点；同理，政府主导也会遇到这类问题，如政府失灵等。政府失灵是指个人对公共物品的需求在现代民主政治讨论制度中并不能充分发挥作用的结果。产生这种现象的原因是，公共部门在提供公共服务时难免会存在浪费或滥用公共资源的情况，从而浪费了公共支出，并降低了服务效率，导致政府部门的执行效果不理想。国外传统经济学表示，政府是由公众创造的，其管理的公共事务和市场部门代表着公众的思想与利益，且在不

损害政府经济的前提下，其会最大限度地提高公民的效益，以保障公众的利益。然而，现实与理论存在偏差。首先，根据公共选择理论可知，各利益集团和不同社会群体成员的利益和偏好不同。面对多样化和复杂化的社会需求，政府不能做到满足所有人的需求。其次，政府及其工作人员的思想层面不可控，因此政府工作人员不可避免地会将自己的利益和偏好纳入政府的运作和决策中。以上这些因素都可能导致政府失灵的结果，这种结果的影响包括以下四个方面。

一是政府失灵现象的存在导致政府无法测算社区居家养老服务体系运行过程中的投入资源与效益，也就无法估计社区居家养老服务体系运行的具体成本；二是政府失灵会导致社区居家养老服务体系中大大小小的服务机构进行不可控的扩张；三是政府无法通过宏观调整进行有效的市场控制，更无法从中找到相应的平衡点，这意味着市场运营模式将会受到资源短缺的影响；四是政府通过行政手段加以把控很可能导致社会资源的利用效率低下和浪费等不良影响。

能够解决政府失灵问题的手段便是引入市场机制，具体原因有以下几点。第一，引入市场机制能够解决政府资源匮乏的问题，这样一来，市场的运作层次便更加清晰，从而能够带动社会养老资源的有效配置。第二，市场机制能够有效地吸收社会经济发展所带来的资源，将其充分运用到社会养老服务模式中去，以此弥补政府因资源短缺而造成的缺口。

综上所述，市场机制能够在很大程度上吸引社会经济资源的投入，提高社会资源的有效配置效率，并源源不断地提供有效机制来促进社区居家养老服务体系的发展与完善。由此可见，引入市场机制是发展社区居家养老服务体系的必然举措。

（三）社区居家养老服务体系中政府主导与市场机制的整合分析

根据前文分析可知，如果政府的主导作用超出合理的范围，那么便会造成政府无法发挥其主观经济体制的现象产生，即产生政府失灵现象；如果市场机制的范围缩小或是市场机制的作用超出了其管辖范围，便会产生市场机制失灵的现象。因此，在社区居家养老服务体系中需要将政府主导与市场机制整合在一起，以便二者可以利用自己的优势来弥补彼此的不足。

在我国传统社会中，老年人主要的经济来源是家庭，这也是老年人生活所需和生活保障的主要来源。而在计划经济时期，政府承担起照顾老年人生活的大部分责任和所有的经济供给，这造成了政府经济负担的加重。目前，在养老服务的供给方面，我国政府坚持由政府主导并借助社会主义市场经济体制来调控的方式取得了良好的工作成效。同时，社区居家养老服务资源的供给也不是单单依靠政府，而是由社会多方面力量共同提供。在这种环境下制定出的养老服务政策与服务目标能够促进政府主导与市场机制的整合，还能够以家庭为基础，发展其他能够供给的社会渠道对此进行改进。

在传统的家庭养老模式中，老年人的经济支持、生活保健和精神慰藉由政府和家庭提供，政府和家庭是养老服务资源的主要提供者；在社区居家养老服务模式中，养老资源由个人、家庭、社区和政府共同提供，供给渠道多样化，可见，社区居家养老模式是符合我国当前社会经济发展模式的家庭养老模式。国外福利多元化理论所倡导的内容是，政府的存在不只是福利服务体系的唯一出口，除了政府之外，还应该有市场机制的资源配置、私有化运营服务和社区体制等模式的共同参与，从而创造出更完善的老年人养老服务体系。对于社区居家养老服务模式来说，政府与市场的有机结合和统一才是完善社区居家养老服务体系的关键所在。

按照新公共服务理论和新公共管理理论分析可以发现，在社区居家养老服务体系中将政府与市场机制相结合是十分有必要的。新公共管理理论过分强调政府调控市场机制的作用，加重了政府的负担，可能会导致公民与政府之间的关系复杂化；新公共服务理论过分依赖市场机制的调控，可能会引发一系列的经济问题，导致作为准公共产品需求的社区居家养老服务不公平。如果按照新公共管理理论执行社区居家养老服务体系，由于没有及时、有效的政府干预，该体系无法弥补市场失灵的问题；同样，如果按照新公共服务理论执行社区居家养老服务体系，虽然保障了社区居家养老服务的公平、正义，但政府通过行政手段的严格安排必然会导致其服务效率的低下，社会养老需求无法满足，同时产生浪费社会资源的现象，最终结果仍然要由政府承担。

事实上，无论是新公共服务理论还是新公共管理理论，对于政府和市场机制在包括社区居家养老服务在内的社会公共服务中所能发挥的作用来说，都具有重要的理论指导意义。这两种理论都有积极和有益的一面，绝不能一味地抵触它们，我们必须从辩证的角度看待这两种理论，并合理地将这两种理论进行融合。通过这两种理论的发展与融合，政府的主导作用及市场机制的效率性和公平性在社区居家养老服务体系中能够更加凸显。也只有这样，在双方互相协调与发展的同时，才能够带动和促进相关社区居家养老服务体系的完善，使其健康发展。

综上所述，在我国社会主义市场经济体制下，以社区居家养老服务等准公共产品为特征的社会公共服务，不仅需要政府主导来确保其公平性，还需要合理地引入市场机制，以减轻政府的负担。为了推动我国社区居家养老服务体系的建立和健全，政府应通过相关的优惠、奖励政策吸引民间资本进入养老服务领域，为社区居家养老服务体系的健康发展提供充足的资金和物质保障，市场机制应通过竞争和协调，为老年人提供健康的、全面的服务内容，从而推动社区居家养老服务体系的进一步发展。

### 三、完善社区居家养老服务体系市场化运作机制的对策

（一）完善政府在社区居家养老服务体系市场化运作机制中的职能

1. 改进财政补贴申请和拨付程序

由于向政府申请社区居家养老服务财政补贴的手续繁多，费时费力，存在等待拨付时间冗长甚至需要养老服务企业先行垫付资金的情况，从而阻碍了社区居家养老服务行业的发展。对此，政府应简化申请社区居家养老服务财政补贴的流程，层级递减手续步骤，提高行政效率；依托社区拓宽申请渠道，由社区独立完成对辖区内养老需求及相应财政补贴额度的调查与申报，然后政府就上报的内容派专人进行核实并汇总，经公示无误后，如数发放补贴资金。此外，企业需要在社区的协作监督下完成对账务款项的核对工作，而政府需要将所有补贴款项的内容及其具体用途在官方网站上进行公示。

2. 完善配套制度，加强引导与监督的职能

政府应出台并完善相关政策，以此吸引和鼓励社会组织、企业等投身于社区居家养老服务事业。这样既遵循了市场运行规律，满足了老年人日益丰富的生活需求，又极大地调动了社会力量参与养老服务事业的积极性，对社会资源进行了合理的配置，有效地避免了政府在处理该方面问题时能力较弱的局限性。在服务供给过程中，社会组织比政府更贴近基层民众的生活，能够对出现的问题及时调整、灵活应对，提高服务效率。因此，政府应该充

分利用社会组织的积极作用，合理、有效地兼顾成本收益问题。

与此同时，政府应完善配套制度，加强其引导与监督的职能。为此，可以设计一套养老服务需求评估指标和一种养老服务质量评估模式，以便于政府履行其监督职责。此外，政府应出台切合实际的法规及应对措施。一方面，政府应该为社会组织等各类服务机构建立一套涵盖其宗旨、运行制度、人员培训管理方案、资金运用办法等方面的体系制度，对其发展进行实时监控。另一方面，政府应该对养老服务机构工作人员的思想和工作方法进行指导，定期开展学习培训，提升其职业技能素质，使其在工作中贯彻落实政策，为社区居家养老服务体系的发展奠定人才基础。

（二）提升养老服务企业市场化供给和服务的能力

1.完善养老服务企业设施和制度的建设

建立一套科学、全面的制度和具备足够完备的硬件设施是养老服务企业实现可持续发展的前提，只有这样养老服务企业才能为社区内的老年人提供更好的居家养老服务。明确养老服务的相关标准是养老服务企业发展的首要条件，现阶段各养老服务企业虽然在提供居家养老服务方面有一套标准的运营机制，但并没有依照具体的服务内容有针对性地制定相关的服务准则。因此，养老服务企业的服务内容具有适用范围小、过于空洞、可行性不高的局限性。由此可见，目前养老服务企业提升养老服务质量的关键是细化行业内服务标准，建立一套适用性强、涵盖面广的行业行为规范，以此推动养老服务行业的统一化和标准化建设，在各企业之间形成统一的服务行为准则和具体的工作流程。为此，各个养老服务企业需要建立一个长期有效的沟通机制，具体措施包括：定期举办行业发展交流座谈会，互相交流在工作中的经验以及存在的问题，以彼之长，补己之短，对别人指出的不足之处及时改正并避免下次再出现类似问题，并针对出现的问题探讨可行的解决办法；由政府出面，组织养老服务企业成立行业协会，协会成员统一执行明确的行业服务工作准则，集众人之力来推动社区居家养老服务体系的完善与发展。

2.加强养老服务人员的素质建设

养老服务企业主要由工作人员完成服务供给，要想推进整个养老服务行业多样化和个性化的发展，提高自身服务质量，养老服务企业就必须对养老服务人员的专业技能及服务态度等方面进行培训。调查结果显示，沿山河社区"养安享"社区居家养老服务中心就在养老服务人员的招收和培训方面存在问题，该中心对招聘工作人员的学历、技能认证等准入标准的限制过于宽松，该中心半数以上的养老服务人员并没有取得相关的职业技能证书，同时该中心也没有对养老服务员工进行过后期培训。这在一定程度上会造成社区居家养老服务质量的降低，并减缓社区居家养老服务产业的发展速度。对此，养老服务企业在招聘工作人员时应保持准入的高标准，并对在职人员的专业技能、职业素养以及相关知识等方面进行专业化培训，从而在体制上建立一套完整的从业资格认证管理办法。

综上所述，养老服务企业应加强对养老服务人员素质的提升，具体可以从以下几个方面着手。

（1）对养老服务人员进行职业技能方面的培训

养老服务企业应建立一套完整的培训机制，请专业人员定期对养老服务人员在基本护理、紧急情况处理等方面开展专业技能的培训课程；同时，养老服务企业应面向社会通过招考、定向培训等方式，吸纳一大批精力充沛、学历高、专业技术过硬且热爱养老服务事业的人才，为自身的发展注入新鲜血液。

（2）为养老服务人员建立一套全面的职业技能资格认证机制

养老服务企业应完善养老服务人员的管理体制，规范其职业技能，以便于其为老年人提供更高质量的服务。例如，养老服务企业可以根据养老服务人员所学内容的方向建立相应的考核机制，为考核通过的养老服务人员发放相应的职业技能证书。证书根据技能方向以及技能等级的不同进行区分：在技能方向上可分为护理、应急、心理开导等方面的证书；在技能等级上分为初、中、高三级，初级就是入门，即较为基础的等级资格，中级和高级则为更高级别的服务认可标准。设立该机制的目的在于规范养老服务行业从业人员的行为，提高其专业技能，进而促进养老服务事业的发展。

（3）提高养老服务人员的行为的薪资以及福利待遇

与一般家政服务人员不同，养老服务人员的工作更加烦琐，但待遇一直不高。为此，养老服务企业应以养老服务人员的工作性质、工作要求以及工作内容等为要素，划分其应得的待遇等级。根据国家相关政策指导，养老服务企业或者社区可以向政府申请给予养老服务从业人员更多的福利待遇，让社会认可其价值。同时，养老服务企业与政府相关部门应当落实养老服务人员在工伤、养老、生育、失业、医疗及住房公积金等方面的福利待遇，免去其后顾之忧，使其能够全身心投入养老服务事业。此外，养老服务企业在提高养老服务人员福利待遇的同时也要完善奖惩机制，将养老服务人员提供服务质量的好坏及老年人的满意度作为重要参考指标。对服务质量好并且满意度高的养老服务人员在物质以及精神上给予奖励，并以其为典型，大力宣传，鼓励养老服务人员认真工作；对服务质量差或满意度低甚至被投诉的养老服务人员进行批评或降薪等惩罚，并以此作为案例，为其他养老服务人员敲响警钟。只有这样才能凝聚人心，调动养老服务人员的积极性，促进社区居家养老服务的发展。

（4）加快社会志愿者团队的建设，扩大志愿者队伍

养老服务企业应建立科学的志愿者服务制度，将志愿者进行分类，扩大志愿者参与养老服务的渠道；还应规范志愿者管理制度，根据志愿者的年龄、职业及技能将其划分为不同的类型，并建立志愿者登记手册，方便查询，以便于为老年人提供更专业化的养老服务。

与此同时，政府、社区和社区组织在日常工作中也要加大对社区居家养老服务事业的宣传力度，传播社区居家养老事业对个人乃至全社会的极大价值和深远意义，使社区居家养老服务观念深入人心，从而吸引社会各方面的力量积极加入养老服务志愿者队伍。

此外，社区居家养老服务中心还可以与社会志愿者团体直接沟通并开展合作，在志愿者的服务内容及服务范围等方面建立明确的工作准则，最终建立一支由专业人才与社会志愿者共同组成的社区居家养老服务队伍，为老年人提供服务质量好、满意度高的养老服务。

3. 丰富和完善养老服务的内容与形式

由于市场机制的竞争性，养老服务企业需要以老年人的需求为指导，以用户满意度作为服务目标，不断更新服务产品的内容与形式，不断提升自身服务能力与服务产品的内涵。社区居家养老服务中心可以在现阶段常态化的养老服务内容的基础上建立一套独具特色的养老服务体系，如开创面向老年人的惠老超市及惠老卡等，可以取得良好的成效。

在"智慧养老"的背景下，养老服务企业也可以充分利用信息网络技

术与移动数据终端等科技力量，以此丰富和完善社区居家养老服务的内容与形式，如开发一个涵盖服务机构中所有服务产品，能够显示服务内容、服务时间等各项信息，具有沟通功能的移动 APP 终端。由于老年人中普遍存在不会操作电脑和移动智能手机终端的现象，对此，养老服务企业可以与老年人的子女、亲人建立沟通关系，让年轻人关注 APP 终端，或者采取口头、电话通知等其他方式向老年人宣传即将开展的活动和工作，将活动的时间、内容等信息告知老年人，并询问老年人是否有意愿参与，最终由本人亲自报名参与或在征得其同意后由子女代为报名参与。如此一来，无论儿女是否在身边，老年人都可以了解养老服务信息，既扩宽了老年人获取信息的渠道，又促进了老年人的家庭和睦，增进了其与家人的感情。此外，由于目前养老服务的问题是精神需求供应不足，对此，养老服务企业在提供居家养老服务的过程中，应在满足老年人物质需求的同时，将满足老年人的精神需求作为服务的重点目标。例如，养老服务企业可以举办老年人文艺晚会、开办兴趣培训班、组织旅行等，对于较年轻的老年人可以组织其加入志愿者队伍，参加志愿活动。

（三）提升社区、家庭和个人对居家养老市场化供给的配合度

1. 社区应积极做好协助工作

社区作为居民自治机构，是主要的服务提供主体。因此，社区在组织社会参与、保障社会福利以及社会控制方面具有重大作用，在养老服务事业中具有政府与企业所不具备的功能与职责，具体表现在以下四个方面。

（1）监督功能

许多社区居家养老服务中心由养老服务企业投资创办，属于营利组织，导致其在工作中常常出现为了获取利益而脱离原有标准的状况。社区比较贴近实际工作，因此在监督与维护行业制度标准方面，社区具有义不容辞的责任。

（2）需求评估功能

随着老龄化程度的加深，老年人的需求也不断变化，一成不变的服务模式和墨守成规的工作制度无法与日益变化的社会需求相匹配，从而导致服务满意度下降等问题。这就需要社区不断调查评估，不断收集、汇总社区老年人对养老服务的需求，并及时与养老服务企业沟通，二者共同为老年人提

供满足其需要的服务。

（3）纠纷反馈功能

在服务过程中，养老服务的接受者和提供者可能会因为各种因素产生纠纷，对此，社区需要建立纠纷反馈渠道，时刻保障养老服务双方的权益，提升用户的服务满意度。

（4）设施更新功能

社区具有为养老服务企业提供场地、设施的功能，基于此，社区要时常更新社区内的养老设施，为养老服务机构提供便利，为老年人创造一个舒适的养老环境。

2.增强家庭与老年人自身对社区居家养老服务的认同度

传统的养老观认为老年人要在家庭成员的关爱与照料下享受天伦之乐，而这种需求是现阶段社会化养老发展趋势所不能满足的。对此，家庭成员除了要满足老年人物质上的需求之外，还要对老年人进行心理疏导，使其接受社区居家养老服务理念，并破除老年人对社会福利的依赖心理，树立健康、绿色的养老服务消费观念，杜绝老年人之间就所享受服务的质量好坏、品类多寡等问题形成互相攀比的不良风气。实际上，造成老年人晚年生活空虚最主要的原因就是家庭成员在生活中对老年人的关爱与陪伴太少。为此，在社会化养老的发展背景下，家庭成员应自觉履行赡养老年人的义务，可以借助社会组织和相关服务机构的力量，承担起照顾父母晚年生活的责任，但不是将老年人完全交由社会组织照料。

另外，在社区居家养老服务机构发挥作用的同时，传统养老机构也要发挥其协助作用。这样做不仅可以充分发挥养老机构的积极作用，还可以在一定程度上分担社区居家养老服务机构的压力。

然而，由于缺乏专业的护理团队及完备的医疗仪器设备，许多养老服务机构在照料失能老人等人群时显得心有余而力不足。对此，社区应建设具有专业医疗护理团队、硬件设施完备的养老机构，为老年人提供优质的养老服务，最终形成一个由社区居家养老服务为主体，家庭养老服务及机构养老服务共同发展的新型养老服务模式。

# 第六章 "互联网+"居家养老体系建设

## 第一节 "互联网+"居家养老体系建设原则

### 一、"互联网+"居家养老体系理念

我国老年群体基数大、速度快、基础差、情况杂，要保证各层次老年人养老各有所获，就必须以老年人的身心健康和利益为中心，坚持"政府主导、社会参与、全民关怀"的老龄工作方针，依托社区平台，整合各种资源，关注需求差异，突出个性特点，开展多元化服务，基于老年群体的现实问题与迫切需求，既满足重点照护对象的需求又重视不同层次老年人的需求，建立养老服务信息网络系统，完善居家养老服务站点建设，把市场化、专业化服务与家庭支持、邻里互助和志愿服务结合起来，不断提升养老服务水平。

（一）坚持法治理念

法律是各项政策措施落地的坚强保障。中国是一个法治国家，任何人或事都不凌驾于法律之上，任何行为都要受到法律的控制和约束。随着互联网的普及、高居世界的"5：1"或"4：1"老年抚养比的到来、"4+2+1"的家庭结构变化、家庭道德伦理的恶变，养老问题不断加剧，老年人被虐、受骗、参与碰瓷等情况时有发生。建立新型养老体系成为我们面临的重大问题，必须把依法治国、依法执政、依法治理、依法服务作为解决老龄化问题的准绳，借鉴国外居家养老服务经验，强化全社会法治观念，加快居家养老立法，加强养老领域执法，以法律为依规净化养老环境，保障老年人合法权益，建立更为完善的适应现代化发展要求的养老服务体系。

（二）坚持政府主导

纵观世界范围内推行社会福利制度的国家，都把提供社会福利纳入政

府的职责范围。社会福利制度是一项国家性制度，只有政府才能依法推行；社会福利制度也是一项全民参与的制度，只有政府才能协调组织好各方面的活动。从福利制度的发展历程来看，国家是福利制度实施和保障的主体，在社会福利制度建立和发展过程中一直处于主导地位。居家养老服务是社会老年福利制度的重要内容，尽管一些国家出现了社会组织和民间机构开展实施社会老年人福利项目，但是归根结底无法跳出政府的授权、监督和扶持。老年人群体是国家和社会不可忽视的重要存在，保障老年人的社会福利既是维护国家社会稳定的需要，也是政府应当履行的基本责任，政府应当发挥主导作用，进行宏观调控、科学规划，不断完善居家养老服务体系，推进养老服务可持续发展。

（三）坚持社会参与

养老权是社会权的一种表现形式，具有社会性特征。实践表明，推进居家养老服务发展，离不开社会力量的参与。在我国"未富先老"的国情下，尤其如此。国家需要通过法律和政策引导，组织和调动一切社会积极力量，参与居家养老服务体系建设，把推进居家养老的权利、义务和责任分担给社会、家庭和个人，构建政府、社会、家庭和个人多方合作关系。家庭要明确其基础性地位，个人要负担起自身应尽的责任和义务，社会力量要积极参与，政府在社会福利事业建设中扮演着重要角色，要加强对居家养老服务发展的指导和监督。只有各方积极参与，权利和义务明确，才能有序推动居家养老服务体系建设健康发展。

（四）坚持以人为本

尊老、敬老、爱老、孝老是中华民族的优良传统，为老、助老、惠老、怡老是中国建设全面小康社会的基本任务。从社会到家庭，从年轻时期创造社会价值到年老后成为弱势群体，老年人角色的转变使得他们理应得到社会的尊重与赡养，居家养老兼具家庭养老人情味、亲情化与机构养老规范化、专业化所长，因而备受老年人青睐。在进行"互联网+"居家养老服务体系建设中，必须坚持以人为本的理念，关注老年人作为养老服务接受者与为老服务参与者的双重需要，顾及老年人的感受和想法；服务方式与内容要兼顾中高收入群体与低收入无收入群体尤其是农村老年人群体，以及已老群体与未老将老群体等各方的需求；服务项目要接受老年人和社会监督，根据居家

养老的实际条件，规避简单拼床位、胡乱拍板、"面子工程"等现象，提高居家养老服务效能

（五）坚持社区服务

目前社区养老多属老年人日间在社区就餐休闲或吃住在社区，具有比拼床位的机构养老特性，并未对居家老年人提供上门助餐、助浴等系列服务，服务功能非常简单。居家养老服务满足了老年人居家生活的意愿，解决了机构养老高额花费与设施不足的问题，但必须依托社区。许多国家秉持的社区养老模式包括"社区内养老"，主要是为居家老人提供服务，以"家庭责任第一"与"社会与国家责任为辅"为原则，增强社区功能；社区为老年人提供多元化服务的同时，还担负着辖区老年人与政府机构沟通的桥梁作用，以此获得政策支持，促进居家养老服务工作。因此，无论是社区养老中心还是居家养老中心，只有秉持传统家庭养老"远亲不如近邻"的观念，遵循社区服务居家养老的大服务理念，才能实现可持续发展。

（六）坚持系统性与可操作性结合

"互联网 +"居家养老服务体系是一个内容完整、功能完善、具有纵向结构与横向结构的有机整体，具备逻辑性、层次性、结构性和关联性等四个特性，能够满足社区老人群体的可操作性要求，是居家养老服务体系构建的关键环节。必须从系统性特征出发，针对老年人特点，在诸如享受人群、服务方式、是否收费、收费标准以及满意度调查和反馈等方面，提出实实在在的可行性措施，使居家养老实现良性循环。

根据中国老年科学研究中心王莉莉的研究，居家养老服务体系建设应加强三大理念，营造可持续发展服务链。

一是服务供给上以需求为导向。政府、市场、企业或者社会组织等服务主体，只有从服务对象的实际需求出发，从城乡老年人的承受力、接受度、发展度等出发去提供服务，最大限度地满足需求，确保发挥有效性和契合性，才能从根本上解决老年人的实际问题，提高居家老年人的生活质量。

二是服务输送上均等、灵活、多样。互联网时代，信息转瞬即变，服务输送过程中，老年人的主客观因素也可能千变万化，产品再好，输送过程有问题，服务链终端的服务对象也会不满意。因此，应依据实际情况灵活调整运行方式。而且，凡是有需求的老年人都应获得平等的服务机会。不能因

为城乡、区域的不均衡，使得有的老年人既无力购买居家养老服务，也不能享受政府所提供的免费养老服务。要进一步完善居家养老服务链，保障这部分老年人享受服务的权利。

三是服务利用上普及、购买服务。居家养老服务是薄利微利的服务，要使受经济条件限制和几千年传统观念影响的老年人接受低偿、有偿居家养老服务，唤起他们的消费，才能刺激养老服务市场的繁荣和发展，从根本上建立起完整的居家养老服务链。因此，要改变老年人传统的消费观念，提高其购买服务意愿及能力，就需要不断加大宣传力度，增进老年人对养老服务社会化的认同，先在城市和发达地区的农村开展，由点及面、由浅入深，增强老年人群体购买服务的意识，进而增加老年人居家养老服务需求。

**二、"互联网+"居家养老体系思路**

随着互联网的迅猛发展，物联网、移动互联网技术等信息技术逐渐渗透进居家养老，广泛影响着居家养老的各方面和各环节。把握"互联网+"内涵，拓展发展思维，找到居家养老服务体系建设的新思路，是适应新趋势的必然选择。

（一）以互联网思维为导向

目前，互联网被人们视为如同电力和道路一样重要的基础设施，伴随"互联网+"系列行动计划的实施，"互联网+"已成为一种新的社会形态，对各类社会资源进行优化配置和系统集成。互联网与传统衣、食、住、行、游等的对接碰撞，促进了传统行业的转型与升级，诞生了电子商务、互联网金融、在线旅游等新兴业态。居家养老基于更节约更便捷的目的受到各国各界的认同，与互联网、云计算、大数据和物联网等融合。将互联网的技术、理念、思维、组织方式及较为开放、平等、互利的价值理念融汇于居家养老各个环节，必将引起对服务项目、老年人身体管理、医疗护理预约等整个服务链的重新审视、整合优化、效能提高。因此，在居家养老服务体系建设中，一方面要充分发挥互联网技术的广泛性，优化配置服务资源，改变服务的组织方式；另一方面要以互联网技术为媒介，搭建服务供应者与老年人群体沟通的平台，通过互联网平台，发布老年人活动、医疗服务、讲座等事宜，方便老年人获取科学养老知识、政策新闻，预约养老服务。同时，鼓励企业以老年人为中心进行改革，建立"平等、互利、开放、共享"的商业服务平台，设计开发更多更好的适老助老项目，为老年人提供更为舒适的服务。

（二）以创新驱动为支撑

长期以来，我国的人力资源红利高于人才资源红利，资源创新驱动力较弱，技术创新发展缓慢，给产业产品发展带来一定影响。当前，在我国资源组织方式由粗放型向集约型转变的关键时期，只有充分利用中国制造2025、"互联网+"的契机，依托云计算、大数据、物联网等信息技术，强化自我变革和自我创新，推动新的技术创新、服务创新和社会创新，才能在新一轮资源驱动方式改革中找到先机，赢得国际话语权；面对庞大的老年群体、薄弱的基础条件、落后的信息素养，需要建立长期的居家养老服务动力机制，明确居家养老服务参与主体互补机制，引导各主体参与创新，利用互联网促进创新资源与服务要素有机融合，加强主体之间的合作，突破各主体之间的壁垒，满足各方面的利益，达到技术与服务双重创新，推进居家养老服务体系的完善。"互联网+"时代，居家养老服务需要在互联网技术高速发展的前提下，加快养老服务供给方式的改革速度，依托现有的非营利组织、社区等居家养老服务组织模式打造互联网居家养老服务平台，推进传统居家养老服务组织模式变革和创新。同时依托该平台，以创新驱动发展为支撑，构建融社区服务、老年社交、老年大学、精神慰藉和爱心志愿等为一体的综合性老年社交体系，促进居家养老服务的技术创新，从而实现以网络化带动信息流通、资源流动和人才流动，推进居家养老服务管理、效率、合作等不断优化升级，确保居家养老服务可持续发展。

（三）以跨界合作为基础

跨界融合是互联网时代的重要特征，通过跨界合作方能使创新基础更加稳固，通过跨界融合方能使群体职能充分实现。"互联网+"居家养老服务领域的跨界合作，就是以互联网为抓手，建立"参与+分担+共享"的多元化居家养老服务机制。根据福利多元主义理论，社会总福利是国家、市场、社区和民间社会四个部门提供的福利之和。为应对家庭结构变化、养老成本增高、养老负担加重的趋势，居家养老服务体系必须由政府、市场和社会组织等共同协作，才能从独立支撑的作坊式转向多元主体分担的联合共赢式。政府站在宏观角度，为居家养老服务发展提供政策指导，制定居家养老服务中长期发展规划和法律法规；作为营利性市场主体的企业，可以为居家养老提供多样化的服务项目；非政治性和灵活性特点兼具的非营利组织可以通过承接政府的居家养老服务项目，提高服务供给的针对性和服务效率；社区作为贴近老年人的自治基层组织，可以为老年人提供直接援助，协助政府进行政策宣传发动等。因此，在"互联网+"时代，居家养老服务体系建设应致力于国家、市场和社会、社区等主体间的分工协作，以消除养老服务供给过程中的空白与盲点，以求更为完整、更为高效。

（四）以满足需求为目标

对人性的尊重和人的创造性发挥的重视是互联网力量强大的根源所在。互联网时代，更应以满足老年人的需要和意愿为中心提供精准高效的居家养老服务。社会福利供给系统由福利供给内容、福利供给对象、福利供给主体以及福利供给方式这四个基本要素构成，因此，要建立供需匹配的养老服务体系，必须针对老年人由"消极供养"向"积极享老"转变的养老观念、服务项目多层次选择的意愿，从根本上入手。在供给内容上，依托信息技术提供广泛而灵活的非紧急服务和紧急援助，要围绕老年人"居、食、行"等需求提供助护、助医、助修、助询、助洁、助食、助衣、助行、助乐、助学等"十助"服务，为老年人提供全天候的监护。在供给对象上，既要做好高龄、独居、自理能力较弱老年人的安全和生活质量保障，还要辐射到所有有需求的老年群体，满足生活在社区，有稳定的养老保障基础，有知识、有文化、观念相对较新但家庭和自身能力不足的大多数老年人的需求取向、消费结构。在供给主体及方式上，要整合多元供给主体，形成以行政供给为基础，准市场供给、市场供给、志愿供给、自治供给等优势互补、互利合作的多元方式。整个供给链需要有健全的法规体系、评估机制，统筹养老服务补贴与医疗护理补贴的补贴制度，完善资金来源的渠道方式，加大资金保障力度，增强服务队伍的专业能力，促成多层次、广范围、高水平、多元参与的服务供给模式，满足老年人的精神与物质需求，提高老年人的生活质量。

（五）以规范市场为宗旨

居家养老服务体系是以政府为主导，依托社区，运用市场和政策的引导调控，鼓励社会力量参与，面向全部老年人，给予基本生活照料、护理康复、情感关怀、紧急救援等设施、组织、人才和技术支持等，进而进行调控、规范、指导和监督，逐步形成政府引导与宏观管理，社会组织或企业自主经营的体系。居家养老服务体系建设的目的在于减轻传统家庭养老负担、盘活社会资源、带动就业创业、推进现代服务业发展,确保所有老年人都能老有所养、老有所医、老有所为、老有所学、老有所乐,享有有尊严、有质量的生活方式。因此,整个体系必须基于国家、社区、机构、个人四个层面进行规划建设,囊括体系框架、资金、设施和机构、人员的投入,明确牵头组织机构,协调各分管责任部门,制定相应的保障制度,做好技术支持,确保高效运转;要有得力的专业组织对政府的政策落实、资金使用情况进行监督,对服务机构、服务人员的服务质量进行评估,对申请服务补贴的老年人进行生活自理能力和经济收入的核定。

### 三、"互联网+"居家养老体系原则

（一）权利优先,先有后优

中国是典型的农业大国,人口基数大,二元结构突出,国力有限,在建立低水平、广覆盖、社会化、可持续的社会保障制度的大原则下,要完善居家养老服务体系,就必须先尝试后推广,明确每位老年人享有获得养老服务的权利,无论贫富无论城乡,政策的制定要保证权利。然后在摸索中前进,根据试点探索情况进行总结推广,让制度不断完善,资源不断优化,在保障广大老年人群最基本、最直接、最急需的服务需求的基础上,逐渐提高服务的质量和水平,提升服务效能

（二）公平和效率相结合

公平是国家建立社会保障体系所追求的目标及基本原则。居家养老服务作为社会保障体系的必要补充,在促进经济发展、社会和谐的同时,社会的弱势群体能够共享经济发展成果是首要考虑的问题。政府基于责任和义务制定相关政策措施,通过社会再分配保障社会弱势群体的基本生活,防止两极分化和社会矛盾激化,需要强势介入和主导。养老保障制度面前人人平等,任何人不能有超越法律和规则的特权,以公平为主的法定养老保障项目,要让每位老年人享有获得服务的公平机会,知晓有关保障制度、服务组织等信息。要确保程序公正,让经济收入状况不同的老年人在政府所设计的养老服务保障制度中都有所获。当然,不能只讲公平不讲效率。在非法定的保障项目政策架构上,政府应更多地考虑效率。在体系的建设中需通过自身优势组织各方,理清关系网络,加强监督管理,确保整个服务体系健康运行和高效

运转。否则容易出现诸如部门间扯皮推诿、责不担、功先抢、赏罚不明等复杂混乱的局面，影响工作的开展，影响老年人参与的积极性。老年人本就敏感脆弱，服务链上任一环错位、缺位、乱位都可能使服务工作陷入僵局，如工作衔接不当影响服务供应的连续性，工作人员的服务水平影响老年人的积极性，服务执行力影响相关政策的效力。因此，只有建立良好的服务体系运作机制，实施科学的管理制度，才能确保提供的服务更方便快捷、科学公正、合理有效。

### （三）政府和市场相结合

根据福利国家的经验，养老产业发展一般会经历三个阶段，即政府主导、政府与市场共同主导、市场主导这三个不同阶段，我国正处于最困难最纠结的第二阶段——政府与市场共同主导阶段。养老产业的微利性、缓慢性和公益性等特点决定了完全依赖政府与完全放手市场都不可行。政府在养老保障中要肩负公共责任，为公民提供最基本的社会养老金和基本养老服务，这是由养老保障的公共物品属性与行政权力的公共性决定的，也是政府职责的核心。市场能为老年人筹集更丰富的养老资金，提供多种多样的养老服务内容，弥补政府作用的不足。一方面目前中国欠发达的农村、中等城市、发达城市三个板块很明显，同一板块内不同老年人经济条件差异也很大，另一方面总体上养老资源、资金、人力还较为短缺，体制、机制、政策还存在不足，这就决定了单纯走政府路线不具备可持续性，单纯走公益路线不是独立的生存模式。要实现养老发展可持续，必须是人才可持续、发展模式可持续、自主经营可持续。因此，必须走政府和市场结合的道路，既充分发挥政府作用又发挥好市场作用。政府负责托底部分加大监管的同时适度扩大范围，而政府不及之处则由市场发挥作用；否则，不能达到互补的效果，一旦政府行为造成失误，就可能产生缺位或是越位，而政府保障不准确也会削弱市场作用，影响市场效率的发挥，进而有损政府的公信力。

### （四）国力和养老保障水平相结合

养老保障的基础是经济社会发展水平，养老保障发展受到经济社会发展水平的制约。制定有关社会保障项目特别是养老项目的规范及标准时，必须根据国情实际，结合经济、政治、社会、文化特征，逐步提高养老保障水平，任何超越国力之上的制度设计都可能使得养老保障空心化。就居家养老服务体系建设而言，超越或者滞后经济社会发展水平的居家养老服务都是不健康的。如果居家养老服务水平高于经济社会发展水平，短期内虽然可以快速提高老年人生活质量，但从长远来看，政府财政负担快速增加，势必影响国民经济发展所需要的生产资金，最终将制约居家养老服务水平的提高；如果居家养老服务水平在当前社会经济发展水平之下，短时间内可以减轻国家负担，但从长远来看，无法满足老年人基本养老需求，一定程度上也会损害老年人权利，不利于社会稳定。目前，我国处于社会主义初级阶段，社会养老呈现两个状态：一是未富先老、老龄化严重、老年规模大；二是随着生活水平的提高，养老需求的升级，养老资源分配不均。因此，在制定居家养老服务政策时，要将国力和保障水平有机结合，既考虑基本国情和资源供给水平，又考虑老年人实际需求，维护老年人合法权益，避免出现政策失误，造成制度不可持续，促进社会保障持续健康发展。

（五）统一性与多样性相结合

法律法规的制定是一项复杂的、需要统筹兼顾的社会系统工程。法律的统一性是维护法律尊严的必要条件，是保证法律严肃性的重要标尺。《中华人民共和国老年人权益保障法》的修订及其他有关养老服务法律的制定都必须以《中华人民共和国宪法》为总章程，保持协调统一，避免不同级别立法产生矛盾或者同一级别立法产生重复的问题。"互联网+"居家养老涉及多个层面多个部门，实行统一领导、进行统一规划、制定统一政策，是确保公平公正、政策有效落地的必然选择，是各部门、各地区协调配合做好系统工作的必要保证。此外，各方面投入要在承受范围之内保证稳定性和持续性。

同时，因为我国存在地区差异、收入差距，居家养老服务体系在坚持统一标准的前提下，在统一规范的基础上，必须考虑多元化、多样性，允许各地区适度灵活调整服务的方法和内容。只有服务方式多样化，才能满足不同层次的养老需求，让老年群体真正地安享晚年。首先，在既有的条件下，服务内容要尽可能全面，服务的供给方式要灵活多样，从基本生活照料、用餐服务、护理服务到娱乐服务，既为自理能力较差的老年人提供照料和关怀，又能让老人们享受到社区的帮扶。老年人可以根据自己的需求选择不同的服务。其次，服务体系的建设方案需具备可行性、可操作性。要符合城乡或地区的经济条件、老年人心理特征、赡养人意愿，促使接受服务的老年人、政府部门、城乡居民及社会人士积极参与。特别是针对大批城里养老经济较低及农村居家养老服务体系的构建，不但要考虑现在老年人的状况及其需求，还要考虑未来老年人的需求，尤其是农村养老观念和经济条件的逐步改变对居家养老服务需求的影响。目前我国各地进行的居家养老服务试点工作均在顺利开展，不同地区根据自身情况发展了各具特色的居家养老服务模式。但我国农村经济发展水平普遍较低，居民收入不高，社会保障制度不完善，困难老年人比例较大，开展农村居家养老服务必须考虑让成本因素与农村经济发展水平相适应，不能不切实际地盲目开展和扩大，忽视服务供给的持续性。与城市居家养老服务相比，农村居家养老服务应当在较低水平上开展，然后根据经济发展水平逐步调整和提高。在服务体系方案设计中，应有效利用农村自身的设施、人力、土地等资源条件，采用各种符合农村实际的方式方法灵活开展，在节约成本的基础上尽力满足老年人生活服务的需求。

（六）权利和义务相结合

老年人有从国家和社会获得物质帮助的权利，有享受社会服务和社会优待的权利，有参与社会发展和共享发展成果的权利。养老受益权是公民的一项基本人权，也是一项法定权利，这项权利的实施成效直接影响到老年人其他权利的实现。从宏观层面讲，保障老年人的养老权是法律对国家和社会的责任，国家和社会有为老年人提供物质援助的义务，老年人有权分享国家和社会的发展成果。从微观层面来看，住房保障、生活照料、老年福利、养老金支付等措施，又是保障老年人养老权与相关经济权益的工作。老年人作为社会弱势群体，随着年龄增加与自理能力减弱，更加需要得到社会的照顾与关爱。家庭子女有对赡养的老年人定期支付赡养费的义务。国家和社会应当采取措施，健全保障老年人权益的各项制度，逐步改善保障老年人生活、健康、安全以及参与社会发展的条件，实现老有所养、老有所医、老有所乐。但权利与义务是统一的，首先这种统一性表现为不可分割性，也就是说既没有无义务的权利也没有无权利的义务，其次权利和义务是相辅相成、相互促进的。在居家养老服务体系建设中，政府、社会、社区、家庭、子女等各方的权利与义务关系需要在法律法规中厘清，在全方位保障老年人权益的同时，也要明确老年人的义务，使老年人的行为受到法律约束。

# 第二节 "互联网+"居家养老标准体系建设

## 一、构建"互联网+"居家养老服务质量标准的重要性

### （一）标准化是破解当前居家养老困境的抓手

启动阶段，由于各地政府认识和态度不一，资金筹措、投入无法确定，组织者有街道社区、老龄委，人员组成十分混乱，有临时招募的志愿者、居委会大妈、社区干部、个体工商户，也有临时实习生，社区街道居委会主任兼职再加一个家政企业的负责人，谈不上专业知识与相关技能，场地或租或借用社区已废弃的非常偏僻简陋的办公用房或敬老院房子，规模格局十分混乱，麻将桌椅家常便饭。运行阶段，居家养老作为针对老年人的一个重大福利项目，其公众了解度非常低。即使有老年人有初步了解，但消费意愿不强，老人们宁愿花巨资去买保健品也不愿意低偿享受服务。有的服务中心按政策发给困难老人、高龄老人的智能手机，运营商撤走便形同虚设，许多服务中心只提供老人居住在中心的服务，不提供上门服务，助餐、助洁、助浴、助医等形同虚设，最后成为避暑纳凉、冬天抗冻、老人打麻将的聚集地，导致老年人的支持率和参与率低，有价值的居家养老服务项目丧失规模效应，形成恶性循环，居家养老服务点最后萎缩为麻将馆、避暑点，上级考察和其他城市参观的一个摆设。其同时存在诸多问题，如有限资源的分配问题，服务项目的内容及重点问题，老年人中弱势群体和多数老年人的需求兼顾问题，政府财政补贴的标准与方式问题，采用市场机制的商业运作或政府主导的行政运作问题，无偿项目与有偿项目的确定及收费标准制定问题，相同项目对不同老年人群体的区别对待问题，中心管理者与员工配比问题，管理者与社区干部、社会工作人员、社区居民、项目执行者等主体间的权责利问题，等等。千人千法，各地各试点社区没有标准，各行其是，矛盾重重，举步维艰。评估阶段，政府如何判定，老年人走访和网上评价反馈制度如何制定，第三方机构如何确立，星级指标如何判定，等等，各自为政，各行其是，诸多的行动主体、诸多的环节和选择没有标准，导致冲突多，重复的弯路多，居家养老的有效推广与实施面临巨大困难。

因此，为克服居家养老服务工作中的障碍，需明确居家养老服务的内容，规范服务的标准，厘清居家养老运行过程中的现实问题，指导居家养老服务的开展与实施。只有健全居家养老服务质量标准体系，规范居家养老产业的市场秩序，才能有效地提高居家养老服务质量，促进养老福利事业发展，提升老年人的幸福感，为解决中国养老问题提供支持。

（二）居家养老服务业标准化契合服务业标准化大趋势

服务是一种难以运用产品检验的形式进行控制和把握的特殊商品，因此，制定一系列服务标准，如质量标准、供给标准、服务人员标准，推进标准化管理，实现标准化运行，能有效规范服务行业的运作，提高服务行业的质量，最终提升服务业企业的综合实力和竞争力。进入知识经济时代，标准和标准化已拓展到经济社会领域，不再只停留于工业化生产中，推进服务标准化已成为增强服务业市场竞争力的重要措施。养老服务标准体系是养老服务标准按其内在联系形成的科学的有机整体，它以服务通用基础标准体系为基础，以服务保障标准体系和服务提供标准体系为核心，以科学的服务业组织标准化结构为框架，建立和完善养老服务标准体系，可以促进标准组成达到完整有序，为监管提速、服务提质奠定良好基础。目前我国尚无完整的居家养老服务标准，各地都在积极探索建立适合本地区发展的养老标准体系。为有效应对我国人口老龄化带来的社会问题，规范社会化养老服务，实现养老产业"工作质量目标化、工作方法规范化、工作过程程序化"，在我国建立一套完整养老服务标准体系势在必行。凡是养老服务范围内需要协调统一的服务质量、服务管理、服务工作要求，都应该制定标准，并纳入养老服务标准体系，要以老年人为中心，建立我国养老服务的质量标准，规范居家养老服务市场，实现政府对居家养老服务市场的监控，最终达到切实保障老年人的生命安全和健康的目的。

（三）切实推进国家标准化战略

为适应科学发展、社会转型的更高要求，国家实施标准化战略，全面提升标准化发展的整体质量，积极参与国际标准化活动，为标准的发展提供政策支持，营造宽松环境。借助国家标准化建设的良好环境，各地积极探索制定居家养老服务标准，设立居家养老服务规范来指导居家养老服务。

## 二、居家养老服务标准体系建设的原则与方法

### （一）居家养老服务质量标准体系建设的原则

**1. 目标性原则**

以人为或人造与自然结合为基础，形成科学、先进的协调配套有机整体，提升服务效能，是建立公共服务标准体系的目标。作为公共服务体系之一的居家养老服务质量标准的制定，必须是养老服务系统中各要素或子系统的协调配合，有机衔接，绝不是任意数量标准的简单累加和随意堆砌，只有这样才能实现保障老年人权益、提升老年人居家满意度的目的。所以，得准确分析居家养老服务主客体及环境，科学、合理地界定居家养老服务标准的功能与目的，根据一定的逻辑关系有机整合，根据目标总体要求建立一定的依存和制约关系。

**2. 协调性原则**

标准化活动中的系统化是指系统整体的优化，整体组合要大于组成它的各个要素的总和。一整套居家养老服务标准是按一定的规则组合而成，建立起标准之间的相互依存、相互制约、相互协调和相互补充的内在联系，促使有机整体的形成，充分发挥标准系统的功能，以获得良好的系统效应。在制定居家养老服务质量标准时，需统筹规划，力求协调，才能满足需求，稳定持续地发展，获得持续稳定的社会效益。

**3. 规范性原则**

居家养老服务质量标准体系是全国各街道社区、养老机构及千千万万老年人家庭可参照的指导性文件，为避免走弯路、走错路，造成资源、人力物力财力的浪费，编写首先需要做到规范。

**4. 可评性原则**

居家养老服务质量标准体系要使用户（老年人及其家庭）、管理方（政府街道社区）、执行方（各养老服务机构）用得上、看得懂、能操作，因此必须确保在应用中实现可评性原则。以评价和测量为导向，配合相应的评价机制和监督机制，由此来激发服务人员的竞争意识，增强其服务意识，提升服务水平。

**5. 开放性原则**

任何事物都是发展变化的。系统的开放性是指与外围环境中的物质、

能量和信息可交换。居家养老服务质量标准体系是一个开放的信息系统，绝不是一成不变的，其在运行实践中会不断地与消费主体及其环境进行信息交换。因此应了解老年人的养老需求与期望，以及最新的国际养老趋势。当居家养老服务业自身或其所处的环境发生变化时，应针对个别实用性不强或者不合时宜的标准进行修订，确保标准中的条款具有较强的可操作性，以推动居家养老服务标准体系不断完善。

6. 安全性原则

老年群体属于身体、心理机能极度退化的群体，由于经济、身心等多种原因，对安全具有较高要求，所以居家养老服务质量标准的制定要对其给予高度重视，通过规范服务人员的服务要求、操作步骤来保障养老服务的安全性，即人身、财产安全。

7. 相对稳定性原则

公共服务标准体系建立的目的是使生产服务提供过程中的活动具有协调统一的秩序，并为公共服务的监督管理提供科学的依据。公共服务标准一经批准就开始发挥作用，在修订或废止前的一段时间内要保持稳定，不得随意变动。此期间，即使有许多重要的外界信息有理由要求调整公共服务标准内容，客观上也不容许，其原因在于：当公共服务系统自身在某一时空阶段内不断发生变化时，公共服务标准体系内部的稳定结构和最佳秩序将遭到破坏，必将影响到生产服务经营及管理，使公共服务原有的协调统一的最佳秩序不复存在，从而失去公共服务标准化的目的和意义。由于客观环境一般不是剧变的，一套精心制定出来的公共服务标准体系总有一个基本的适用（时效）期，其前期可能觉得这套标准体系超前，其后期可能觉得它稍微有些落后，但在一定阶段（即适用期）内，公共服务标准体系相对而言应该是比较稳定的。从这个意义上说，研究建立公共服务标准体系必须充分了解公共服务发展现状和相关国际标准的制定情况，以科学发展的眼光编制出具有前瞻性、先进性以及一定弹性的标准体系，使之经得起环境干扰和变化的考验。

（二）居家养老服务标准体系构建方法

1. 居家养老服务质量标准的特点

居家养老服务质量标准需具有满足老年人需求的能力特质。一是时间性。服务供给能否及时、准确地满足老年人。服务对象的特殊性决定了养老服务需求的急迫性，在服务请求提出后所等待的时间越短，呈现出的效率就越高，这种满足需求的有效性才强。所以，居家养老服务标准有明确的时间规定。二是舒适性。老年人在接受助老服务过程中感受到的舒适程度决定了对养老服务的满意度。三是功能性。其是指居家养老服务通过服务过程与结果所实现的效能和作用。居家养老服务标准要满足居家养老老年人在生活照料、医疗保健、心理慰藉等方面的功能化社会服务需求，提升质量效能。四是安全性。居家养老服务质量标准必须强调安全性，指标设计要有助于提升助老服务过程中保证老年人人身、财产安全的能力。五是文明性。服务人员提供服务要举止礼貌文明，满足老年人的精神需求。六是公共性。居家养老服务旨在满足老年人需求，需要公平规范，有利于我国普惠型的养老体制。七是合法性。养老服务的提供必须符合相应的法律法规规定，最大限度地保障老年人的合法权益。

2. 居家养老服务质量标准的构建方法

（1）分类方法

在一个内容全面的标准体系表里，将得出的标准体系表进行信息化处理，更有利于相关使用者查询标准，检查、监察标准体系的变化等动态工作。根据公共服务标准的结构，居家养老服务标准分为居家养老服务基础标准、居家养老服务支持标准、居家养老服务通用标准和居家养老服务专业标准。

（2）过程方法

在形式上，应用过程方法分析居家养老服务标准体系更贴近组织的实际经营管理活动；在内容上，组织能够灵活地根据环境的变动进行动态调整，也便于组织对标准体系本身的系统管理。依据居家养老的特点，服务过程标准采取过程法构建相应的标准体系，此过程分为主要过程、支持过程和改进过程。提供居家养老服务各过程的要素是互相联系、互相影响、互相制约的，应用过程方法分析居家养老服务标准体系，需基于市场经济条件下养老服务组织经营管理活动的共同特点，研究经营管理活动的基本过程；然后从标准与标准化概念的内涵出发，分析居家养老服务过程中的标准化对象，以及参与过程活动的途径、步骤、程序、方法、资源、条件等因素；再进行归纳总结以提炼出具体的居家养老服务过程标准；以此，建立居家养老服务标准体系框架。

### 3. 设计方法

居家养老服务质量标准的构建，应在设计方法上注重科学性、系统性、有效性，以推进标准体系的全面建立和不断完善。

一是在标准的规划上要注重系统思维与问题意识的统一。居家养老服务质量标准的建构是一项系统工程，具有综合性、结构性和配套性的特点。在特定时代的经济社会条件下，居家养老服务质量标准需要系统的思维和宽广的视野来设计和推动。同时，居家养老服务质量标准要以问题为导向，强化服务质量标准设计中的薄弱环节，确保解决居家养老服务中最突出的问题。

二是在标准的设计上要注重阶段性和连续性的统一。居家养老服务质量标准的建立是公共服务标准化的变革与完善，需要有长期目标和总体规划。伴随经济社会发展和技术条件的更新换代，标准的设计是阶段性和连续性相统一的过程，必须在长期目标和总体规划下设立短期目标和短期安排。

三是在标准的推动上要注重自上而下和自下而上两种途径的结合。标准的建立和实施需要政府发挥主导作用，自上而下的推进是构建居家养老服务质量标准的直接动力。同时应将老年群体的呼声和诉求作为标准设立的根本尺度，充分发挥自下而上和自上而下两种动力机制的作用。

## 第三节 "互联网+"居家养老平台系统建设

### 一、"互联网+"居家养老服务系统要素功能

#### （一）要素内涵

"互联网+"居家养老要素，主要指"互联网+"居家养老服务系统中具备完备性、独立性、功能性，又相互联系、相互作用的各组成部分，包括资源、供养者、技术工具和设施等。要确保系统正常运行并发挥作用，必须有实现机制、动力机制以及保障机制的共同作用。在各要素中，供养者是实现机制，资源是动力机制，技术工具和设施是保障机制。

### 1. 资源

这里的资源主要指资金，是"互联网+"居家养老系统构建、运营提供经济基础的所有资金之和，用 Z 表示。提供资源的主体包括家庭、个人、社会成员、社会组织、企业、政府等，提供的具体内容包括老年人养老金收入、

子女薪资收入、政府财政补贴、社会捐助、企业投资等。不管资金的形式是什么，只要是用于养老服务的，均可称为资源。

2. 供养者

供养者指系统中发挥养老功能的所有服务人员的总称，包括老年生活照料员、心理咨询员、医疗护理员、智能技术员等，用 G 表示。供养者是为老年人提供服务，需要具备一定的专业技术，具有一定的资质和职业素养，有良好的职业道德和基本职业伦理，有爱心、耐心、细心、诚心。同时，供养者在满足老年人衣、食、住、行、乐等需求的过程中，要不断提高职业能力，实现自我价值。

在"互联网+"居家养老系统中，子女由于血缘亲情关系承担着老年人赡养义务，能够为老年人提供一定的照顾，因此，子女也属于供养者。居家养老服务中心为老年人提供生活照料、医疗保健、精神慰藉等服务，其工作人员、社区医院护理人员以及智能化技术处理的技术员等，均属于供养者

3. 技术工具

技术工具是指辅助养老服务功能发挥的各种先进工具与技术的总和，用 T 表示。在互联网背景下，技术与工具作为不可分割的整体，发挥着相辅相成、事半功倍的功效。技术工具是实现养老服务的硬件基础，制约着养老功能服务发挥的广度与深度。技术的运用需要匹配相应的工具，需要匹配通信技术、养老服务信息平台、物联网设备等。

在"互联网+"居家养老系统中，技术工具因功能不同而不同，比如"医"功能的发挥需要医疗技术工具辅助；"食"功能的发挥需要烹饪技术和烹饪工具辅助；"住"功能的发挥需要呼叫器、烟雾报警器等工具辅助；"行"功能的发挥需要通信技术、通信设备、出行工具辅助；"乐"功能的发挥需要文化娱乐工具辅助；"发展"功能的发挥需要多媒体技术工具辅助。

4. 设施

设施是指服务于养老服务而建立的建筑、机构和组织，用 S 表示。虚拟养老院中，设施也是不可或缺的要素。建立完善的养老服务设施的目的在于为养老活动提供空间和场所，社区需要构建"医疗、文体、教育和服务"四位一体的养老设施体系，为有效发挥养老服务功能提供有力支撑。养老设施是一个总的概念，不同养老功能对应不同设施。例如，发挥医养功能就需

要卫生院、医院、医务室等场所和设备辅助；发挥饮食功能就需要饮食场所、餐饮设施、烹饪设施辅助；发挥居住功能就需要家庭住所、社区床位居住等辅助；发挥出行功能就需要扶手、轮椅、网约车、防滑地板等设施辅助；发挥文化娱乐功能就需要公园、老年活动室等设施辅助；发展教育功能就需要老年大学、教育场所、桌椅等设施辅助。

（二）各要素相互作用

资源、供养者、技术工具、设施是构建养老模式的四大要素，通过排列组合，各要素交互作用可以得到多种养老模式。比如资源和供养者交互作用、资源和技术工具交互作用、资源和设施交互作用、供养者和技术工具交互作用、供养者和设施交互作用、技术工具和设施交互作用等。

1. 资源和供养者交互作用

资源通过待遇来招募与稳定供养者队伍，通过构建绩效工资机制来提高供养者服务质量与效率；供养者为追求个人利益最大化包括更高的工资待遇，会不断提高职业技能；供养者有提高工资待遇的诉求，这样有利于提高资源的供给幅度。资源与供养者相互作用过程中，资源是动力基础，供养者是功能的实现者，资源的指向结果是为了功能的发挥，供养者的指向结果是为了保证功能的实现，二者在功能实现中指向结果一致，彼此不可替代。所以，资源与供养者交互作用确保了供养者符合条件，为形成养老模式功能做好准备。

2. 资源和技术工具交互作用

资源采购与安装成本为获得和使用技术工具提供了经济支持，资源量决定技术工具的数量和先进程度，所以，资源处于支持者地位，技术工具处于被支持者地位；随着技术工具的折旧，需要资源对其进行维护与更新，此时技术工具充当支配者，资源充当被支配者。技术工具与资源交互作用，保证了技术工具的存在，为养老模式功能的发挥提供工具支持和技术指导。由此可知资源与技术工具交互作用的结果：形成养老模式功能发挥的技术工具基础，是技术工具结构和内容完善的重要保证。

3. 资源和设施交互作用

设施需要资源做支撑，资源能够促进设施的发展，促进其内容与结构不断完善。在这个过程中设施扮演着经济支撑的角色，提供动力基础；设施在获得主体身份后，会不断地要求资源提供更多的内容以促进设施的发展，资源扮演着被支配者的角色，为设施提供服务。资源与设施交互作用，能够有效扩充设施的种类与内容。由此可见资源与设施交互作用的结果：形成养老模式功能发挥所需的设施，是设施结构与内容完善的重要保证。

4. 供养者和技术工具交互作用

供养者能够发挥主观能动性，掌握技术工具的使用方法，提高服务技能和服务水平；供养者提高自身学习能力是技术工具存在的内在要求，有利于发挥技术工具的作用；技术工具能提高供养者发现问题、解决问题的能力，为供养者提供养老服务的有力手段；供养者由于工作原因要求使用更加先进的技术工具，由此促进技术工具不断更新。由此可见供养者与技术工具交互作用的结果：有利于提高供养者技能水平，增加技术工具种类，培养高素质供养者队伍，最大限度地发挥养老模式的功能。

5. 供养者和设施交互作用

设施载体为发挥供养者作用提供了良好的服务场所，供养者利用设施为老年人提供养老服务，对发挥供养者功能起辅助作用；设施对供养者有相关要求，不同设施内容需要不同类型的供养者，供养者结构受设施内容的影响。同时，供养者需要不断学习来提高对设施的认知水平，掌握更多设施使用技能。供养者与设施相互作用，为养老功能发挥提供条件。由此可见供养者与设施交互作用的结果：供养者利用养老设施为老年人提供服务，不同种类和内容的设施需要不同的供养者。

6. 技术工具和设施交互作用

技术工具能够为设施的完善提供技术支撑，对设施的先进程度和质量水平起着决定性作用；设施建构过程中涉及的技术工具必须按照设施的需要进行挑选，技术工具必须与设施功能相匹配；技术工具在促进设施完善的过程中，对设施功能的发挥起着制约作用。由此可见技术工具与设施交互作用的结果：形成养老模式发挥作用的硬件基础，技术工具为设施提供技术支撑，有利于设施的完善和发展。

7. 资源、供养者、技术工具交互作用

资源和成本共同承担供养者和技术工具的资金投入；供养者根据主观需要，要求资源购买更先进的技术工具，成本却需要供养者提高自身的技能水平，供养者处于主体地位，资源处于客体地位，技术工具则是手段；技术工具要求供养者通过参加学习和培训来掌握先进技术，要求资源对技术工具进行维护与更新，技术工具处于主导地位，资源和供养者处于被支配地位。供养者和技术工具相互作用，有利于培养高素质的供养者队伍，同时引入资源，有利于持续提高供养者素质，促进技术工具革新，是二者深入发展的动力基础。

8. 资源、供养者、设施交互作用

资源为供养者和设施提供经济基础，只有资源存在之后，才会有供养者与设施的存在；供养者通过资源来完善设施，供养者不仅能够直接提供养老服务，而且在养老模式建构过程中扮演着辅助角色；设施决定资源的提供量，对供养者的种类也有影响。资源和供养者相互作用过程中，引入设施，使资源提供和供养者的服务内容更具针对性，供养者技能水平更加高超，资源的使用更加高效；资源与设施相互作用过程中，引入供养者，让资源和设施均能发挥作用，有利于养老模式功能的激活；供养者与设施相互作用过程中，引入资源，解除供养者和设施发展的后顾之忧，促进供养者素质提高，使设施更加契合老年人的养老需求。

9. 资源、技术工具、设施交互作用

技术工具与设施在资源的作用下，为养老模式功能发挥提供硬件基础，二者发挥作用的指向一致，在硬件形成方面有着不可替代的作用。技术工具与设施在组合过程中，不断对资源提出要求；在资源与技术工具相互作用过程中，引入设施，可以将技术工具很好地应用到设施上；在资源与设施相互作用过程中，引入技术工具，可进一步充实设施的内容；技术工具与设施相互作用过程中，引入资源，可以促进技术工具与设施由想法变成实践。

10. 供养者、技术工具、设施交互作用

供养者利用技术工具使设施更加完善，同时使技术工具与设施相结合，为有需要的老年人提供养老服务；供养者把自己的主观意志作用于技术工具和设施，影响技术工具、设施的内容与使用方式。技术工具和设施要求供养者素质较高，能够很好地掌握技术工具和设施的使用。供养者与技术工具相互作用时，引入设施，有利于供养者完善养老服务手段，也有利于设施完善内容；供养者与设施相互作用时，引入技术工具，可让供养者掌握更加先进的技术手段，并且不断改进设施，提高供养者的业务水平；技术工具与设施相互作用时，引入供养者，则让技术工具与设施的功能得到发挥，供养者与技术工具和设施相互作用，会把自己的主观意志作用在技术工具与设施上。

## 二、"互联网 +"居家养老平台系统设计

### （一）核心设计思路

1. 构建"数网云"整合的大网络

居家养老要走出狭小、封闭、碎片的空间，必须充分依托互联网、移动互联网、物联网，建立大数据、云平台资源融合的大网络。基于互联网的开放、平等、兼容性、创新、扩散、即时，将用户端进行延伸和扩展，通过射频识别（RFID）、红外感应器、全球定位系统、激光扫描器等信息传感设备，将物体与互联网相联，进行通信和信息交换，实现对物体的智能化识别、定位、跟踪、监控和管理。运用物联网技术和网络视频技术，实现对老年人安全即时监控，社区服务即时提供，子女即时感知，在满足老年人日常生活和精神需求的同时，可大大减轻子女负担。

云计算通过物联网、互联网连接和利用各种硬件及软件资源，对共享的服务器、网络、存储、应用与服务等计算资源提供便捷的网络访问。其核心内容是实现网络资源共享及信息数据整合，以较低成本来处理并分析海量数据，帮助企业做出更加明智的决策。核心技术是自动化，在无须用户、服务提供者介入的情况下，可以自行对资源使用请求做出反应。目前，我国面临老龄化严重、养老难等一系列问题，将云计算引入居家养老模式中，实现资源智能化配置，提供一体化居家养老服务，可有效降低养老服务成本。

这样，在居家养老服务建设中，在互联网信息联通功能的基础上，通过物联网将居家养老信息流和物流联通互融，运用移动互联网推进其空间拓展和运用普及，促使居家养老需求与社区服务、社会服务供给联通，超越居家的狭小，彰显小社区大社会的本质，充分发挥网络的集成和优化作用，能有效提升养老服务与管理的效能。

2. 构建政府主导"三社"联动的大社区

社区是平台，社会组织是载体，社会工作人才是队伍。在政府主导下，"三社"联动推进大社区管理，才能将养老服务与其他社会服务融合推进。

一是政府牵头建立养老服务网或家政服务网整合各类资源。由于居家

养老服务处于起步期，各地有偿或低偿养老服务消费明显不足，老年人因为恐惧网络诈骗不愿上网，更不敢通过网络购买养老服务，网络养老服务更是推进艰难，必须由政府牵头，才能有效推动。可以借鉴上海的做法，各省（区、市）建立养老服务网，或者由商务、民政部门联合建立家政服务网，或者延展各省（区、市）智慧城市建设功能，建立智慧社区网下的智能居家养老服务中心，整合社区老年人信息基础档案、医疗档案、社会机构服务资源。以智能居家养老服务中心为例，中心采用大框架设计，对接老年人及家庭的服务需求，对接助老、助医等社会机构的服务，对接政府有关部门的质量评估监管，将物业、家政、医疗、餐饮以及养老连锁等相关企业纳入深度合作的服务主体及各类服务资源的供给者，统一申请相关优惠政策，让服务评价机制、加盟认证机制与政府优惠政策相结合，实现虚拟补贴与服务成本补助相结合，政府相关部门对中心服务质量进行监督管理，同时，通过大数据分析为政府决策提供支持。

二是政府牵头组织完善信息档案管理系统。社区要开展居家养老服务，需要建立养老服务资源信息库，充分挖掘、整合、利用各类基础设施及可用资源，特别是人力资源。社会工作者要开展居家养老服务，需要通过社区福利服务类社会组织进入社区，社区要接受各级政府委派或组织第三方机构对进入社区的各类社会工作者进行评估和培育培养，也需要建立信息档案。尤其是要建立居家养老志愿者信息档案，用于志愿者首次注册、服务信息收集、记载、保存、查询以及志愿者服务证明等，便于根据志愿者情况及服务对象，合理安排志愿者资源，提高服务的针对性。社区是政府多级信息采集和填报的基础，同时社区必须依靠政府的影响及公信力才能采集到数据。以政府牵头建立完善信息档案管理系统，不仅有利于科学、高效、完整地采集各类信息资源，而且有利于统一调度合理配置资源，使老年人信息以及医疗健康、精神慰藉等服务在"家＋"网和养老机构管理系统之间实现共享，还可以防止信息资源被不良公司滥用，保护信息安全。

三是充分发挥社区代表政府和社会机构及居家老年人的整合牵头作用。目前，我国各类政策资源和社会资源均要通过社区网格发挥作用。社区一头连着老年人家庭，一头连着各种社会资源，推进居家养老服务应该充分发挥大社区的优势，借助互联网加强养老服务需求与供给信息资料库建设，内联区域内各老年人的实时需求，外引驻区单位资源、志愿者服务以及机构照料技术。政府充分发挥社区作为机构与家庭的桥梁纽带作用，从标准规范、政策扶持、监管保障几个方面入手，鼓励康复机构、护理机构、医疗机构等进入社区，构建多元化合作平台，既为机构提供高质量居家养老服务搭建平台，又促进社区健全管理网络、服务网络，实现机构与社区双赢。

（二）系统平台功能设计

1. 服务平台

从满足老年人居家养老服务需求出发，服务平台侧重于从居家生活、医养健康、社交娱乐、精神慰藉、安全服务等不同维度入手，为老年人提供便捷、贴心的服务。老年人通过一键呼叫或使用服务卡，就能自主选择合适的资源和服务，并通过反馈机制进行服务评价，从而享受到愉快的居家养老生活。其模块设计如下。

（1）生活服务模块

生活服务包括生活照料服务、精神慰藉服务等。生活照料服务主要包括配送、起居、保洁、维修等服务，是一种让服务人员到家里满足老年人生活需要的居家养老服务方式。其中，配送服务主要是整合附近供水商家、餐饮商家、副食品店等，根据老年人饮食等生活习惯，为有需要的老年人提供更多选择；起居服务主要是协助老年人日常起居，比如洗澡与穿脱衣服等；保洁服务主要指为家庭全面保洁，比如擦玻璃、清洗炊具等；维修服务旨在为老年人维修家具、电器、管道等；烦恼精神慰藉服务主要包括陪同聊天、陪同散步、心理疏导。服务人员每周去老年人家中2~3次，了解他们的生活，陪他们聊天，分享社区里的新鲜事。也可以根据老年人需求，提供清晨陪练、餐后陪同散步等服务。针对有心理疾病的老年人，服务人员还可以为其在线预约心理专家，提供专业化的心理辅导服务。

用户可以根据需要，通过平台预订服务，平台根据用户需求筛选服务商并告知用户服务费用，服务商接到派单后安排工作人员上门服务，服务结束后用户当场结算服务费用，并可向平台反馈服务情况。如发生服务纠纷，由平台负责妥善解决。

（2）寻医问药服务模块

寻医问药模块整合社区医院、医疗专家等优质医疗资源，为老年人提供"私人医生"式医疗照护服务。用户可自主选择医疗专家，专家定期对老年人进行线上或者面对面会诊，解决看病难的问题。模块整合周边药店资源，为老年人提供药品代购和送药上门服务。还可利用社区医院场地，组织专业护理人员培训，开展健康知识讲座。

用户可以通过家里的监测设备定时进行健康自检，系统直接将数据传输至老年人电子健康档案，老年人的家人、被授权工作人员及社区医生可以查看及调用。医生通过对比、分析、评估提出建议，一旦数据出现异常，将向用户及其家人做出提醒，使用户及时就医、及时干预。

（3）居家安防服务模块

①入侵报警等装置

设备安装于门窗上、居室内及门口。若发生强行开门窗等意外，系统通过平台自动报警并同时通知报案等相关工作，工作人员收到警报后迅速赶到现场进行查看和处置。通过联动响应机制，报警信息、响应信息、处理结果储存于系统中，根据授权，家人及工作人员可调取监控录像。

②烟雾火警探测器

如果房间内出现烟雾火警，烟气传感器可探测并发出预警。室内报警后，如果有行动方便的人在家，可一键拨通呼叫中心电话，呼叫中心接通后明确用户地址，迅速转接 119 火警；如果无人响应，系统则自动将预警短信发至呼叫中心及老年人子女，呼叫中心根据用户档案迅速查出报警用户具体位置，并转接 119 火警，夜间无人值守时，呼叫中心自动转接 119 火警。

③水、天然气监测异常报警

如果因燃气操作不当而引发燃气泄漏，未关闭厨房或卫生间水龙头发生自来水外溢等，安装在厨房里、水龙头附近的传感器会发出警报。如果家中有行动方便的成员，则可主动进行处理或拨通救助电话；如果无人响应，系统则将警报信息发送给平台，平台安排维修人员迅速赶到现场进行处置，避免发生危险。

（4）社区公告模块

社区公告平台发布社区实时资讯，让老年人足不出户便知社区事，平台也会及时更新物业通知，发布物业信息，比如缴纳物业费、水电费通知；发布办事指南，比如办理相关手续所需材料以及流程，避免老年人因不了解情况而受到困扰。平台还会展示社区近期活动，以及社区老年风采。老年人也可以通过平台实现一键呼叫物业，进行问题咨询等。

（5）社交功能模块

通过在线视频对话、实时语音交流以及非实时的文字留言方式等，使用相同设备的用户与用户之间、用户与家庭成员之间、用户与工作人员或志愿者之间实现互通。当家人无时间作陪，老年人可以一键联系社区为老助残志愿者，通过语音或视频方式进行交流；可以与其他用户进行在线小游戏、在线观看养生视频等。

2. 运营平台

平台主要通过加盟服务商来共同操作。一般情况下，服务商主要包括家政服务商、家电维修服务商、电脑维修服务商、快递服务商、搬家服务商、理发服务商、开锁服务商，而且会随着需求增加而不断增加。政府通常对平台实行统一管理，实现资源共享、优化配置，使居家养老服务通过互联网真正产生化学反应，保证老年人及时、方便地享受到全方位的服务。

（1）派工管理模块

该模块包含工作分派、待处理工单、历史派工记录等。居家养老服务中心按照老年人的服务需求，选择加盟服务商，服务商接到派工通知后进行确认，安排工作人员提供服务；服务商完成服务后，向中心反馈服务情况。提供历史派工记录查询，有助于了解所需服务信息。

（2）结算统计模块

该模块包含服务费用结算查询、服务券结算查询、服务券使用查询。根据实际派工记录自动生成结算表，可以按照服务商、服务项目、服务时间等，来查询结算金额，同时还可完成服务券使用率查询、结算经费查询以及服务商服务人次查询。运用信息化手段，可以分析补贴券使用金额和效率、补贴券与现金使用比例、服务需求量与满意度以及各区域为老服务状况，为政府决策提供科学依据。如果样本量足够大，还能够建立数学模型对养老情况进行深化研究。

（3）服务监督模块

该模块主要负责老年人投诉的受理、记录，并派发给相应服务商或街道（社区）进行处理，包括投诉记录、投诉派发、监督回访、服务分级情况等，可以实现对未处理、处理中、已处理的投诉进行检索，对投诉记录进行统计并生成投诉记录表，依据政府对服务商制定的评估规则，自动实现服务商的分级管理。按照一定比例筛选服务商或服务对象，通过电话等方式进行跟踪回访。

# 第四节 "互联网+"居家养老队伍建设

## 一、构建医养融合型队伍

（一）完善相关法律保障和配套措施

### 1.完善医养结合法律法规

根据大健康理念，医、养、护不能截然分开，医需养、护支持，养、护需医主导，彼此相互独立又相互统一，需要共同发展。而传统医疗保险中的护理服务往往由医院或家政、养老机构提供，并未达到预期的护理效果。这就需要加强医、养、护的对接统一，科学界定医疗和护理界限，合理有针对性地提供各阶段的服务，保障医疗阶段结束后能有对应有效的护理照料服务。

### 2.探索建立符合国情的长期护理保险

一是建立健全我国长期护理保险和相关配套措施的制度保障。要基于国情和经济社会发展，保证保险覆盖的全面性、公平性和可持续性。年老作为人生规律具有普遍性，保障老年人的晚年健康和尊严生活是建设新时代中国特色社会主义的责任。我国人口基数大，老年人口总量多、增长速度快，老年人自身及其家庭经济承担力十分有限，福利国家政府负担的长期护理保险模式不符合我国国情，但建立覆盖全民、保障公平以及"老有所养""老有所医""老有所享"的独立于医疗保险体系的长期护理保险体系，既可以缓解公共财政压力，又可以解决家庭功能退化的矛盾，还可以扩大就业创业，推动现代服务业发展，其带动经济发展的潜力不容小觑。

二是探索建立商业长期护理保险。虽然近年我国经济发展已由高速转向中高速，但其稳定发展的势头在国际上一致看好。可以选择从利润率高、工资水平高、品质稳定的行业入手，有序发展企业职工团体险。有计划有步骤地开展市场调研，深入分析市场需求，利用大数据设置科学的赔付机制和索赔条件，加强保险公司与政府的合作，通过移动互联网、手机微信、广播电视、公益广告等各类媒体持续开展公众健康安全风险的普及教育和宣传，增强公众的健康财富积累意识。对于试点目标、主要任务、保障范围、参保范围、资金筹集、待遇支付、基金管理、服务管理、经办管理等进行经验积累，注意筹资来源和缴费比例、护理对象的界定、护理等级的划分及待遇支付的标准、各类纠纷的法律裁定，为进一步完善制度奠定实践基础。

三是预防为主，健全队伍。养老队伍包括家庭亲友、左邻右舍、社区医生、干部保安及服务人员，涉及医疗康复、心理疏导、法律维权等各类专业知识人员。为有效应对"5∶1"或"4∶1"的养老形势，需大力营造健康养老护理人人关注关心的浓厚氛围，建立完善社区为老适老设施，鼓励倡导老年人爱护身体、健康生活，提高老年人自我防护和社交能力，加强失能、半失能老年人预防保健，避免出现长期护理行为。加快医养结合队伍专业人才培养，建立激励措施，鼓励更多爱心人士提高医养水平，加入护理队伍。

（二）完善医养划分标准和服务内容

1. 制定医养划分的标准

综合借鉴国外发达地区居家护理服务和机构护理服务的先进经验，科学划分"医"（医疗）"养"（照料）界限，明确将主要需要医护人员提供专业化医疗服务者界定为"医"（医疗护理），将主要需要长期生活照顾和基本医疗服务照顾者界定为"养"（照料照顾），以便明确资金来源、待遇支付标准及形式、服务供给方责任。这种清晰划分对于发展医养结合服务，整合医养护资源，界定服务范围及确定支付标准都有不可或缺的重要意义。

居家养老服务中的医养结合一般可分为日间照料和上门服务。日间照料主要提供生活照顾、家政服务、预防保健、心理咨询、健康检查、健康档案的建立等的基本照料，可以界定为照料范畴；上门服务除以上基本生活照料外，还需对患病者建立家庭病床、康复护理、临终关怀等偏重医疗性质的照料服务。居家养老服务中的医养结合可依据不同的服务项目，设定多层级不同的支付标准，根据标准按月限额支付，明确主要以服务支付为主。目前，机构服务中的医养结合主要划分为养老机构和医疗机构相结合提供服务和社区医院辐射养老机构提供服务两类。首先需明确这类医养结合机构中"医""养"的衔接点，以此作为划分服务的关键。对于急性突发症状、需接受手术治疗、需医生密切观察病情走向、病情反复不稳定等需要医护人员提供专业化医疗服务者，需纳入医疗范畴，由医疗保险给付；对于慢性病患者、经过治疗病情稳定需要接受定期简单护理的大病恢复期患者、癌症晚期、残疾、失能、失智等老年人，则可以采用分级诊疗、双向转诊等模式，将其转移到与医院相结合有专业养护功能的护理机构和养老机构，让其接受带有护理性质的照料服务，在对其提供基本生活照顾的同时，施以专业团队的医护照顾，以此纳入照料范畴，由医保基金和医养结合的基金按比例共同承担，或由护理保险基金承担。这是实现医疗护理和照料服务相结合的关键环节。通过社区医院辐射养老机构提供的服务，主要包括定期上门检查、诊疗、康复护理及心理咨询等服务，对急、危、重病人进行院前急救与转诊，为老年人建立健康档案，推进"小病在社区、大病去医院"的分级诊疗，将此纳入基本照料服务范畴，由具备一定资质的社区全科医生负责。但目前该方式在我国刚起步，相关文件仅属指导范畴，具体实施规定尚不明确；人员队伍素质与设施设备均需长期建设，短期效果尚不明显。

2. 扩展服务内容

完善的医养结合服务是融预防、保健、医疗、护理为一体的医养结合服务链，是整合未病与生病、康复护理与基本医疗帮扶的全服务链。目前我国医养结合服务刚刚起步，多在少数高档养老机构试行，且内容单一，缺乏系统性、标准化。为建立可持续的健康产业服务链，首先需要加强预防性保健措施的供给，建立健全公立医院社区服务咨询机制，定期派遣医院医护人员到养老院、社区医院、居家养老服务机构，定期为老年人进行简单体检、康复及保健咨询、常见病诊疗，预防老年病的发病，降低老年人失能失智风险。其次，推进服务内容的有效拓展，大力推进家庭医生队伍建设，稳定推进家庭医生签约制，建立家庭病床，增加医生上门诊断服务，加强社区适老化建设和康复保健设施建设，对居家老年人提供福利设施的租借和房屋改修方面的支持。借鉴德国、日本等国先进经验，加强护理志愿者队伍建设，使之成为医养结合服务接受者和服务提供者沟通的桥梁等。积极发展中医药特色养老机构，大力推进中医药与养老服务结合，鼓励新建以中医健康为主的护理养老院，有条件的养老机构开设中医诊室，开展融合中医特色健康管理的老年人养生保健、医疗、康复、护理服务。结合社区开展居家服务的中医药健康管理，为老年人建立健康档案，提供健康检查、康复护理、保健咨询等服务。

## 二、培养需求者科学养老素养

（一）加强老年人媒介素养培养

1. 开展形式多样的老年大学信息化教育

必须进行老年大学信息化教育改革。一方面，要鼓励经费充足的老年大学积极开设社区学习网站，通过网络开展老年教育，宣传老年教育的重要性，通过网络视频课程点播等特色板块推进跨越时空的网络教学与交流；加大老年人自制教学视频的指导与激励，推进老年人知识经验视频上传网站，实现借鉴共享；建立网络虚拟社区，为老年交友和娱乐提供平台，让老年朋友真正接触世界，与世界互连互通。另一方面，鼓励支持各职业院校牵手社区，开办社区老年大学，开发老年课程，开展老年教育；推进大学生进社区扶助老年人，对老年人信息化教育实行一对一帮扶。对于资金缺乏的老年大学，可建立由政府、企业、非营利社会机构共同资助的机制，实行联办、合办等混合办学形式，帮助其完成信息化建设，迎接新媒体教学时代的到来。

2. 积极开发扶老、助老、适老型信息化产品

由于老年人听力、视力、记忆力及身体协调性均会随着年龄增长而自然衰退，针对老年人使用的系列电子产品如手机等需要根据其特点进行优化、完善。一方面，可扩展自然化交互方式应用领域。研究老年人使用产品的自然化交互方式，如将针对互联网的"瞳孔"输入方式应用到其他新媒体设备上，让老年人能轻松自如地控制新媒体设备的界面和功能，这样能极大地方便老年人提高生活质量；将移动电话与互联网技术结合，让老年人通过语音识别控制移动终端和互联网终端，把自己在生活中所遇到的问题随时拍摄并上传微信微博，让在线帮助者及时给予反馈，这样可更自然方便地解决其生活中遇到的疑难问题。另一方面，要针对"空巢"、孤寡老年人研发解决心理灰色问题的通信产品。如研发简单易控的智能机器人，融入基本的康复养生技能及中国文化元素，让老年人一用就会，并能与机器进行简单的会话及交流；让老年人通过具有虚拟情感的机器，对机器说出不能轻易对当事人说出的话，向晚辈或亲朋提出建议、发出问候等，让机器自动予以人性化回馈，提升新媒体智能通信系统情感感知能力，帮助老年人缓解心理压力，寻找感情释放出口，转移注意力。还可开发智能机器人或互联网远程人人交流功能，

让"空巢"老年人能与外地子女实现跨越时空的现场交流，创造出儿女就在身边的仿真效果。或开发数字音乐治疗功能，将传感器接入数字音乐终端设备，让智能产品与网络互通互联，老年人能方便地在线获取不同类型的数字音乐，达到听觉、触觉等全方位、多层次的体验效果，在终端实现对音乐的理想性数字化重构，实现由表及里、由身及心地释放压力，排解忧郁情绪，从而提高生活质量。

（二）有机嵌入法治素养、公民素养引导

1.引导老年人正向的群体融合力

如今媒体不断报道老年人公交车上占位、广场舞扰民、公路上碰瓷等为老不端的负面信息，直接引发社会对老年人的质疑。其实，从心理学角度来看，这是老年人对自己不断被忽略轻视而寻找社会关注的一种方式。因此，需要多方引导。首先，从舆论关怀策略上，借鉴其他国家的称谓，将其视为具有一定独立性、自主性的"有经验的成熟群体"，通过社区、广播电视、公交站牌、广场公益宣传栏等对其进行新思想、新趋势宣传介绍，引导其了解并掌握新事物、新媒体，淡化被社会遗忘的失落，重新树立自信。其次，通过公益广告大力宣传老年人参与社区服务、义务活动典型，弘扬老当益壮、仁爱智义美德，对违反公共道德、触犯法律底线的案例进行宣传教育，树立正确的老年人道德观。最后，加强社区老年人娱乐活动的组织，引导老年人选择正确时段、正确地点开展娱乐活动，提高老年人参与社会活动的主动性、积极性和正确性，加大对社区孤寡独居及经济贫困老年人的关爱，积极开展爱心企业、个人一对一捐助捐赠活动，提高困难老年人的信心和能力。

2.持续实施信息扶老工程

随着社会经济文化的快速发展及人们物质精神生活质量的明显提高，中国老年人使用互联网等新媒体的意识不断增强，社会各界提供的助老上网工程应运而生，在助力老年人融入社会、提升自我方面起到了较好的引导作用。但迄今为止，在许多中小城市特别是偏远地区，政府与媒体对老年人介入新媒体持观望态度，将白色浪潮视为年轻人专属，认为老年人不应过多参与新兴活动，不应介入新媒体这个属于年轻人的圈子，许多老年人被屏蔽在数字鸿沟、新媒体白色浪潮之外，没有机会参与新时代、新媒介社会，所遭遇的问题也无法通过新媒体解决。因此，应积极宣传和提倡老年人接触新事物、介入新媒体，积极报道新媒体为老年人解决具体实际问题的真实案例，持续完善老年上网公益扶助政策，鼓励老年人学习新媒体、应用新媒体，尽快融入高科技和新媒体环境，营造老年人积极融入新媒体、运用新媒体的良好社会氛围。要通过建立小众化个性老年网，鼓励搜索公司的老年搜索、手机公司的老年手机等完善推广，通过对象化、个性化的传播形式提供满足不同类型老年人需求的新媒体产品与服务，提升老年人学习新知识、接触新媒体的福祉。

3. 健全覆盖各层级的助老养老机制

养老分为生存性养老和生活性养老两种形式，前者为初级形式，后者为高级形式。老年福祉分为物质福祉、精神福祉和健康福祉三类。无论怎样划分，对于中国式养老而言，物质生存健康属于第一位，精神生活舒适属于第二位。应根据区域差距、城乡差距、收入差距的不同，建立健全不同的助老养老机制。对于城乡贫困老年人或大病致贫老年人，要督促子女加强赡养，增加政府津贴补贴，让其养老有温饱感，并通过信息扶贫让其学会上网求助法律咨询，保障自身权利。大多数中低收入水平的老年人，包括独居的健康老年人，目前正处于生存性养老向生活性养老的过渡期，要引导他们多参与公益性养老扶老活动，提升自我健康养老能力和意识，实现健康老龄化和积极老龄化目标。对于少数经济富裕型老年人，要积极引导其学习应用老年人专用电脑、老年人网上交流群、老年版电子邮箱等与终身教育和终身进取理念相关的内容，参与远程老年教育系统学习，通过网络传播健康养老思想，改善身体机能和健康水平，为社会、为他人、为自己发挥余热。

# 第五节 "互联网+"居家养老监管体系建设

## 一、明确组织体系及责任

（一）居家养老服务组织体系

养老服务体系的组织者、管理者、监督者和推动者是政府，组织层次为中央政府—地方政府—街道、社区—机构—老年人。

政府的推动和引导是居家养老服务管理体系建设的初始动力，贯穿于启动、规划、组织等各环节与全部过程。政府要建立有力高效的领导机构——

养老工作委员会，形成以养老工作委员会为主导、多方参与、社区执行的服务管理体系。

居家养老服务组织体系承担着法治保障、政策支持、体制完善等职责。在法治保障方面，要完善法律法规，明确养老服务的法律地位，搭建老年人利益诉求通道，从行政、法律等方面为老年人养老提供支持和保护。在政策支持方面，要制定强有力的政策激励措施，鼓励支持各类组织、企业和个人从事养老服务，吸纳更多社会捐助进入养老服务领域。在体制构建方面，一方面要加强福利养老、政府购买服务等方面的建设；另一方面要大力培育发展居家养老服务社会组织和养老服务志愿者，加快推进社区养老服务产业化、社会化。

（二）居家养老服务规划体系

第一，在居家养老服务体系建设规划方面，国家应当高度重视，专门制订养老服务体系建设发展中长期规划，把建设养老服务体系纳入国民经济和社会发展规划、基本公共服务均等化行动计划中，纳入政府激励考核指标体系，全方位发展养老服务事业。

第二，在居家养老服务体系资金规划方面，要建立完善多渠道的资金投入机制，特别是政府要从制度层面保障居家养老服务的资金需求，形成固定的财政投入比例和增长机制，通过补贴形式，为困难老年人购买服务，逐步缓解日益迫切的老年人养老服务需求和养老资源严重不足的矛盾。

第三，在居家养老服务基础设施建设和机构建设规划方面，可以分成两个板块：一是专业养老服务机构规划，应以敬老院、综合性福利院、老年护理院、老年公寓等为突破口，提供入住托养、照料、康复、精神慰藉、临终关怀等专业化服务，同时具备培训、示范等功能；二是服务设施规划，可以根据服务半径与人口规模，规划建设社区卫生中心、日间服务中心、老年就餐点、老年活动室等各类老龄照料设施，为老年人提供就近低廉的照料服务和文体活动场所。

第四，在居家养老服务人员培训规划方面，作为养老服务职业培训业务主管单位的养老服务工作办，应该理顺养老服务职业培训准入体制，允许企业在工商行政部门注册经营养老服务职业培训，使养老服务职业培训走向市场化、商业化。

（三）居家养老服务的运行体系

首先是居家养老服务的制度保障问题，政府应当从财政补贴、医疗保障和老年长期护理保险等几方面入手，用制度来保障养老服务体系运行。

其次是居家养老服务运行模式，居家养老服务协调工作理应由养老工作委员会负责，督促相关职能部门明确职责，分项规划，加强协调，通力配合，从多方面为居家养老服务工作提供支持。政府需要把推进公共服务的内容，以项目方式交给街道、社区居委会或民间组织来运作，形成政府职能部门、社区和民间组织之间有效衔接的机制。社区一方面接受政府委托，向社会各界发布居家养老服务信息，快速建立和实施服务机构设施等级管理，加强各类服务项目的规范化运作和管理；另一方面连接社区的众多老年人，在服务机构、服务人员与老年服务对象之间架起沟通的桥梁，有效保障居家养老服务质量和供求对接。

最后是建立完善居家养老服务技术支撑体系，要制定统一的养老服务内容、程序和质量标准，搭建居家养老服务网络，建立社区老年人服务智能化信息系统、医疗保健服务体系以及健康档案，以及服务对象身体健康状况和经济支付能力评估标准体系。

（四）居家养老服务监控体系

第一，建立完善居家养老服务监督评估机制。探索加强第三方评估，聘请中介组织或专业机构对居家养老服务扶持政策的贯彻落实情况、政府和社会各界投入居家养老服务资金的使用效果进行全方位监督。

第二，建立完善服务对象评估办法。建立科学的评估体系和机制，对申请服务性补贴的老年人的生活自理能力和经济收入等进行准确评估，确保养老服务的公平公正。

第三，建立完善进入退出机制。实行居家养老服务机构、服务人员准入制度，严格落实养老服务人员持证上岗制度，加强居家养老服务质量监督，对优秀服务机构进行表彰和奖励，对不达标机构实施严谨、规范的淘汰机制。

第四，加快建立运行评估制度。针对老年人居家养老服务建立规范的反馈系统，定期开展评估，以此对居家养老服务机制、服务体系、政策法规等进行动态调整。

## 二、建立居家养老服务质量评估体系

（一）评估主体

评估主体是指从事居家养老服务质量评估的组织和个人，在居家养老服务质量评估中发挥着重要作用。评估主体的理念、拥有的评估经验与技术、参与评估的态度、职业伦理道德等，都会对居家养老服务质量评估产生重要影响，在开展居家养老服务质量评估时，必须审慎地选择适当的评估主体。

1. 服务购买者：政府主管部门

政府主管部门作为居家养老服务的购买者，对居家养老服务质量进行评估，主要目的是确保所购买的服务"物有所值"甚至"物超所值"。同时，作为政策的制定者和施行者，政府主管部门易于同服务提供者和服务对象接触，对居家养老服务的运作相对熟悉，其参与评估能够快速进入状态，从而降低评估成本。

2. 服务使用者：服务对象

作为服务的体验者，服务使用者对服务种类与数量、服务人员的态度和工作方式方法有切身感受，是最有权利对服务质量进行评判和打分的群体。此外，养老服务对象一般都是社会弱势群体，缺少话语权，让他们参与居家养老服务质量评估，表达看法和意见，既是对他们的关怀，也是社会公平和进步的表现。

3. 服务研究者：专家学者

所谓专家学者，是指对居家养老服务有深入研究和理论造诣的人。他们参与评估，可以促进理论与实践的有效对接，既能加深人们对理论的认知，又有助于用理论解决实践中的一些难题，还可以加强对实践经验的总结，进一步推动居家养老发展。同时，作为第三方，专家学者参与质量评估，更能保证评估的公正客观性。

4. 服务提供者：服务机构

将服务机构作为评估主体之一，一方面是为了保证评估的公正性，因为居家养老服务质量评估中，有很多指标是针对服务提供机构的，可以进行直接回应，保证评估的客观真实。另一方面，服务提供机构长期接触服务对象，对服务环境十分熟悉，通过参加评估，可以加强对服务的认知，更准确地明白服务对象的真实需求，快速着手提供应对机制，不仅有利于降低评估成本，还能通过评估及时改善服务质量，提高服务满意度。

服务形成阶段和服务输送阶段，是政府购买居家养老服务的过程评估阶段，政府主管部门是主要评估主体，其他评估主体是从属评估主体。服务接受阶段，是政府购买居家养老服务的效果评估阶段，服务对象是主要评估主体，其他评估主体是从属评估主体。全部评估需由政府主管部门牵头，由政府主管部门向社会公布最终评估结果。

（二）评估指标

1. 服务形成阶段质量评估指标

服务形成环节，反映服务质量的方面主要涉及政府主管部门、服务机构及服务对象。因而，将服务形成作为一级指标，将服务机构、政府参与和服务对象参与作为二级指标。

服务机构的设施条件是服务提供和服务质量保证的前提，也是评估服务机构的重点。设施包括硬件设施和软件设施，因而在服务机构下设置2个三级指标。硬件设施主要包括场地面积、服务覆盖率、人员年龄结构与数量、服务种类与数量、档案建立与管理，因而硬件设施下设置5个四级指标。软件设施方面，借鉴我国台湾地区相关指标，将安全性、可近性作为四级指标，同时考虑到让服务对象便利地享受到养老服务应该成为服务提供机构的软实力，借鉴宁波市的指标设计，将服务人员的才能、技术及经验纳入四级指标体系，因此软件设施下包括3个四级指标。

养老服务推行的有效保证是政府主管部门的积极参与，不仅体现在政策支持上，还体现在资金支持上。借鉴宁波市的指标设置，在政府参与下设契约签订、财政投入2个三级指标。契约签订包括制定政策、颁布标准、与服务机构签订合同等，设置2个四级指标。

服务对象的需求表达是服务业的发展趋势，也是欧美国家非常流行的做法。借鉴欧美国家的服务理念，将服务需求、服务需求表达畅通分别列为三级和四级指标。

2. 服务输送阶段质量评估指标

服务输送过程中，反映服务质量的方面主要涉及服务提供机构、服务一线员工以及服务对象等。把服务输送作为一级指标，包括服务员工、服务机构、服务对象及家属3个二级指标。需要说明的是，当前我国地方政府在居家养老服务管理监督与质量评估时，对服务输送阶段的指标设计基本处于缺失状态。因此，服务输送阶段的指标设计主要是借鉴专家和学者在这方面的研究。

3.服务接受阶段质量评估指标

服务接受阶段，反映服务质量的方面主要涉及服务使用者、服务机构及政府主管部门。所以，将服务接受作为一级指标，下设服务对象、服务机构、政府主管部门3个二级指标。

通过享受养老服务，服务对象对服务有着直观感受，每一个服务周期，养老服务是否达到服务对象的预期，投诉率高或者低，能否定期了解服务对象的需求，服务对象都有发言权。参考宁波市的群众满意度和广州市服务质量指标的设计思路，在服务对象下设置满意度指标，在满意度下设置投诉率和定期了解服务对象需求2个指标。

服务机构输送养老服务后，对服务使用者的回应性程度，在保证质量前提下的成本情况，服务使用者接受服务后的状况改善情况，以及服务所带来的效应持续性问题，都是服务接受阶段需要考虑的问题。所以，在服务机构下设回应性、效率、效能、持久性4个指标。随着服务的结束，所有符合条件的老年人是否都能享受到应有的养老服务，就成了政府需要关心的问题，这也是一个关乎服务质量的问题。所以，公平性成为政府主管部门下的一个指标，意指所有达到要求的老年人都能享受到应有的服务。

# 参考文献

[1] 王碧英. 新时代养老服务体系建设研究 [M]. 厦门：厦门大学出版社有限责任公司，2022.

[2] 张锐，刘俊. 政府购买养老服务的绩效评价研究 [M]. 武汉：武汉大学出版社，2022.

[3] 郑金胜. 新时代多元化养老服务体系建设研究 [M]. 南昌：江西高校出版社，2022.

[4] 李晶，张秋霞. 文化养老 [M]. 北京：华龄出版社，2022.

[5] 陈斯华. 居家养老与社区管理 [M]. 北京：中国财富出版社，2022.

[6] 陈慧. 社区养老知识百问百答 [M]. 北京：华龄出版社，2022.

[7] 王盈盈，彭光灿. 老年公共服务概论 [M]. 成都：西南交通大学出版社，2022.

[8] 王晓霞. 养老服务体系建设研究 [M]. 天津：天津人民出版社，2021.

[9] 姚虹. 农村老年人社区居家养老服务需求研究 [M]. 北京：中国经济出版社，2021.

[10] 李雪兵，龙岳华. 养老服务机构标准化建设管理规范 [M]. 长沙：湖南科学技术出版社有限责任公司，2021.

[11] 涂爱仙. 需求导向下医养结合养老服务供给碎片化的整合治理研究 [M]. 长春：吉林大学出版社，2021.

[12] 仙蜜花. 农村老年人居家养老服务需求预测与发展策略研究 [M]. 武汉：武汉大学出版社，2021.

[13] 李敏，宋冲. 养老机构长期照护服务现状及服务质量综合评价指标研究 [M]. 沈阳：东北大学出版社，2021.

[14] 蒋洪卫. 生态养老 [M]. 北京：华龄出版社，2021.

[15] 许伟 . 智能养老服务研究 [M]. 武汉：湖北人民出版社，2020.

[16] 邱建伟，纪琼骁 . 养老服务机构管理者培训 [M]. 北京：中国协和医科大学出版社，2020.

[17] 黄俊辉，强昌文 . 政府责任视角下的农村养老服务供给研究 [M]. 北京：中国政法大学出版社，2020.

[18] 韩烨 . 推进养老服务高质量供给的模式创新 [M]. 长春：吉林大学出版社，2020.

[19] 仲利娟 . 新时期社区居家养老服务合作供给机制研究 [M]. 长春：吉林大学出版社，2020.

[20] 韩艳，蔡振翔 . 政府购买居家养老服务质量评估研究 [M]. 厦门：厦门大学出版社，2020.

[21] 张赛男 . 媒介融合视域下开放资源聚合与分享研究：以吉林省智慧化养老服务资源建设为例 [M]. 长春：吉林大学出版社，2020.

[22] 王建武 . 养老服务创新与实践 [M]. 济南：山东科学技术出版社，2019.

[23] 李彤 . 养老服务标准化 [M]. 上海：上海财经大学出版社，2019.

[24] 江士方 . 互联网时代城镇养老服务新观念 [M]. 上海：上海交通大学出版社，2019.

[25] 马冬梅 . 城市养老服务多维度调查与研究 [M]. 武汉：华中科技大学出版社，2019.

[26] 丁建定，郭林 . 中国养老服务发展研究报告 [M]. 武汉：华中科技大学出版社，2019.

[27] 徐锋，邹建锋 . 医养结合养老服务的理论与实践：基于浙江绿康医养等社会养老服务机构的研究 [M]. 北京：中国社会出版社，2019.

[28] 黄颖 . 养老服务实用手册 [M]. 镇江：江苏大学出版社，2018.

[29] 丁建定 . 中国养老服务发展研究报告 2018[M]. 武汉：华中科技大学出版社，2018.

[30] 蔡平 . 城市居家养老服务与社区治理创新 [M]. 北京：现代出版社，2018.

[31] 周燕珉，林婧怡 . 国内外养老服务设施建设发展经验研究 [M]. 北京：

华龄出版社，2018.

[32] 姚远.对我国养老服务历史经验的研究与借鉴 [M].北京：华龄出版社，2018.

[33] 张瑾.我国养老服务体系建设重点问题研究 [M].北京：中国经济出版社，2018.

[34] 罗永仕，卢明威.养老社会服务研究 [M].长春：东北师范大学出版社，2018.

[35] 周洁，唐靖一.养老护理技术规范：长期护理保险服务项目 [M].上海：上海科学技术教育出版社，2018.